ECDL PROJEC

PLANNING

Con ProjectLibre

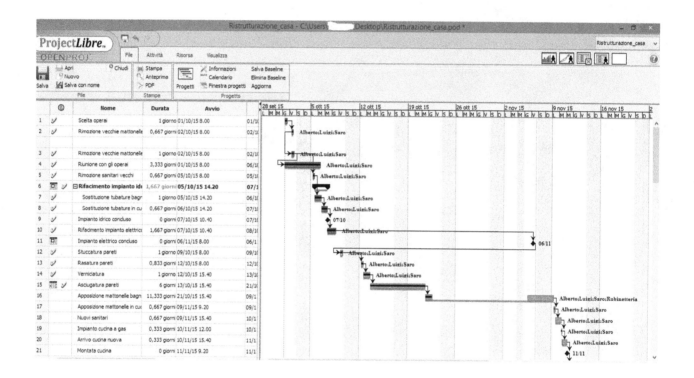

Gemma Ferrero

Ecdl Project Planning

Con ProjectLibre

Di Gemma Ferrero

Sistemi operativi di riferimento

Windows 7, 8.1, 10 e Ubuntu 14.04

Windows© 7, 8.1 e 10 sono software di proprietà della Microsoft Corporation

Ubuntu è un software open source supportato dalla *Canonical*

ProjectLibre è sviluppato dal Team Marc O'Brien e Laurent Chretienneau

A tutti coloro che, come la sottoscritta, hanno deciso di sostenere la certificazione di Ecdl Project Planning, sperando che il presente libro possa risultare utile.

Nota dell'autore.

Il presente manuale vuole essere una guida per la certificazione di Ecdl Project Planning.

Come applicazione software, il libro si basa sul software open source ProjectLibre e, come sistema operativo, Windows© 7, 8.1, 10 e Ubuntu, nella versione 14.04.

Per quanto si riferisce ad Ubuntu, in particolar modo, si sono indicate le spiegazioni a corredo delle immagini solo quando il funzionamento del software differisce dall'analoga procedura su Windows, in particolar modo in sede di installazione e nei supporti di salvataggio.

Nella maggior parte dei casi, invece, non essendoci differenza alcuna, nel libro sono presenti solo le immagini relative al funzionamento su Ubuntu, per le cui spiegazioni il lettore può riferirsi a quanto indicato nei capitoli su Windows.

Alla fine di ogni capitolo, sono previsti degli esercizi pratici e delle domande che, comunque, in nessun modo si deve pensare possano capitare in sede di esame.

Sul sito Ecdl.org sono presenti delle simulazioni dell'esame.

Si fornisce, di seguito, l'indirizzo:

http://www.ecdl.org/programmes/index.jsp?p=2928&n=2947

Nel testo, inoltre, per richiamare l'attenzione del lettore su alcuni aspetti, si è utilizzata la parola "Attenzione" o "Nota", seguita dalle relative spiegazioni in grassetto.

Buona lettura!

Sommario

Concetti di base

Nozione di "progetto".

Il PMBOK (Guida al Project Management Body of Knowledge – Guida al PMBOK, quinta edizione, 2013, pronuncia "pimbok"), definisce il "**progetto**" come "**un'iniziativa temporanea intrapresa per creare un prodotto, un servizio o un risultato con caratteristiche di unicità**".

Da questa definizione si ricava che il progetto non è un'attività di routine o ripetitiva, come le operazioni, di cui un tipico esempio sono gli stipendi pagati ogni mese, gli ordini dei clienti, le spedizioni, le revisioni sulle prestazioni degli impiegati, attività che si verificano per tutto il ciclo di vita dell'azienda.

Il progetto, invece, è un'attività temporanea ed esclusiva.

Temporanea in quanto **ogni progetto ha una data di fine**; pur potendo spaziare la durata da pochi giorni ad anni, una fine è necessaria per differenziare il progetto dalle operazioni.

Esclusiva, in quanto **ogni progetto genera un prodotto unico**, vale a dire il risultato finale del progetto, il motivo del perché si è intrapreso.

Si pensi, ad esempio, alla costruzione di un palazzo, all'organizzazione di una festa, alla pubblicazione di un libro, alla costruzione di un ponte o allo sviluppo di un software di contabilità aziendale.

Tutti obiettivi esclusivi e con differenti durate.

Esempi di prodotti non esclusivi, invece, possono vedersi nella benzina prodotta dalle raffinerie, trattandosi di un bene di consumo standardizzato.

Coordinamento di attività, tempi e risorse.

La realizzazione di un progetto implica, inoltre, un'attenta attività di pianificazione e controllo, sia prima che abbia inizio il progetto che durante lo svolgimento dello stesso, al fine di accertare che tutto si svolga secondo i piani stabiliti.

La gestione del progetto, infatti, non è un'attività semplice e lineare, ma implica il bilanciamento ed il coordinamento di quelli che sono considerati **i tre vincoli** principali **del progetto**:

- Il **tempo**, vale a dire la data di scadenza del progetto (ad esempio, la costruzione di un ponte entro la fine del prossimo anno o lo sviluppo di un nuovo software di contabilità entro 2 mesi);

- Il **costo**, **non solo in termini monetari** ma anche come le **risorse del progetto**, intese come le **persone, le attrezzature ed i materiali necessari allo svolgimento dell'attività** (ad esempio si deve organizzare una festa con un budget di €. 1.000,00 o dipingere una stanza con solo un operaio).

- **Lo scopo del progetto**, i suoi obiettivi. Gli obiettivi possono essere suddivisi in due categorie:

  o Gli **obiettivi del progetto** che, come detto, indicano la ragione del progetto stesso, lo scopo, ad esempio la costruzione di un palazzo;

  o Gli **obiettivi del prodotto**, intesi come le qualità, le caratteristiche del prodotto: il palazzo che si deve costruire (obiettivo di progetto), non può superare i 20 m (obiettivo del prodotto) per vincoli urbanistici.

Il c.d. "triangolo del progetto"

Lo scopo, il tempo ed i costi rappresentano i vincoli principali che il Manager di progetto (o Project Manager) deve saper bilanciare per far fronte agli imprevisti che possono verificarsi nella vita di un progetto.

Si parla in proposito di "**triangolo del progetto**" per indicare come la modifica di uno dei tre lati influenzi necessariamente gli altri due.

Figure 1 Il Triangolo del Progetto

Ad esempio, la data di scadenza del progetto viene anticipata per cui per realizzare il progetto occorrono più risorse, quindi un aumento dei costi.

Alternativamente, qualora non si potessero impiegare più risorse, si dovrà agire sugli obiettivi, valutando se un risultato di qualità inferiore (da realizzare in minor tempo), possa soddisfare comunque il cliente.

Oppure, se gli scopi del progetto subiscono una modifica (ad esempio, anziché un palazzo se ne debbono costruire due), occorrerà aumentare le risorse per rispettare la scadenza, od entrambe se la data di fine del progetto può essere spostata.

Tutte valutazioni che deve compiere il Manager di progetto o Project Manager, secondo la terminologia inglese, definito nel PMBOK come **"la persona incaricata di guidare il gruppo responsabile degli obiettivi del progetto"** attraverso determinate fasi.

Nella manualistica c'è chi parla di esagono del progetto, in quanto i vincoli sarebbero, oltre allo scopo, tempo e denaro, le risorse, la qualità ed il rischio. Per seguire il Syllabus, se ne considerano solo tre. Si rimanda, comunque, per un'analisi più dettagliata, alla bibliografia citata alla fine del presente manuale.

Le fasi del progetto.

Le fasi principali nella gestione del progetto sono tre:

- Avvio e pianificazione del progetto;
- Esecuzione e controllo della programmazione:
- Chiusura e comunicazione delle informazioni relative al progetto.

Nella manualistica specializzata, non sempre si parla di tre fasi, ma di quattro in quanto la seconda fase è suddivisa nell'esecuzione del progetto, da un lato, nella fase di controllo dall'altro. Per rispettare il Syllabus, si indica la suddivisione in tre macro fasi, che, comunque, comprendono, al loro interno, ulteriori sotto fasi.

Fase di pianificazione

Nella fase di pianificazione del progetto, il Project Manager deve formarsi un quadro generale del progetto, individuandone gli obiettivi, anche contattando coloro che hanno commissionato il progetto stesso.

Equivoci per mancata comunicazione possono portare a superare i limiti di budget, a non rispettare le scadenze o ad un fallimento dell'intero progetto.

Si pensi allo sviluppo di un software di contabilità dove non ci si informa sulle caratteristiche del parco macchine del cliente, anche in termini di potenza ed età.

Ciò potrebbe portare allo sviluppo di un software non utilizzabile perché i computer del cliente non sono dotati delle risorse hardware adatte.

Sempre in questa fase, il Project Manager deve iniziare a suddividere il progetto in attività o, meglio, in sequenze di attività, legate in vario modo le une alle altre nel raggiungimento degli obiettivi del progetto, oltre che di differente durata.

Il Project Manager deve, inoltre, individuare le risorse necessarie al progetto, intese come persone, attrezzature e materiali necessari nonché i costi del progetto al fine di valutarne la compatibilità con il budget stabilito.

Fase di esecuzione

La fase di esecuzione e controllo riguarda il progetto avviato e la necessità di accertare che tutto proceda secondo quanto stabilito per apportare tutte quelle modifiche che si rendessero necessarie.

Non si può ipotizzare, infatti, che in un progetto non ci saranno ostacoli o contrattempi e, anche qualora tutto vada bene, il Project Manager deve saper affrontare e risolvere ostacoli ed imprevisti.

Si pensi ad uno sciopero dei treni con conseguente ritardo nella consegna di alcuni materiali necessari al progetto.

E' indispensabile, pertanto, che il Project Manager salvi una previsione del progetto, fotografando la situazione prima dell'inizio effettivo, onde confrontarne gli eventuali scostamenti dalla versione originaria.

Altri compiti fondamentali in questa fase sono il monitoraggio dell'attività delle risorse nello svolgimento dei compiti assegnati, ed il controllo del progresso delle attività per intervenire in caso di ritardi.

Fase di chiusura e controllo

Terminato il progetto, il Project Manager deve comunicarne i risultati ai soggetti interessati o *stakeholders* tra i quali, in primo luogo, i clienti, ed i superiori se il Project Manager lavora all'interno di un'azienda.

La comunicazione delle informazioni non deve riguardare comunque, solo la fase conclusiva, ma deve essere sempre presente durante tutta la vita del progetto anche perché, di fronte ad imprevisti od ostacoli, il progetto potrebbe non potersi più realizzare.

Si pensi, nell'esempio della costruzione di un palazzo, ad una delibera comunale che stabilisca dei vincoli paesaggistici nella zona interessata per cui sono ammissibili solo costruzioni di villette su due piani, o alla scoperta reperti archeologici nel terreno su cui si dovrebbe edificare.

Altro importante compito, nella fase di chiusura, consiste nel creare un modello del progetto concluso, sia per avere una base di partenza per futuri progetti che per far tesoro delle "lezioni apprese" individuando ciò che è andato bene e ciò che è andato male.

Anche un progetto rivelatosi un fallimento, infatti, può essere preso a base per migliorarsi in futuro, individuando il momento nel quale si sarebbe dovuto agire tempestivamente per non ripetere, in analoga situazione che si dovesse ripresentare, gli stessi errori che hanno portato al fallimento.

I vantaggi nell'utilizzo di un'applicazione di Project Management.

Un progetto, come si è visto nei precedenti paragrafi, implica lo svolgimento di una molteplicità di attività, che si registrino date di scadenza, che si considerino risorse e che si tenga conto di eventuali vincoli.

Per fare tutto ciò, il Manager di progetto deve ricorrere ad un'applicazione di Project management.

Si potrebbe obiettare che a siffatte attività è sufficiente un'applicazione di foglio di calcolo o di video scrittura.

Tutt'al più una base di dati per memorizzare i vari elementi. Queste applicazioni, però, a differenza di quelle dedicate al Project management, incontrano dei limiti:

- Non consentono di calcolare la data di inizio e di fine di un progetto;

- Non consentono di indicare quali risorse sono occupate, o quali sono sovrassegnate od occupate meno della loro capacità;

- Non indicano date di scadenza;

- Non forniscono dati sulle spese sostenute;

- Non forniscono rappresentazioni per immagini, quindi più comprensibili dell'andamento del progetto.

Ai fini degli obiettivi del presente manuale, il software di riferimento è Microsoft® ProjectLibre che, entrando nello specifico dei vantaggi che assicura:

a) Nella fase di pianificazione

- Crea varie fasi e sotto fasi del progetto in modo da suddividerlo in segmenti gestibili;

- Indica durate diverse per completare le attività, durate con le quali aiuta a creare la programmazione;

- Stabilisce collegamenti tra le varie attività e i relativi vincoli, di modo da informare sull'esistenza di conflitti di programmazione tra attività alcune delle quali debbono iniziare non prima di altre o dopo delle altre, o finire prima o non prima di altre;

- Imposta risorse assegnandole alle attività calcolandone anche i relativi costi;

b) Nella fase di esecuzione e controllo, Microsoft Project:

- Salva la previsione del progetto originario;

- Permette di segnare l'avanzamento dei lavori indicando la percentuale di completamento;

- Permette di effettuare confronti tra le varie versioni del progetto anche per accertare ritardi e scostamenti dal budget;

- Genera relazioni, report sull'avanzamento del progetto, sui costi e sulle risorse per comunicazioni periodiche;

c) In fase di chiusura:

- Permette di salvare il progetto in un modello generale come base per i successivi progetti;

- Consente di avere parametri certi sulle durate e sulle sequenza di determinate attività in generale, ottenute dai dati del progetto nello specifico.

Visualizzazioni predefinite dell'applicazione.

Come si è detto in precedenza, con un'applicazione di Project Management e, nello specifico, con Microsoft Project, si possono avere delle rappresentazioni visive del progetto anche e soprattutto per una miglior comprensione della situazione.

Le visualizzazioni principali di ProjectLibre sono:

- Il Diagramma di Gantt;

- Il Diagramma di Rete o PERT;

- La struttura gerarchica.

Il Diagramma di Gantt.

Il Diagramma di Gantt è suddiviso in due parti.

Sul lato sinistro (1) sono indicate verticalmente le attività con indicazione della durata di inizio e fine.

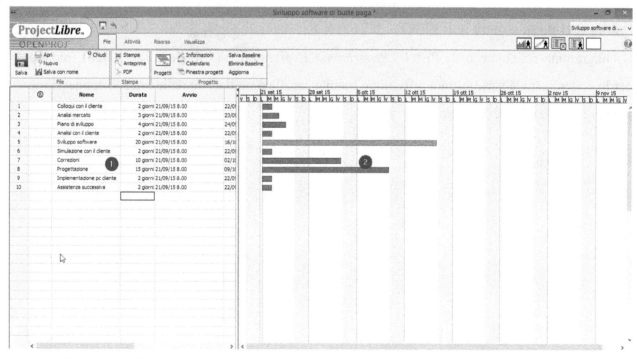

Figura 1 Il Diagramma di Gantt

Sul lato destro (2), le stesse attività sono rappresentate come delle barre orizzontali di lunghezza variabile in funzione della durata delle stesse, con appositi segnalatori man mano che il progetto cammina.

Nota

Il termine Diagramma di Gantt deriva da Henry Lawrance Gantt, ingegnere statunitense che nacque nel 1861.

Nel 1887 si unì a Henry Frederick Winslow Taylor (padre del taylorismo), con il quale collaborò nel campo del management scientifico, contribuendo alla costruzione delle navi militari durante la prima guerra mondiale.

Il Diagramma di Gantt, ideato nei primi del 1900, rappresenta graficamente, sull'asse temporale, le attività che concorrono al completamento del progetto, permettendo sia la programmazione che il controllo dell'avanzamento delle attività.

Il Diagramma è stato impiegato nella pianificazione di importanti opere quali la diga di Hoover (1931-1935), sul fiume Colorado, ed il sistema di autostrade interstatali statunitensi a far data dal 1956.

Per onorare la memoria di Gantt, l'associazione statunitense degli ingegneri meccanici (*l'American Society of Mechanical Engineers* – ASME), ha istituito il premio Henry Laurence Gantt Medal, che viene attribuito annualmente ad una persona che si è distinta nel campo del management o dei servizi sociali.

Fonte Wikipedia

Il Diagramma reticolare o di PERT

Il Diagramma reticolare o di PERT (*Programme Evaluation and Review Technique*), mostra l'interdipendenza tra le varie attività raffigurate tramite caselle o nodi e con delle linee di connessione ad indicare le dipendenze fra le attività.

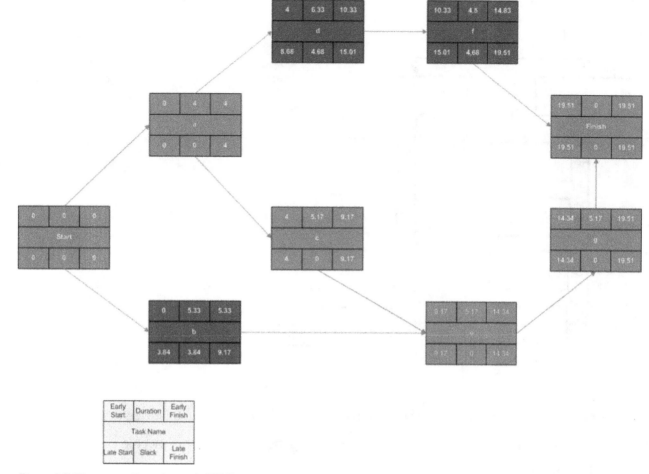

Figura 2 Il Diagramma Reticolare o di PERT

Con il diagramma Pert è più facile l'identificazione del percorso critico, vale a dire l'individuazione di quelle attività che, se non compiute nei tempi stabiliti, provocano il ritardo di tutto il progetto.

La struttura gerarchica o WBS (Work Breakdown Structure)

La struttura gerarchica, infine, permette di applicare, all'elenco delle attività, una struttura ad albero dove un'attività di livello inferiore è una sotto attività della precedente che così diviene un'attività di riepilogo.

La struttura gerarchica consiste in una suddivisione del progetto in parti più elementari, di modo da offrire una rappresentazione gerarchica del progetto attraverso una definizione dettagliata degli elementi che lo compongono.

Si parla di *Work Breakdown Structure* (WBS), scomposizione strutturata a più livelli del progetto che, graficamente, si presenta come una struttura ad albero dove ciascun livello rappresenta porzioni sempre più piccole del progetto.

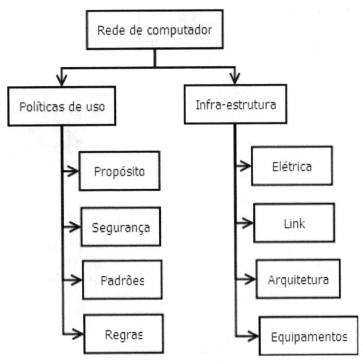

Figura 3 La struttura gerarchica o Work Breakdown Structure (WBS)

A differenza del Diagramma di Gantt però, dove la gestione e lo sviluppo del progetto è visto solo da un punto di vista temporale, la scomposizione di un progetto in porzioni più piccole consente:

- Di capire che cosa occorra fare;
- Individuare chi deve compiere le varie attività;
- Di individuare lo scopo del progetto;
- Capire quanto possa costare il progetto

Nei progetti grandi e complessi, ciò facilita l'individuazione delle attività necessarie alla realizzazione del progetto.

Esercitazioni

A) Domande aperte

1. Definizione di progetto

2. Indicare i tre vincoli del progetto

3. Visualizzazioni predefinite/principali del progetto

4. Perché durante la vita di un progetto puoi dover apportare delle modifiche?

5. Il diagramma di Gantt come è formato?

6. Il Diagramma di PERT?

7. La Struttura Gerarchica?

8. Indica le tre fasi del progetto

9. Cosa sono gli obiettivi del progetto?

10. Perché è importante che il Project Manager comunichi con gli *stakeholders* per tutta la durata di vita del progetto?

B) Domande a risposta multipla

1) Quale, tra queste, si avvicina di più alla nozione di progetto:

- Attività di routine che si ripete per tutta la vita di un'azienda

- Attività temporanea intrapresa per creare un prodotto, un servizio o un risultato con caratteristiche di unicità

- Attività con un inizio ed una fine definita.

2) Quali, tra questi, sono i lati del c.d "triangolo di progetto":

- Risorse

- Costi

- Rischio

- Tempo

- Durata

- Obiettivi

3) Indica, per ciascuna immagine, il nome corretto di Diagramma

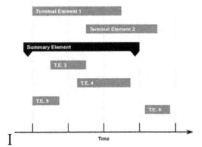

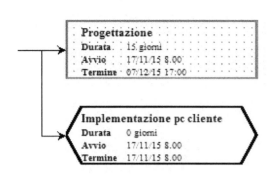

Progettazione
Durata   15 giorni
Avvio   17/11/15 8.00
Termine   07/12/15 17:00

Implementazione pc cliente
Durata   0 giorni
Avvio   17/11/15 8.00
Termine   17/11/15 8.00

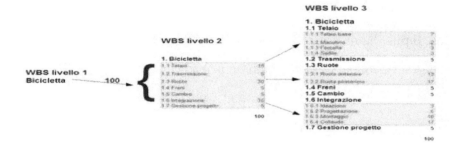

Obiettivi del capitolo

In questo secondo capitolo e, soprattutto nel successivo, si inizierà a lavorare con ProjectLibre per la creazione di un progetto.

Nello specifico, si apprenderà:

- Ad avviare e chiudere l'applicazione secondo differenti percorsi e sistemi operativi;

- A salvare il progetto come file di progetto, file xml, pdf nonché su differenti supporti;

- A conoscere le modalità di rappresentazione di un progetto, come il Diagramma di Gantt ed il Diagramma reticolare;

- A creare un progetto utilizzando uno dei modelli messi a disposizione da Project o a crearne uno nuovo;

- Ad inserire le informazioni di base di un progetto quali la data di inizio e di fine del progetto ed il Manager di progetto;

- Ad impostare un calendario di progetto distinguendo tra tempi lavorativi e di inattività;

- A comprendere l'importanza della pianificazione dalla data di inizio del progetto.

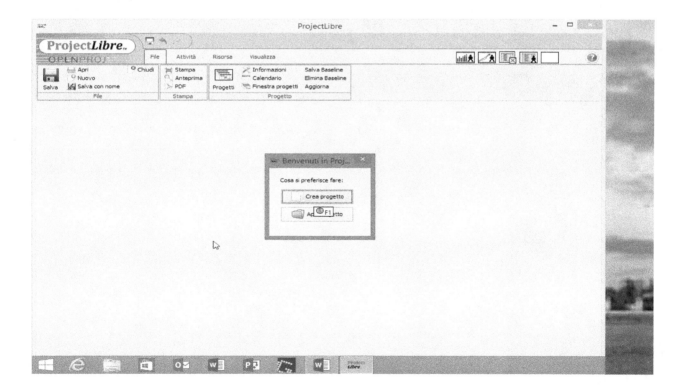

Capitolo 2. ProjectLibre

Procuriamoci ProjectLibre

ProjectLibre è un software open source, sviluppato da Marc O'Brien a Laurent Chretienneau, che può essere scaricato liberamente dal sito www.projectlibre.org.

Per farsi un'idea delle notevoli vantaggi che offre, prima di installarlo sul pc, occorre installare Java™, essendo stato sviluppato con questa tecnologia.

Procuriamoci, pertanto Java al seguente indirizzo http://java.com. La procedura di installazione non cambia a prescindere dalla versione di Windows in uso, vale a dire, sia essa Windows 7, 8.1 o 10.

Differenze si hanno solamente per quanto si riferisce ad Ubuntu, come si vedrà nel successivo paragrafo.

Download di Java 1

Download gratuito di Java

Potete scaricare subito il software Java per desktop

Version 8 Update 51

Data di rilascio: 14 luglio 2015

» Che cos'è Java?   » Io ho Java?   » Desiderate ulteriori informazioni?

Download di Java 2

problemi durante il
download?
Provate l'Installer non in
linea

Accettate e avviate il
download gratuito

Scaricando Java riconoscete di aver letto e di accettare i termini
del contratto di licenza con l'utente finale .

Dopo aver completato l'installazione di Java, potrebbe essere necessario riavviare il browser
(chiudere e riaprire tutte le finestre) per abilitare tale installazione.

Eseguire o salvare **JavaSetup8u51.exe** (550 KB) da **sdlc-esd.oracle.com**?   Esegui   Salva ▼   Annulla   ×

Download di Java 3

Per semplicità salviamo il file sul Desktop.

JavaSet JavaSetup8u51
Descrizione del file - Java Platform SE binary
Società - Oracle Corporation
Versione file - 8.0.510.16
Data creazione - 12/08/2015 11:08
Dimensione - 550 KB

Avviare l'installazione di Java 1

Cliccare poi sul file ed ha inizio la procedura di installazione.

Installazione di Java 1

Installazione di Java 2

Installato Java™, possiamo installare Project Libre.

Andiamo al seguente indirizzo Internet http://www.projectlibre.org.

Sito Project Libre 1

Qui, cliccando su Download, siamo condotti alla seguente pagina dove possiamo scaricare il software.

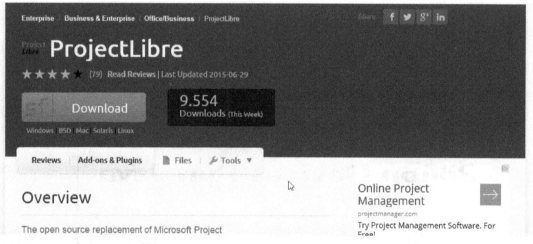

Download Project Libre 1

Attendiamo che il download parta.

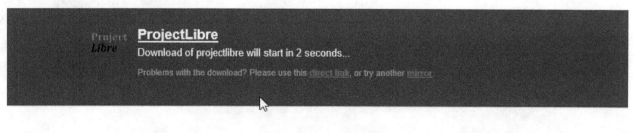

Download Project Libre 2

E poi salviamo il file eseguibile sul Desktop, o su altra cartella di nostra scelta.

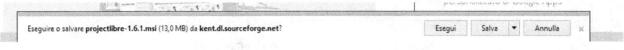

Download Project Libre 3

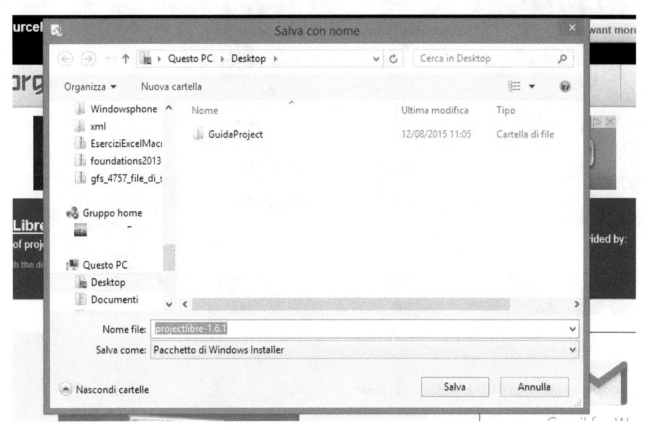

Installiamo Project Libre 1

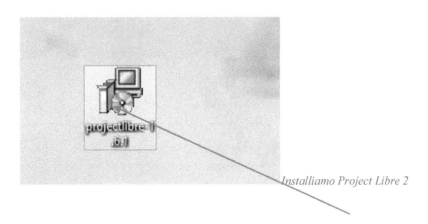

Installiamo Project Libre 2

Clicchiamo sul file eseguibile ed ha inizio la procedura di installazione di Project Libre.

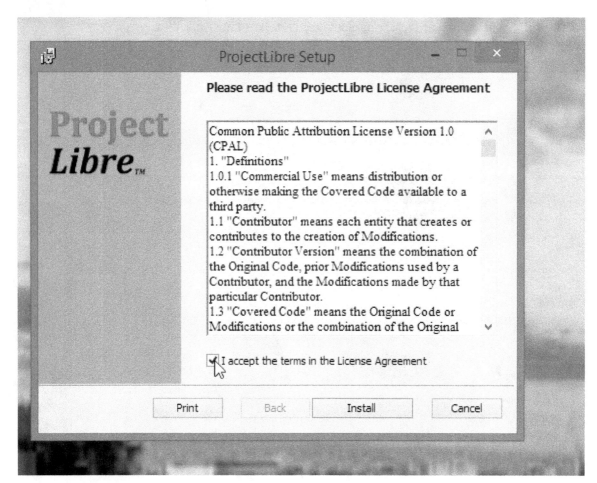

Installiamo Project Libre 3

Accettiamo i termini della Licenza e clicchiamo su Install.

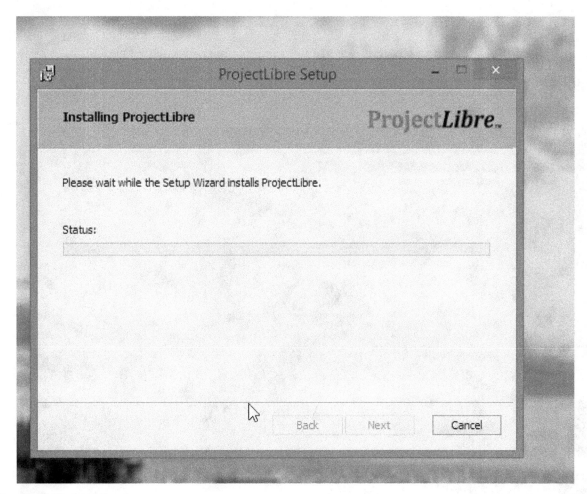

Installiamo Project Libre 4

Inizia la procedura di installazione che richiede solo qualche minuto.

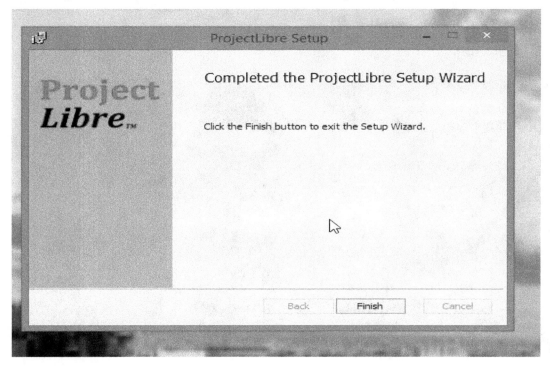

Installiamo Project Libre 5

ProjectLibre per Ubuntu

Anche per installare ProjectLibre su Ubuntu, occorre previamente aver installato Java©.

Apriamo il Terminale di Ubuntu e digitiamo i seguenti comandi, dando invio uno dopo l'altro:

sudo apt-get update e diamo invio

ProjectLibre su Ubuntu 1

Ci viene chiesta la password per apportare delle modifiche in qualità di amministratore o super user

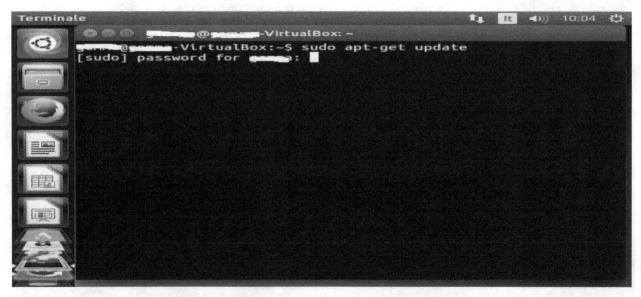

ProjectLibre su Ubuntu 2

Digitiamo e diamo invio. Peraltro, per sicurezza, a schermo non appare la password digitata, né i pallini neri.

Misura di sicurezza di Ubuntu: la password di sistema è stata in realtà digitata.

Diamo pertanto invio, con i file necessari a java che iniziano ad essere scaricati.

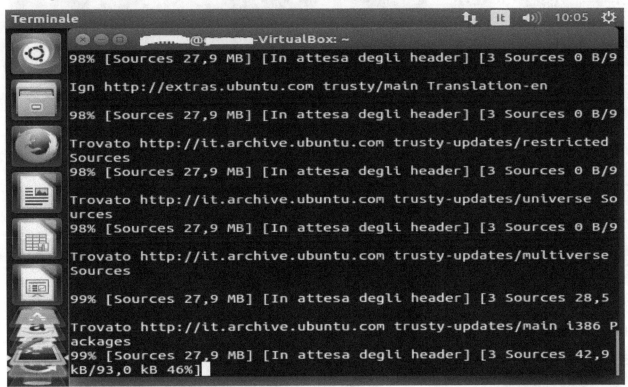

ProjectLibre su Ubuntu 3

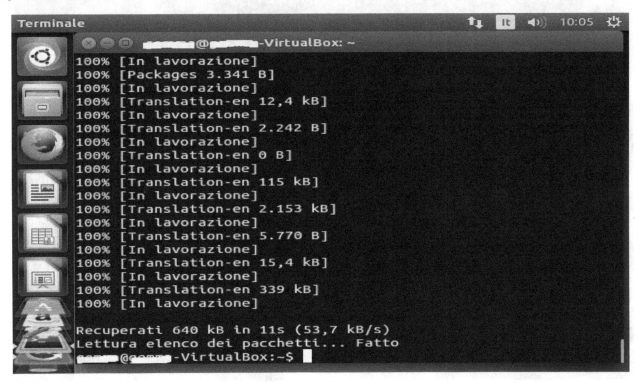

ProjectLibre su Ubuntu 4

Arrivati a questo punto digitiamo: sudo apt-get upgrade

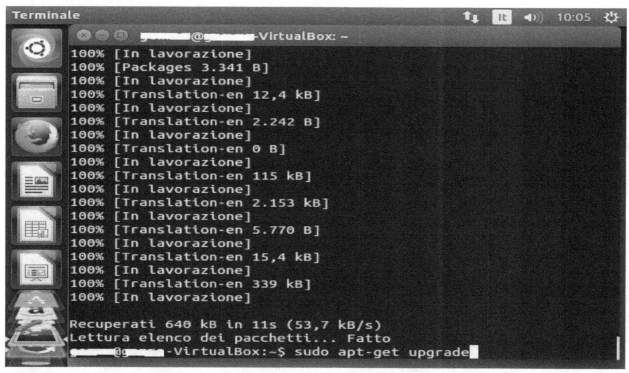

ProjectLibre su Ubuntu 5

In questo caso la password non ci viene più richiesta.

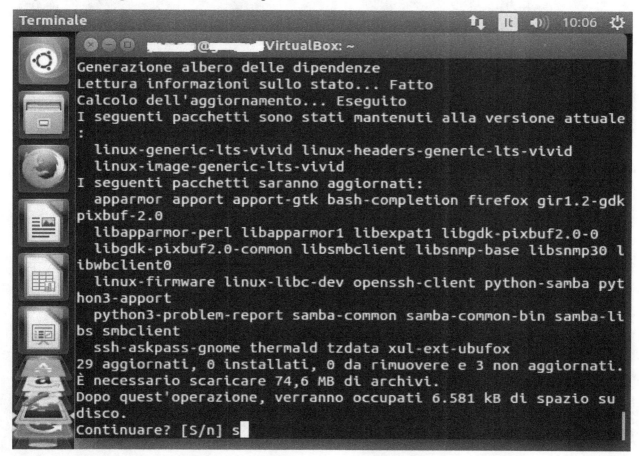

ProjectLibre su Ubuntu 6

Arrivati a questo punto digitiamo "s" e diamo invio (va bene anche la "s" minuscola in questo caso).

Infine digitiamo: **sudo apt-get install open jdk-7-jre**[i] per installare java.

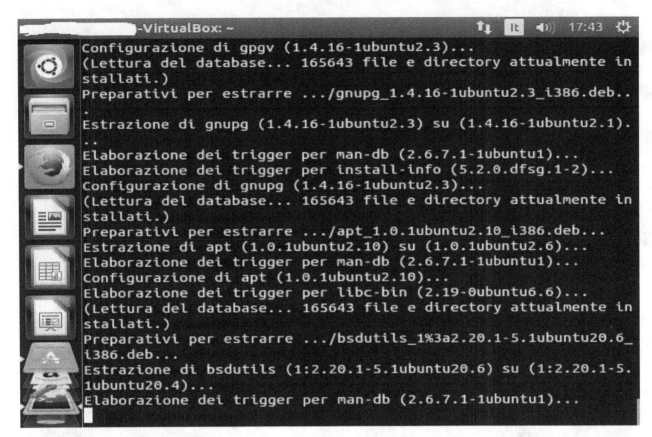

ProjectLibre su Ubuntu 7

Sul sito di ProjectLibre, scarichiamo il file per la versione del Sistema Operativo in uso, qui "**projectlibre_1.5.1-1.deb**" per Ubuntu.

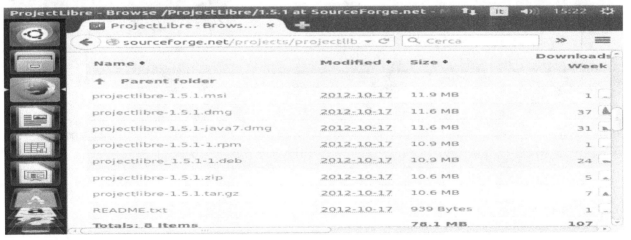

ProjectLibre su Ubuntu 8

E salviamo il file.

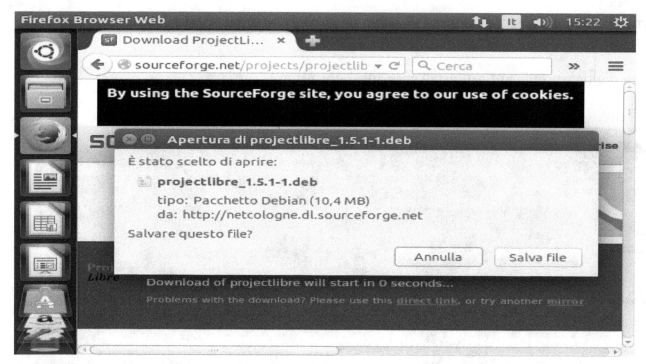

ProjectLibre su Ubuntu 9

Riapriamo il Terminale e digitiamo "ls" per avere la lista delle directory presenti su Ubuntu

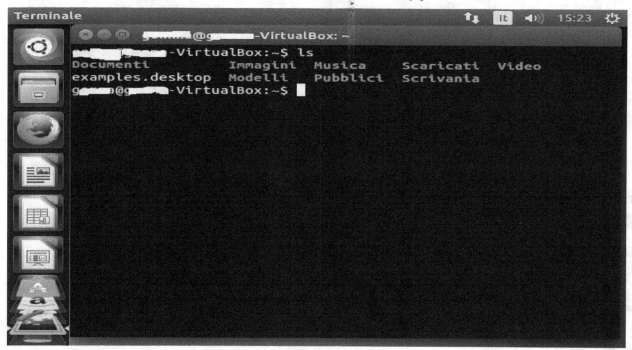

ProjectLibre su Ubuntu 10

Digitiamo "cd[ii] Scaricati" per entrare nella directory Scaricati.

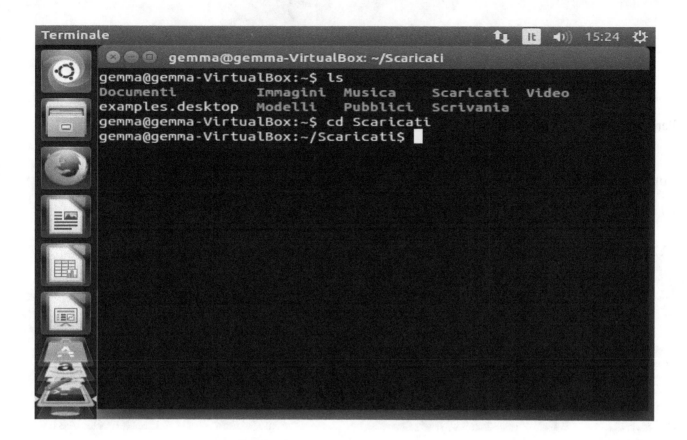

Digitiamo nuovamente "ls" per avere la lista dei programmi scaricati.

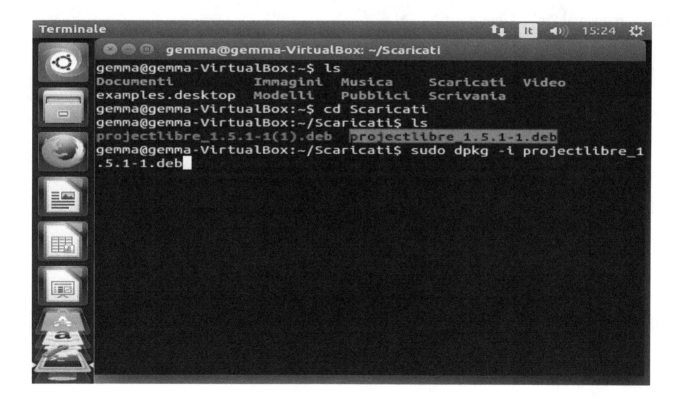

Qui ne abbiamo solo uno, il file di ProjectLibre.

Per installare digitiamo il seguente comando: "**sudo dpkg –i projectlibre_1.5.1-1.deb**" e diamo invio.

ProjectLibre si installa.

Lavorare con i progetti

Aprire e chiudere ProjectLibre.

Per avviare ProjectLibre ci sono diverse possibilità a seconda del sistema operativo in uso.

Con Windows 7:

A) si clicca sul tasto Start

Avviamo Project 1

Tutti i programmi ProjectLibre

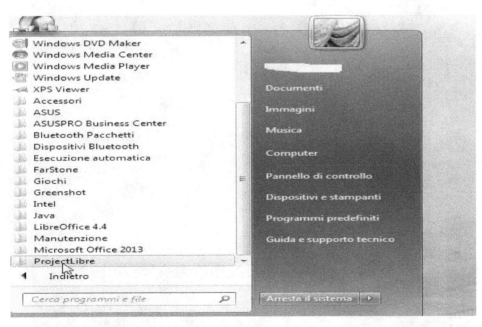

Avviamo Project 2

Microsoft Office 2013 / ProjectLibre

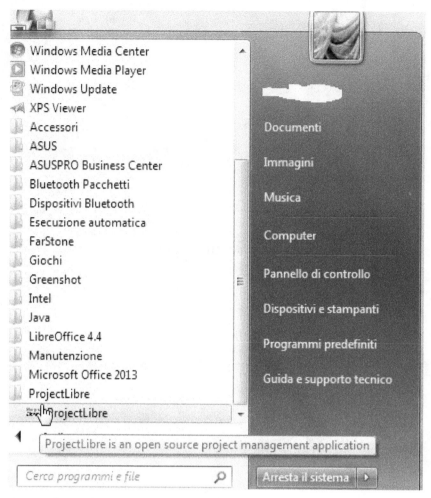

Avviamo Project 3

Con avvio della schermata di ProjectLibre.

In alternativa si può:

1. Cliccare sull'icona presente sulla barra delle applicazioni

Avviamo Project 4

2. Cliccare sul collegamento presente sul desktop

Avviamo Project 5

3. Aprire un file di ProjectLibre eventualmente presente sul desktop

Avviamo Project 6

Con Windows 8.1, invece, si segue la seguente procedura:

1. Cliccare sul pulsante Start di Windows

 *Avviamo Project 7*

Nella schermata tutte le applicazioni doppio clic sul quella raffigurante Project

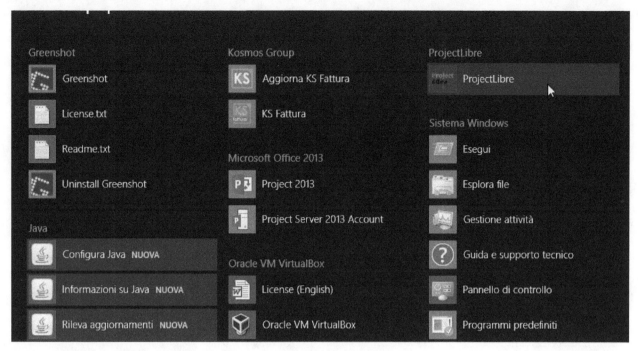

Avviamo Project 8

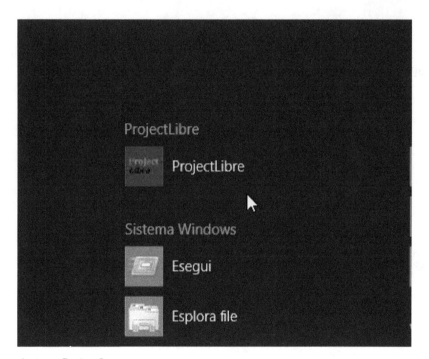

Avviamo Project 9

ProjectLibre inizia ad avviarsi e ne appare la schermata tipica di quando si apre il software per la prima volta con un messaggio contenente i suggerimenti del giorno sul programma che si consiglia di leggere.

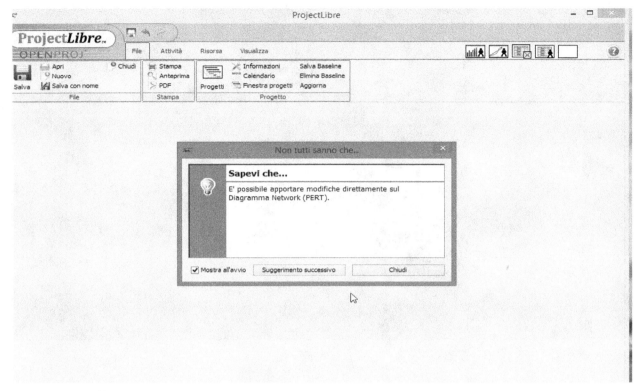

Avviamo Project 10

Alternativamente, qualora già si stia lavorando ad un progetto, si può aprire l'applicazione tramite l'icona presente sul desktop

Avviamo Project 11

O sulla barra delle applicazioni

Avviamo Project 12

Con Windows 10, infine:

1) Clicchiamo sul pulsante con il Logo di Windows

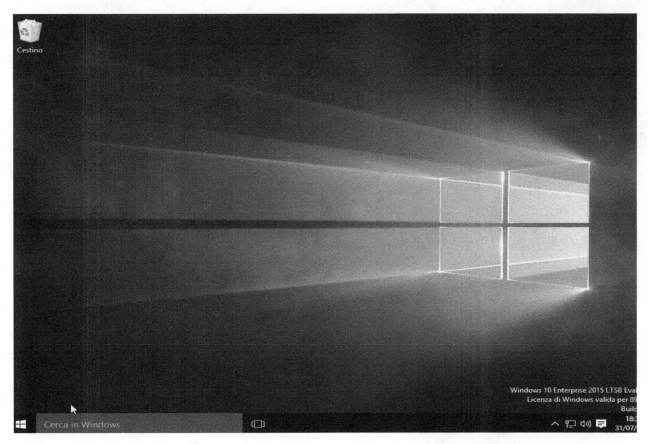

Avviamo ProjectLibre con Windows 10

2) Qui o clicchiamo sull'applicazione presente tra quelle Aggiunte di recente,

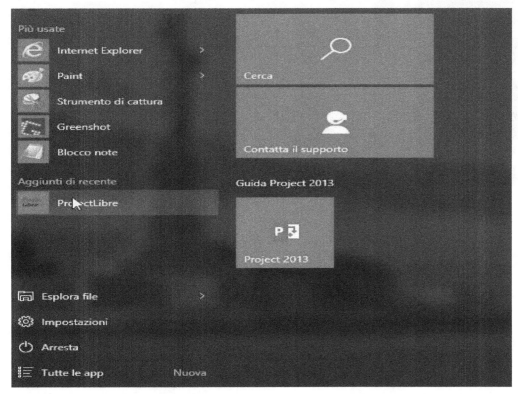

Avviamo Project 14 su Windows 10

O Scegliamo Tutte le App

Avviamo Project 15 su Windows 10

E qui navighiamo sino a trovare ProjectLibre.

ProjectLibre su Windows 10

Con Windows 10, infine, possiamo personalizzare il pulsante Start per cui un altro modo per avviare Project consiste nello spostare l'icona del programma che interessa sulla destra di Start, tenendo premuto il tasto sinistro del mouse.

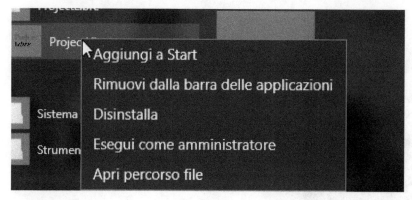

Personalizzare il pulsante Start in Windows 10

Spostiamo, poi, ProjectLibre nel Gruppo sulla sinistra dove è già presente Microsoft Project 2013

Personalizzare Tasto Start su Windows 10 1

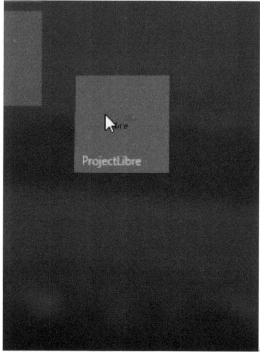

Personalizzare Tasto Start su Windows 10 2

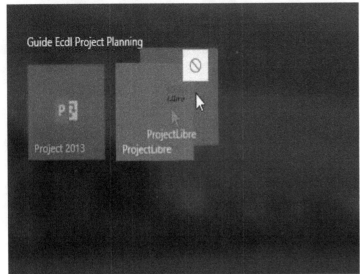

Per dare un nome al gruppo (qui già presente come "Guide Ecdl Project Planning") si indicano, di seguito, i passaggi, eseguiti con Microsoft© Project 2013, ma validi anche con ProjectLibre

Sul lato desto rilasciamo il mouse e l'icona del programma, qui Project, presenta una scritta in alto e due righe parallele sulla destra.

Personalizzare il pulsante Start in Windows 10

Cliccando sopra queste due righe si apre un rettangolo dove possiamo digitare il nome del gruppo di icone raffiguranti le applicazioni di interesse.

Qui, per fare un esempio, si è digitato Guida Project 2013.

Cliccando sopra l'icona (o App, secondo la nuova terminologia), così come con le procedure indicate nelle pagine precedenti, si apre la Finestra principale di ProjectLibre.

Inoltre, come per gli altri due sistemi operativi, anche con Windows 10 si può aprire Project cliccando sull'icona presente sulla barra delle applicazioni o su di un file di progetto presente sul desktop.

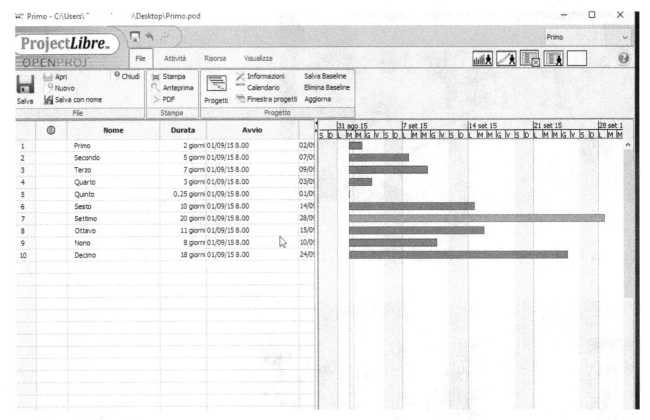

ProjectLibre su Windows 10 1

Su Ubuntu, invece, per avviare ProjectLibre, abbiamo diverse alternative.

1) Possiamo cliccare sull'icona raffigurante Project presente nel Launcher[iii], la barra delle applicazioni posta sul lato sinistro della Schermata.

ProjectLibre su Ubuntu 11

2) Oppure, tramite il pulsante Home avviamo la Dash[iv] per cercare l'applicazione

ProjectLibre su Ubuntu 12

E qui è sufficiente digitare le prime parole di "ProjectLibre" che appare l'icona del programma, cliccando sulla quale questo si avvia.

ProjectLibre su Ubuntu 13

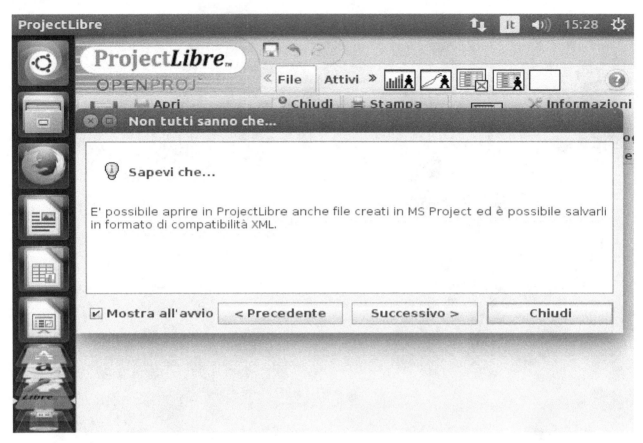

ProjectLibre su Ubuntu 14

3) Infine, possiamo avviare ProjectLibre cliccando su un file presente sul Desktop.

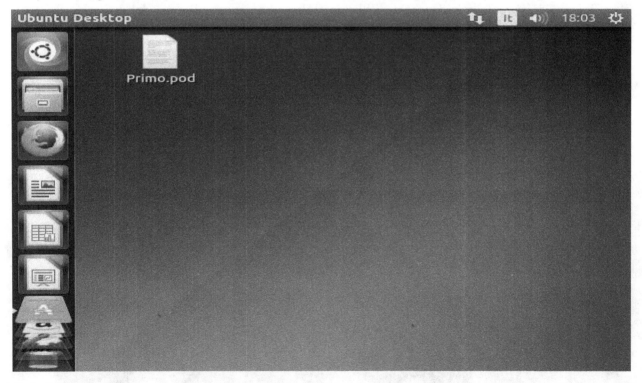

ProjectLibre su Ubuntu 15

Per chiudere ProjectLibre, invece, a prescindere dal sistema operativo interessato:

1) O si clicca sulla "x" posta in alto a destra

Uscire da ProjectLibre 1

2) O si clicca sul pulsante raffigurante ProjectLibre in alto a sinistra

Uscire da ProjectLibre 2

Poi su Chiudi

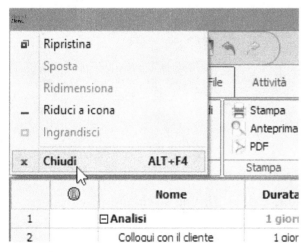

Uscire da ProjectLibre 3

Per chiudere il file di progetto su cui si sta lavorando, ma non l'applicativo, occorre cliccare sul pulsante Chiudi, presente nel Gruppo File, Menu File.

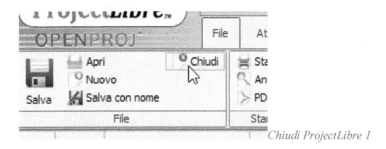

Chiudi ProjectLibre 1

Ci viene chiesto di salvare le eventuali modifiche apportate.

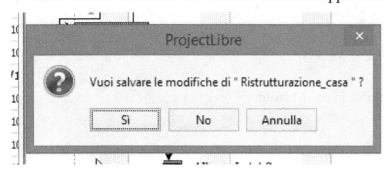

Chiudi ProjectLibre 2

Clicchiamo su Si" e rimane il solo applicativo aperto.

Chiudi ProjectLibre 3

Attenzione!

Prestare attenzione, in sede di esame, alla domanda, vale a dire se si chiede di chiudere l'applicativo o solo il file di progetto aperto ma non ProjectLibre.

Salvare il progetto su uno specifico supporto.

Per salvare il progetto, invece:

In Windows 7 clicchiamo sul comando "Salva con nome" che offre la possibilità di scegliere un percorso di archiviazione tra il computer od altro supporto, ad esempio una chiave usb.

Salva con nome 1

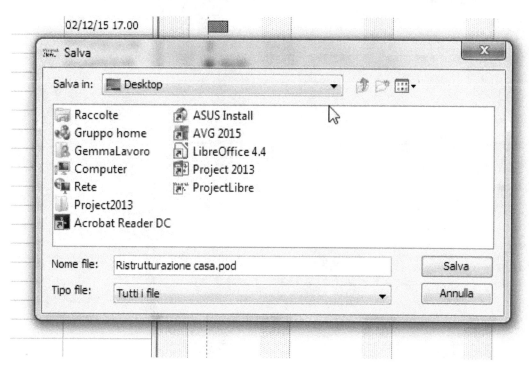

Salvare il progetto 1

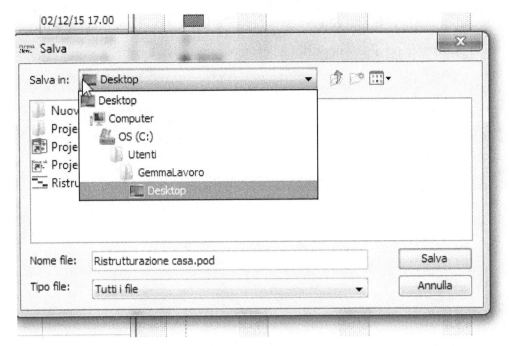

Salvare il progetto 2

Salvare il progetto 3

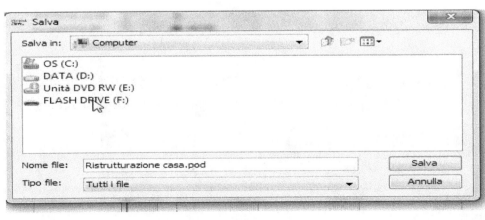

Salvare il progetto 4

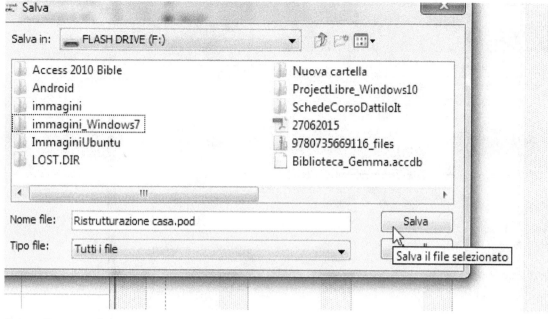

Salvare il progetto 5

O di salvare sul Cloud, in OneDrive, spazio di archiviazione della Microsoft, sul computer in uso o, eventualmente, su altro supporto, tipo penna usb.

In Windows 8.1 e Windows 10 i passaggi sono simili.

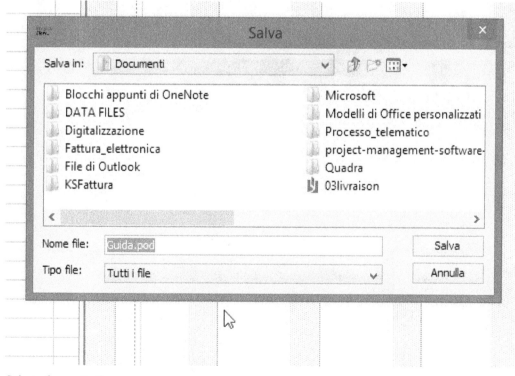

Salvare il progetto 6

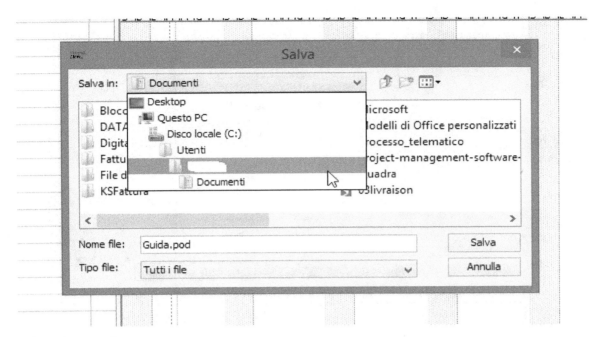

Salvare il progetto 7

O aggiungere una posizione

Ad esempio un OneDrive della Microsoft o alto servizio di salvataggio nel Cloud, qualora se ne abbia la sottoscrizione.

Per quanto si riferisce al salvataggio si usb i passaggi sono gli stessi visti su Windows 7.

Su Ubuntu

In Ubuntu, partendo dal file di progetto aperto, clicchiamo su Salva con nome.

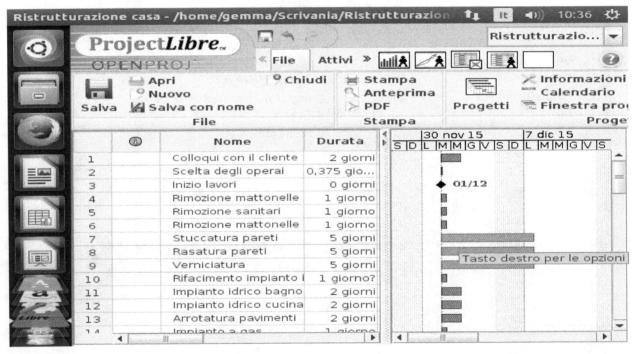

Salva con Nome 2

Si apre la seguente schermata, dove possiamo scegliere il percorso che più interessa, lasciando o l'impostazione predefinita, vale a dire la Home (qui indicata con il nome "gemma" per come impostato in sede di installazione del sistema), o una delle Directory tra quelle presenti (documenti, Immagini, Modelli e così via).

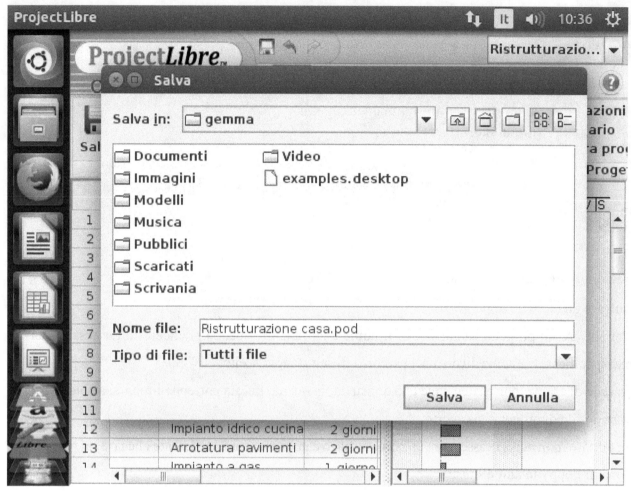

Salva con Nome 3

Qui clicchiamo su "Scrivania", l'equivalente del Desktop in Windows, e clicchiamo su Salva.

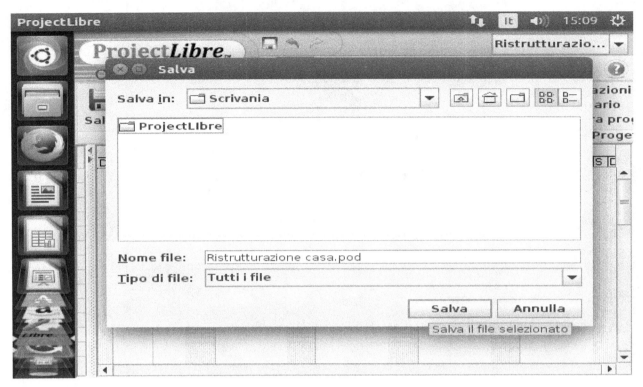

Salva con Nome 4

Salvare il progetto cambiandone il nome.

Salvare un modello di progetto.

Per salvare un progetto cambiandone il nome è sufficiente, quando si clicca sul tasto salva con nome, specificare un nome diverso nel percorso di salvataggio scelto.

In sede di esame, porre attenzione alla domanda, in quanto questa potrebbe limitarsi a chiedere di salvare un file di progetto già aperto.

In tal caso, non occorre assegnare un nome al file o cambiarlo, ma è sufficiente cliccare sul pulsante a forma di floppy in alto a sinistra.

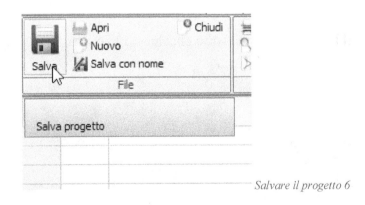

Salvare il progetto 6

O, in alto sulla sinistra sulla Barra di accesso rapido.

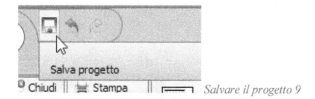

Salvare il progetto 9

Riprendiamo il nostro piano di progetto semplice.

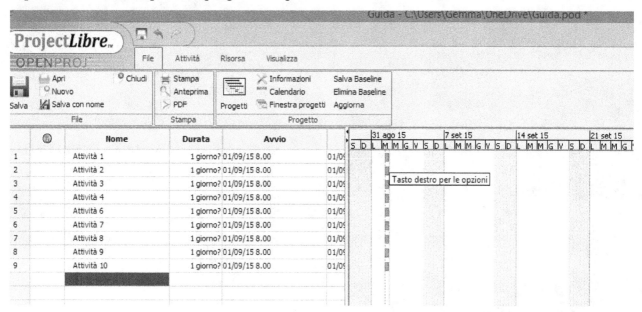

Modello di progetto 1

Quando si salva un **file di progetto**, l'estensione di ProjectLibre è "**.pod.**"

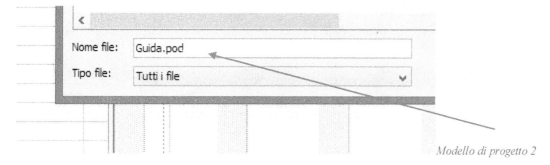

Modello di progetto 2

Cliccando, infatti, con il tasto destro sul file di progetto che, per comodità, abbiamo salvato sul Desktop con il nome di Guida, possiamo accedere alle proprietà del file.

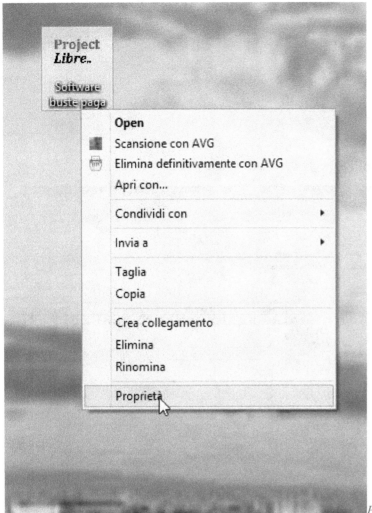

Proprietà del file di progetto 1

E vedere i vari dettagli del file di ProjectLibre.

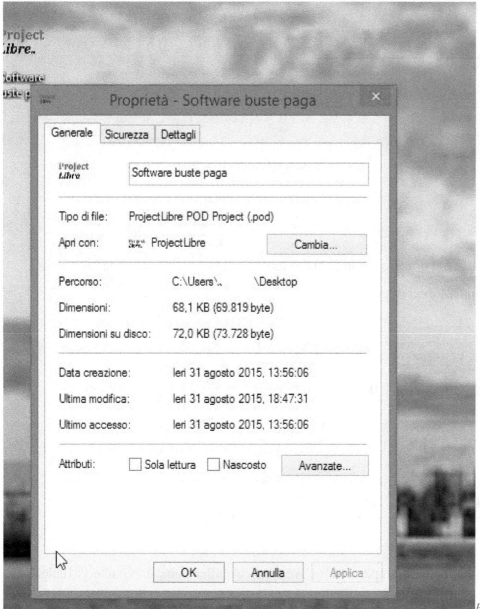

Proprietà del file di progetto 2

ProjectLibre, a differenza di altri software di progetto, non consente di salvare il file come modello per progetti futuri.

Su Ubuntu i passaggi sono gli stessi visti prima. Anche qui, per salvare un progetto nello stesso percorso di quello già aperto, è sufficiente solo cambiare il nome al file.

Salvare il progetto in differenti formati: foglio di calcolo, CSV, XML, file di testo, pdf, pagine web.

In fase di salvataggio, ProjectLibre ci offre la possibilità di scegliere il formato che interessa tra Microsoft Project .xml e .pod.

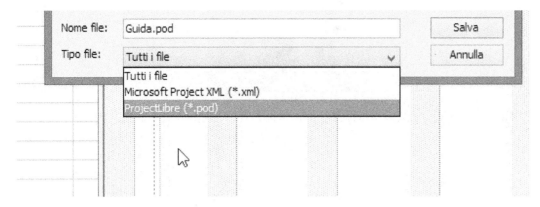

Scelta tipo di file in fase di salvataggio 1

Se, invece, vogliamo salvare il file di progetto in formato .pdf, o nel Gruppo Stampa dei pulsanti, Menu File, clicchiamo sull'icona a forma di pdf.

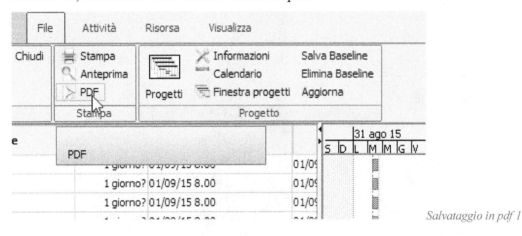

Salvataggio in pdf 1

Oppure, in alternativa, clicchiamo su Stampa qualora avessimo installato una stampante virtuale che ci consentisse di stampare in formato .pdf.

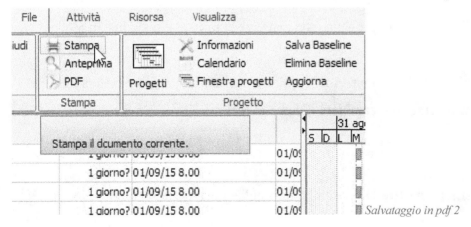

Salvataggio in pdf 2

A differenza di altri software, ProjectLibre non consente il salvataggio in formato foglio di calcolo, file di testo, CSV o pagine Web. Solamente in Visualizzazione Report, come adesso si vedrà, è possibile chiedere la stampa del file in tali formati.

Attenzione!

Occorre precisare che la conversione non funziona correttamente con tutti i formati, specie i fogli di calcolo e che, comunque, una compatibilità migliore si riscontra con la suite gratuita Libre Office rispetto all'analoga della Microsoft.

Prestare, pertanto, attenzione, in sede di esame, alla domanda, in quanto questa potrebbe chiedere che si agisca tramite la Visualizzazione Report.

Comunque, per la migliore riuscita delle operazioni di salvataggio, specie il formato .csv sono necessari sia Libre Office, che si può scaricare gratuitamente, che la Suite Microsoft Office per quanto si riferisce al formato .rtf e .html.

Dalla Scheda Visualizza, pertanto, clicchiamo su Report.

Menu Visualizza 1

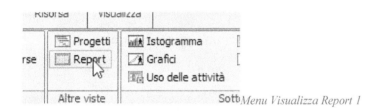

Menu Visualizza Report 1

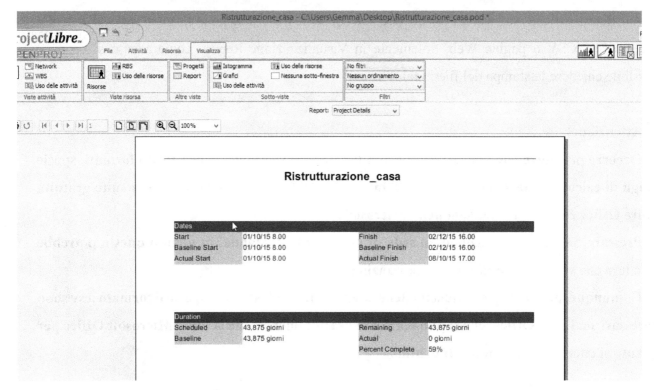

Menu Visualizza Report 2

Clicchiamo sul pulsante a forma di Floppy

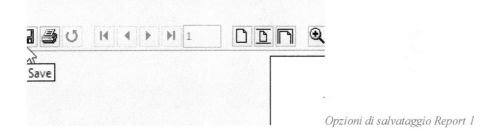

Opzioni di salvataggio Report 1

Abbiamo la possibilità di salvare in vari formati tra i quali, come possiamo vedere, il formato .xml e .pdf, analizzati sopra.

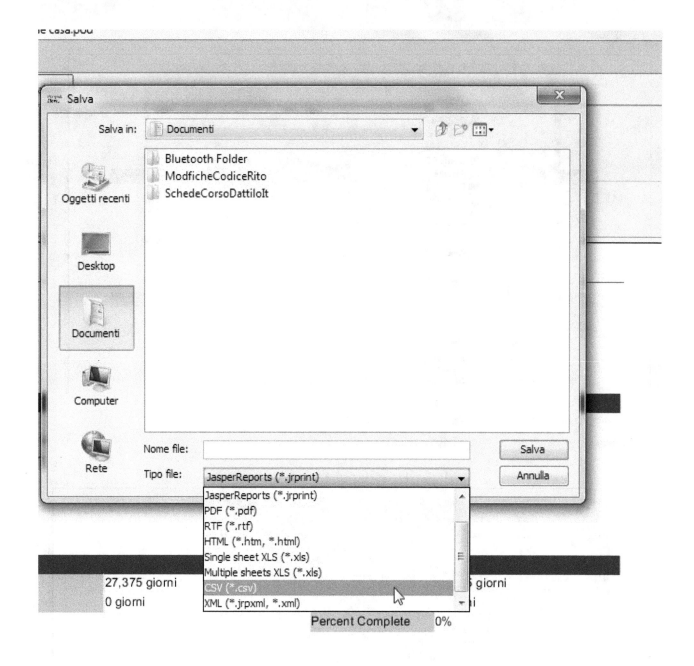

Opzioni di salvataggio Report 2

Per i fini che qui interessano scegliamo i seguenti formati e salviamo di volta in volta dando il nome prova:

- *.rtf
- *.html
- *.csv

Opzioni di salvataggio Report 3

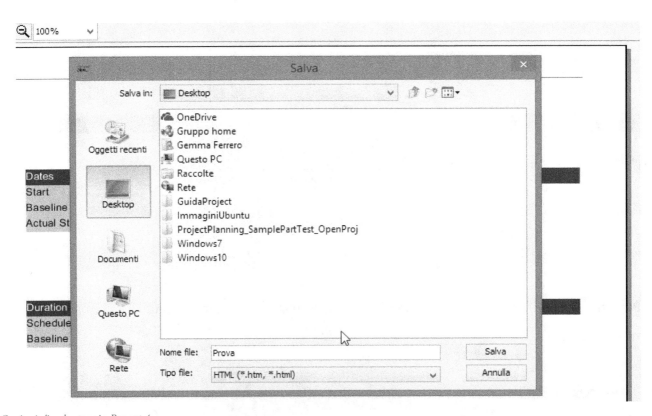

Opzioni di salvataggio Report 4

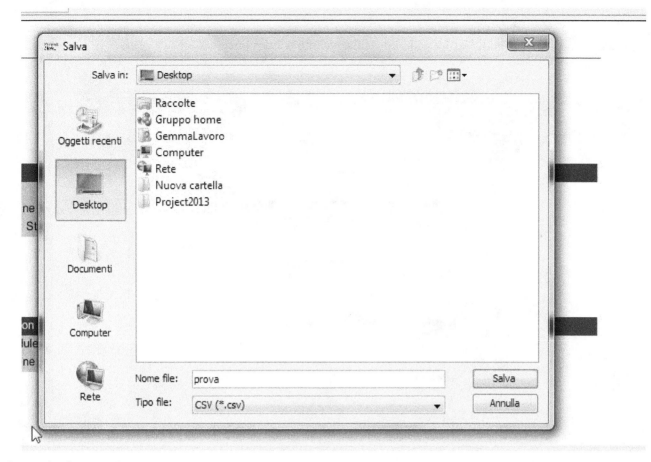

Opzioni di salvataggio Report 5

Ci troviamo sul desktop queste icone.

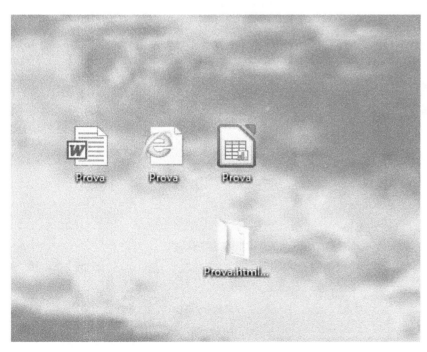

Opzioni di salvataggio Report 6

Se clicchiamo sull'icona di Explorer, si apre la seguente schermata.

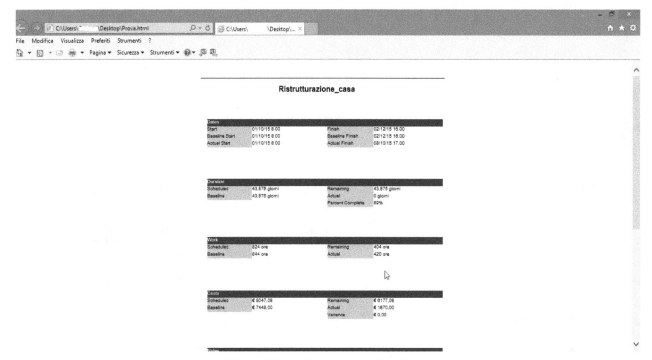

Apertura file html 1

Se clicchiamo, invece, sull'icona .rtf si apre il file in Word in modalità compatibilità

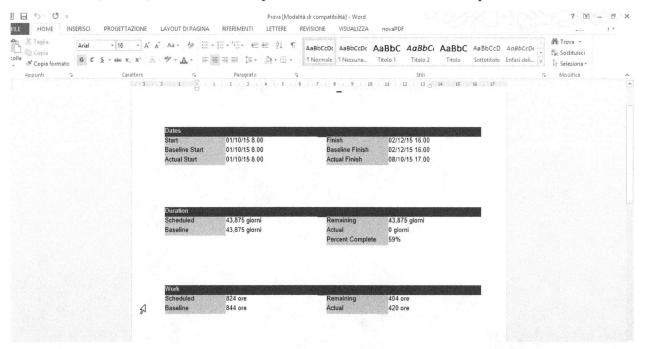

Apertura file Rtf 1

Infine, se clicchiamo sull'icona del file .cvs che, in realtà, è l'icona del foglio Calc della suite Libre Office, si apre la procedura guidata di importazione nel foglio di calcolo.

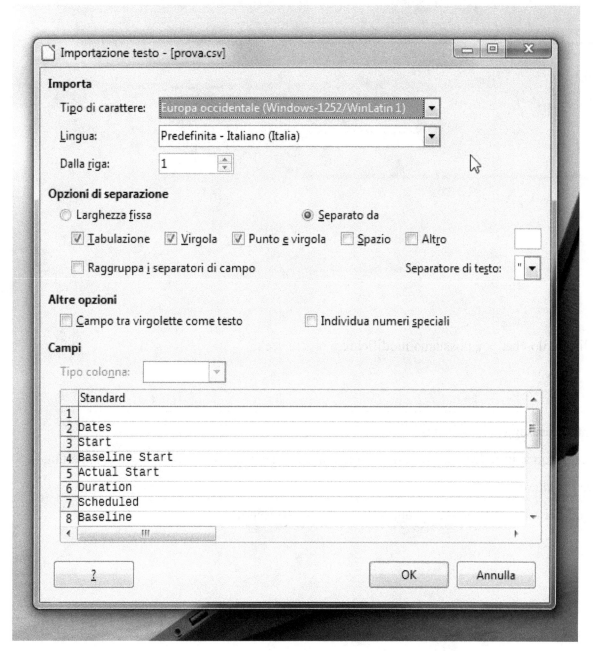

Conversione file cvs 1

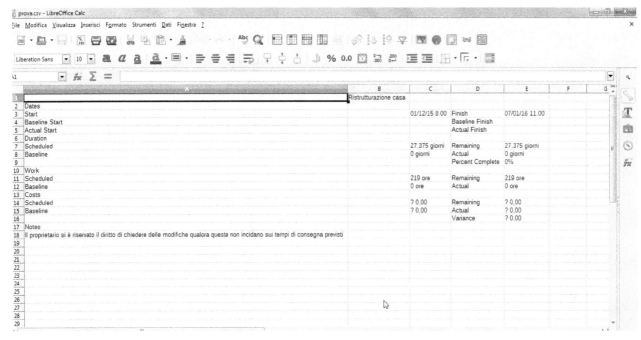

Conversione file cvs 2

Foglio di calcolo che, poi, possiamo modificare a nostra scelta.

Su Ubuntu

Su Ubuntu, i passaggi sono gli stessi.

Peraltro, quando si installa Ubuntu, il sistema operativo già comprende Libre Office che, pertanto, non occorre installare.

Anche qui, nel Menu Visualizza, Gruppo Viste, digitiamo Report.

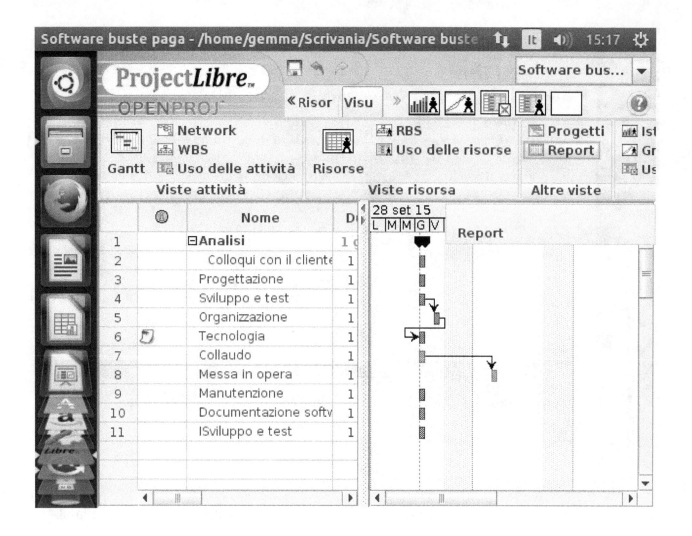

Clicchiamo, poi, sul comando a forma di Floppy e salviamo il progetto nei formati .rtf, .cvs e html.

1) Formato .rtf

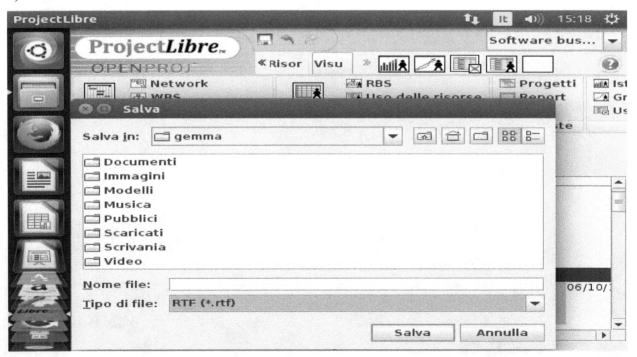

Formato Rtf 1

2) Formato .csv

Formato csv 1

3) Formato html

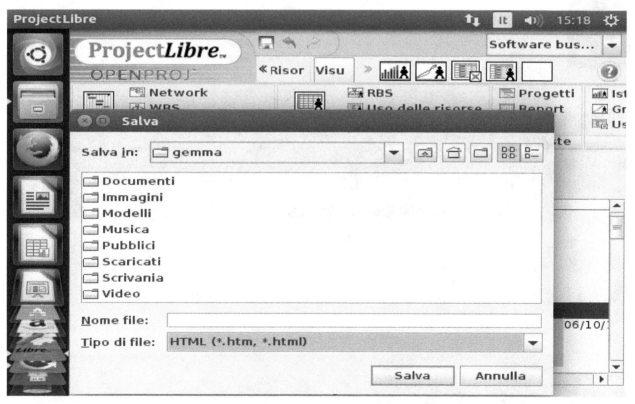

Formato html 1

Nel caso del file in formato testo Rtf, il sistema apre il file in Writer, vale a dire nel programma di video scrittura di cui alla seguente immagine.

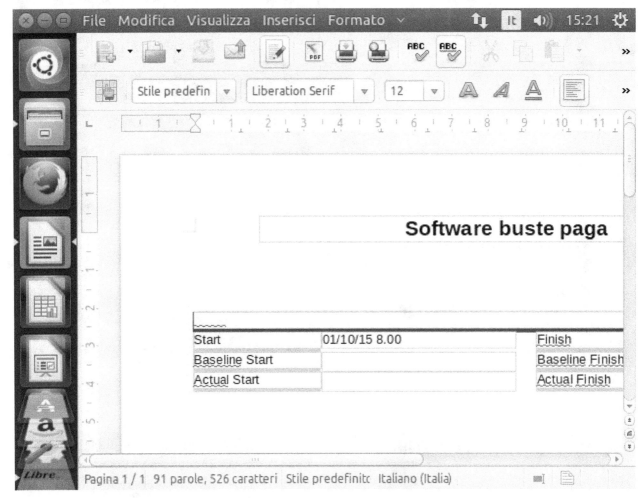

File Rtf aperto in Writer 1

Nel caso di file con estensione .csv, si avvia la procedura prima vista su Windows.

Apertura file con estensione .cvs 1

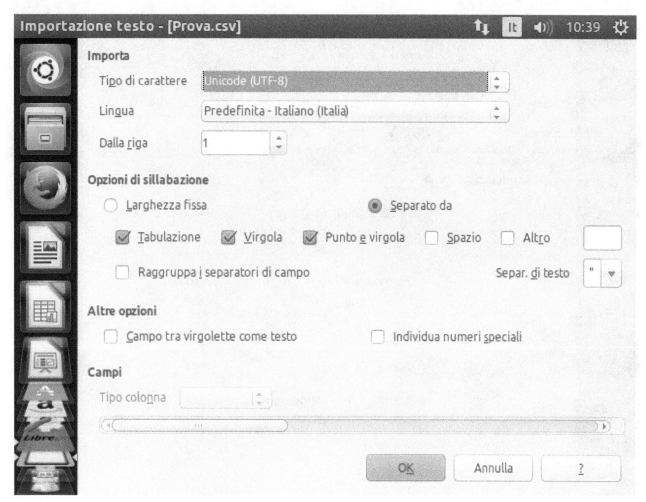

Apertura file con estensione .cvs 2

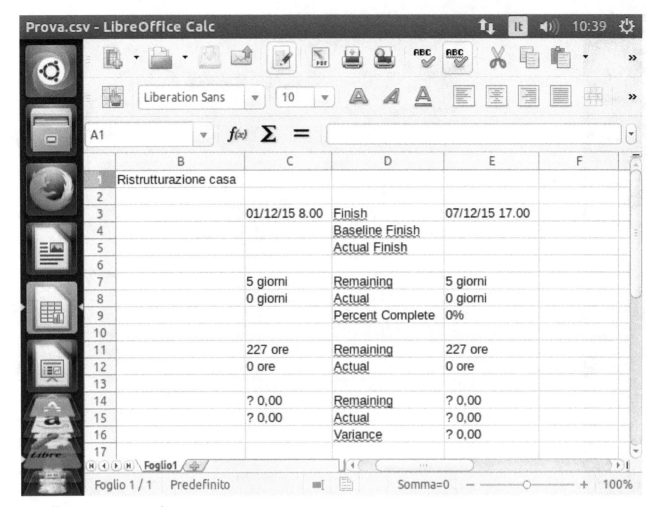

Apertura file con estensione .cvs 3

Nel caso di estensione .html, si apre il file come Pagina Web.

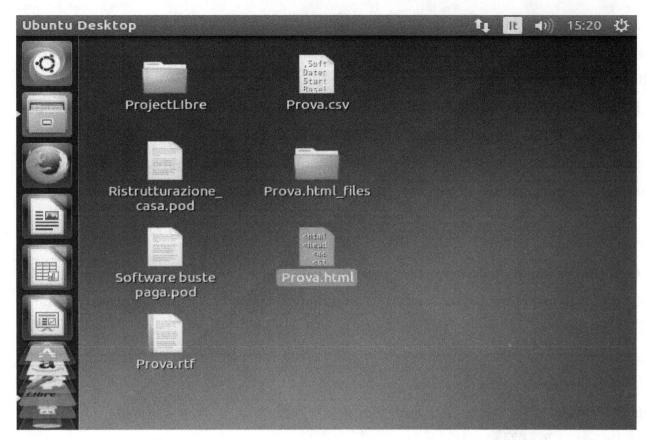

Apertura file con estensione html 1

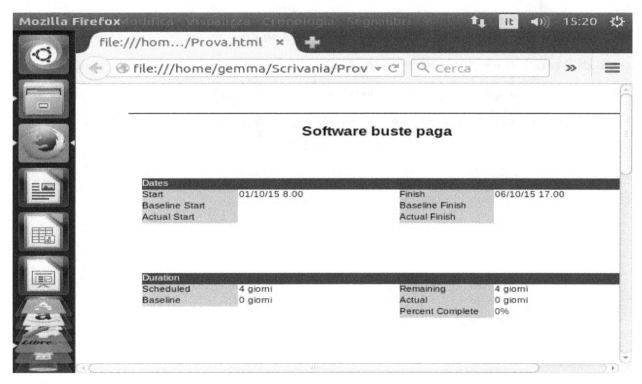

Apertura file con estensione html 2

Naturalmente, si tratta di procedure poco immediate rispetto alle analoghe di altri software di progettazione, per lo meno su Windows occorrendo, contemporaneamente, sia la Suite Microsoft© Office che Libre Office, a differenza di Ubuntu.

E' anche vero che, comunque, a prescindere dal Sistema Operativo in uso, come detto, le procedure sono poco immediate per cui si consiglia, anche in vista dell'esame, di controllare gli eventuali aggiornamenti al software ProjectLibre che potrebbero implementare i salvataggi diretti oggi mancanti e raggiungibili solo attraverso più passaggi e con la presenza di molteplici software.

Nota

CSV (file delimitato dal separatore di elenco), vale a dire è un formato di testo generico utilizzato dagli elaboratori di testo e da altri programmi. Questo formato utilizza l'estensione csv ed è delimitato da virgole; i valori sono separati dal separatore di elenco del sistema. È possibile esportare i dati dei campi da una singola tabella di Project in questo formato, ma non è possibile aprire o esportare un intero progetto.

Fonte: Microsoft https://support.office.com/it-it/article/Formati-di-file-supportati-da-Project-2013-f2b6710f-e6c6-4767-92de-15e482776916

Nota

Nello specifico il formato XML (*Extensible Markup Language*) è un formato utilizzato per fornire dati formattati e strutturati in un modo standard e uniforme. Questo formato utilizza l'estensione xml. Con questo formato è possibile esportare e importare dati di progetto. Il formato XML può essere utilizzato per scambiare i dati di progetto tra Project e altri programmi.

Fonte: Microsoft https://support.office.com/it-it/article/Formati-di-file-supportati-da-Project-2013-f2b6710f-e6c6-4767-92de-15e482776916

Visualizzazioni in ProjectLibre: Diagramma di Gantt, Diagramma Reticolare, Struttura gerarchica.

Quando apriamo un progetto esistente o un file vuoto, la **visualizzazione predefinita** che appare è il Diagramma di Gantt.

ProjectLibre offre, però, altre visualizzazioni che si differenziano le une dalle altre per l'elemento sul quale pongono l'accento, siano esse le risorse, o le attività.

La maggior parte delle viste è strutturata in tabelle sul lato sinistro, dove le attività sono elencate in una modalità che ricorda un foglio di calcolo, e in un grafico sul lato destro, a rappresentare visivamente la durata delle attività, come nell'immagine che segue.

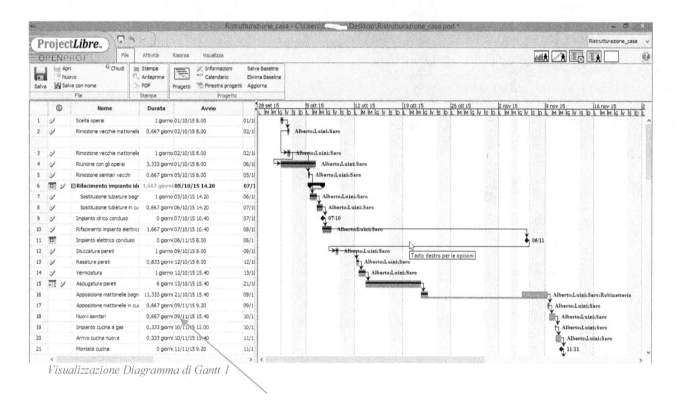

Visualizzazione Diagramma di Gantt 1

Peraltro, oltre a differenti visualizzazioni, ProjectLibre consente di avere immagini differenti per le varie informazioni che si vogliono visualizzare anche a seconda delle Schede selezionate.

Nel caso del Diagramma di Gantt, si tratta della visualizzazione predefinita salvo che non si scelgano altre Schede.

Altra visualizzazione frequente in ProjectLibre è il Diagramma Reticolare o PERT al quale si accede cliccando sul Menu Attività

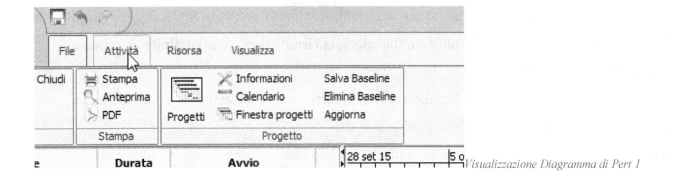

Visualizzazione Diagramma di Pert 1

Qui, nel gruppo "viste", cliccare su "Network".

Visualizzazione Diagramma di Pert 2

Nel caso del nostro file di Progetto l'immagine è la seguente.

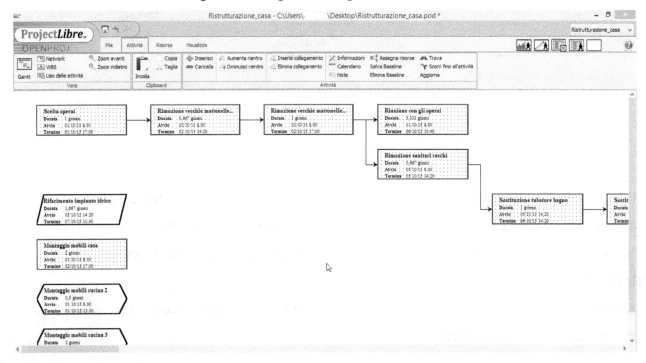

Visualizzazione Diagramma di Pert 3

Dalla stessa "vista" è possibile ritornare alla visualizzazione "Diagramma di Gantt".

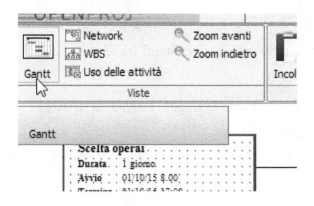

Oppure accedere alla struttura gerarchica o WBS, in ProjectLibre

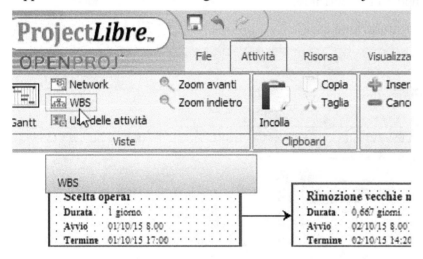

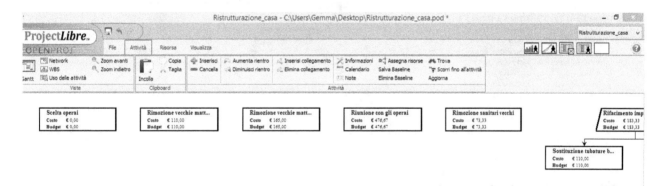

La differenza tra il Diagramma di Pert (o Network in ProjectLibre) e la Struttura gerarchica è data dal fatto che nel primo caso la visualizzazione mostra le attività ed i collegamenti tra le stesse con l'indicazione della durata delle attività nonché data di inizio e di fine.

Nel secondo caso, invece, con la visualizzazione si evidenziano solo le singole attività, la struttura del quale è composto il progetto, con l'indicazione dei relativi costi.

Passare da una visualizzazione ad un'altra.

Vediamo, adesso, come passare da una visualizzazione all'altra. E' fondamentale, però, una conoscenza degli elementi di cui è composto ProjectLibre.

Riprendiamo il nostro progetto "Ristrutturazione casa".

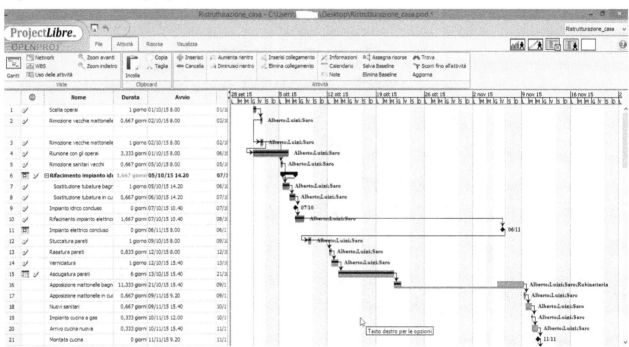

Esempio di progetto

Esaminiamo nel dettaglio i vari pulsanti della Finestra.

In primo luogo abbiamo la scheda dei comandi di azione rapida, una sorta di Barra di Accesso Rapido, indicata dalla freccia rossa.

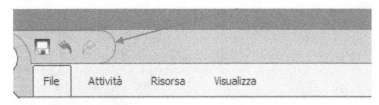

Barra di Accesso rapido 1

Sono presenti i pulsanti per salvare il progetto, annullare e ripristinare l'ultima azione.

Sotto la Barra di Accesso Rapido si ha la Barra dei Menu composta da quattro schede:

- File
- Attività
- Risorsa
- Visualizza

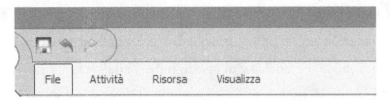

Menu dei comandi

Ognuna di queste schede contiene i comandi per operare sul progetto.

Di seguito le schede con i vari pulsanti, il cui utilizzo si vedrà nel corso del presente manuale.

Per quanto riguarda la prima scheda File, nel Gruppo File sono presenti (1) i comandi per salvare, aprire e chiudere il progetto attivo, aprirne uno nuovo.

Si hanno, poi, nel Gruppo Stampa (2), i pulsanti per la stampa, l'anteprima e per la conversione del file di progetto in formato PDF.

Nel Gruppo Progetto (3), infine, i comandi per impostare le Informazioni del progetto, i Calendari, per vedere i Progetti attivi, salvare ed eliminare la Baseline (vale a dire, la previsione del progetto prima del suo inizio), e per aggiornare la programmazione a progetto iniziato.

Pulsanti Menu File 1

Pulsanti della scheda Attività

Pulsanti Menu Attività 1

Qui si ha il Gruppo Viste (1), in parte già analizzato, dove, oltre a poter accedere al Diagramma di Pert o alla WBS, è possibile attivare la vista "Uso delle attività" che permette di avere, per ogni attività considerata, l'elenco delle risorse impiegate nonché le ore dedicate al lavoro oltre a i pulsanti per lo Zoom per vedere specifiche parti del progetto, comandi molto comodi quando ci si trova di fronte a progetti molto lunghi e complessi.

Segue, poi, il Gruppo Clipboard (2) per tagliare, copiare e incollare le attività.

Nel Gruppo attività, poi, abbiamo i comandi per inserire e eliminare le attività (3), per creare sotto attività o attività di riepilogo (4), Creare e eliminare collegamenti tra le attività (5) nonché, infine, i comandi (6) per stabilire le informazioni delle attività, i relativi calendari, inserire note, assegnare risorse, trovare le attività e andare sino a una determinata attività, oltre ai comandi già visti prima per salvare o eliminare una Baseline.

Segue il Menu Risorse, contenente i comandi per operare sulle risorse del progetto.

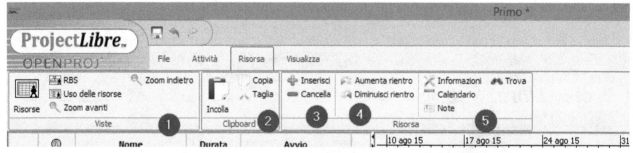

Pulsanti Menu Risorsa 1

Nel Gruppo viste (1), si hanno i comandi per avere l'elenco risorse e la vista "Uso risorse", che offre un elenco dettagliato di tutto e le attività a cui sono assegnate le risorse nonché le relative ore di lavoro, nonché la struttura risorse o RBS *Resource Breakdown Structure*, con la visualizzazione e organizzazione delle risorse in gruppo.

I pulsanti di cui ai successivi gruppi (2, 3, 4 e 5), sono gli stessi di quelli visti per il Menu Attività, anche se qui si riferiscono alle risorse dove pure è possibile creare risorse che ne comprendono altre.

Pulsanti della scheda Visualizza, che si presentano come un valido aiuto nell'ottica sia delle comunicazioni periodiche ai soggetti interessati al progetto che per analizzarne l'andamento da differenti punti di vista.

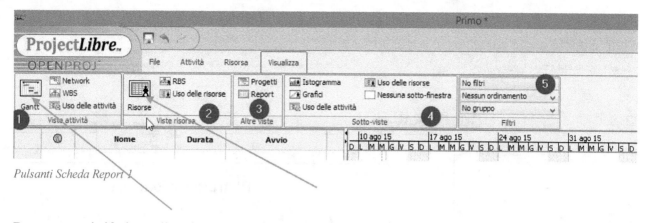

Pulsanti Scheda Report 1

Per quanto si riferisce alla Vista Attività e Risorsa (1 e 2), se ne sono analizzati i comandi. Qui ci si limita a sottolineare che cliccare sul simbolo Diagramma di Gantt o delle Risorse (qui indicati dalle frecce blu), consente di passare da una visualizzazione all'altra, a seconda di quale Vista risulti aperta in un determinato momento.

Le altre viste (3), invece, contengono i comandi per i Progetti, che mostrano i progetti dell'applicazione, e Report.

Clicchiamo Report e ci appare la seguente schermata, prima analizzata per la possibilità di salvataggio in vari formati.

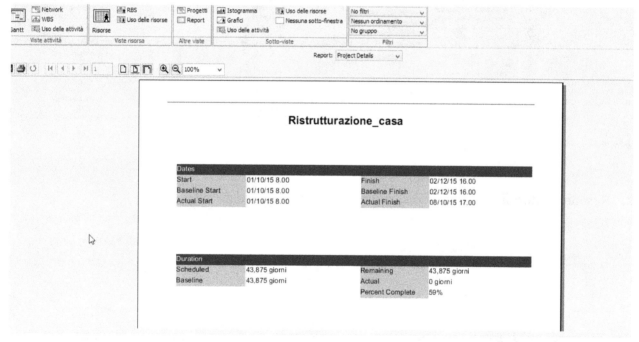

Pulsanti Scheda report 2

Pulsanti Scheda report 3

Qui possiamo scegliere tra varie visualizzazioni.

1) Task Information, vale a dire le varie attività di cui è composto il progetto

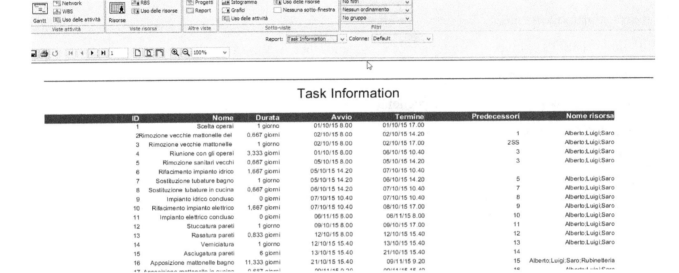

Pulsanti Scheda report 4

2) Resource Information, con l'indicazione delle risorse assegnate al progetto

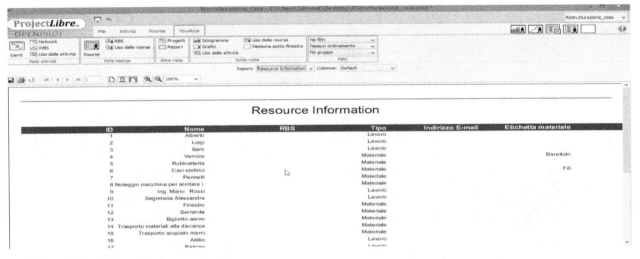

Pulsanti Scheda Report 5

3) E la Scheda *"Who Does What"*, vale a dire "Chi fa cosa", con l'indicazione dettagliata di ogni singola attività per risorsa.

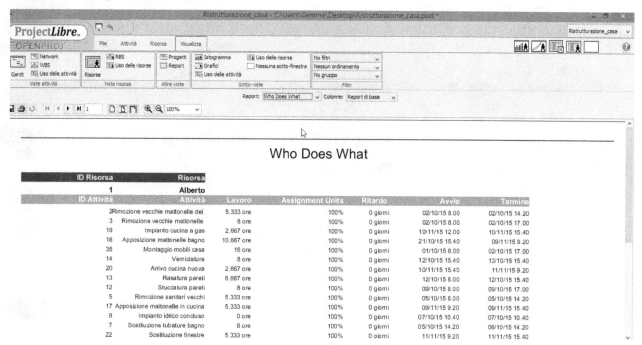

Pulsanti Scheda Report 6

Infine, in alto sulla destra della Finestra di ProjectLibre, abbiamo i comandi Visualizzazione e per selezionare un progetto differente da aprire.

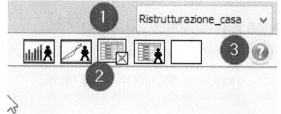

Pulsanti di selezione e visualizzazione 1

In (1) abbiamo la possibilità di passare da un file di progetto ad un altro.

In (2) la possibilità di scegliere tra la visualizzazione Istogrammi, Grafici, Utilizzo Attività, Utilizzo Risorse e nessuna sotto finestra.

In (3), il pulsante per avviare il manuale di ProjectLibre.

Vediamoli nel dettaglio.

Per passare da un file di progetto ad un altro è sufficiente cliccare sul triangolino in altro a destra della schermata e scegliere il progetto di interesse, come nell'immagine che segue.

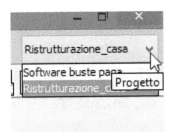

Selezione Progetto 1

Ciò, però, solo se si sono aperti più progetti all'interno del primo progetto, tramite il Menu File, Gruppo File, e cliccato sul pulsante Apri.

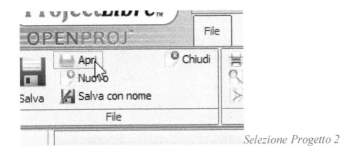

Selezione Progetto 2

ATTENZIONE!

Quando si indicano le azioni da seguire con i comandi della Barre di ProjectLibre, questi sono da intendersi in sequenza. Ad esempio, quando si dice, come sopra "tramite il Menu File, Gruppo File, cliccare sul pulsante Apri", significa che occorre cliccare prima sul Menu File, qualora sia attivo un altro Menu, andare nel Gruppo indicato (qui File), poi cliccare sul tasto Apri.

Schematicamente la sequenza è così:

Menu File ⟶ Gruppo File ⟶ Cliccare su Apri

Se avessimo due file di progetto aperti sulla barra delle applicazioni il comando non sarebbe attivo.

Prestare attenzione, in sede di esame, alla domanda, vale a dire se richiesto di aprire un file di progetto tramite icona sulla barra delle applicazioni o tramite il relativo pulsante qui esaminato.

Immediatamente sotto questo pulsante si trovano i comandi che consentono di analizzare i dati del file di progetto da diversi punti di vista, tramite le "Sotto-viste".

Pulsanti Visualizzazione Sotto-viste 1

Con il primo pulsante, Istogramma, la Finestra di ProjectLibre si presenta divisa in due parti.

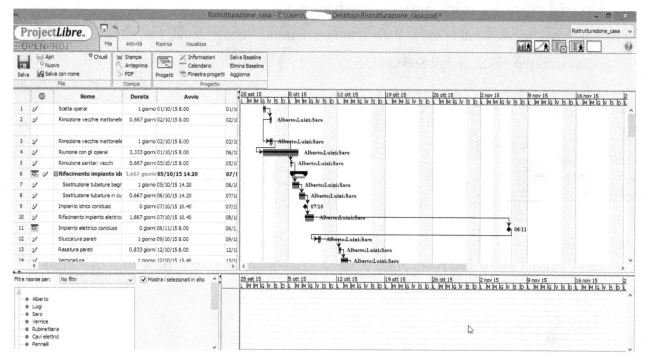

Sotto-vista Istogramma 1

La parte superiore, nota, data dalla Tabella delle attività e dal Grafico di Gantt, la parte inferiore, con l'indicazione, nello specifico, delle risorse assegnate al progetto.

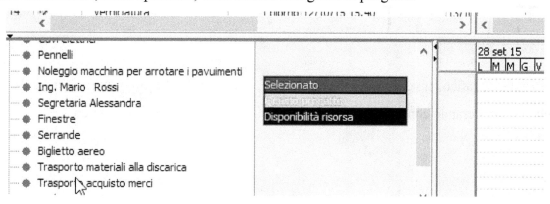

Sotto-vista Istogramma 2

Cliccando sulla risorsa che interessa, ad esempio Alberto, si può vedere se questa risulti sovrallocata rispetto alle proprie possibilità, vale a dire se sono state assegnate più attività di quelle che si possono svolgere.

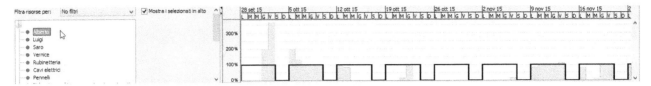

Risorsa sovrallocata 1

Come si può vedere, la risorsa Alberto risulta sovrallocata del 300% in alcuni giorni.

Nei successivi capitolo si vedrà come risolvere il problema.

Si possono, poi, applicare dei filtri ai dati da mostrare tramite Istogramma. Funzione molto utile per le comunicazioni periodiche agli Stakeholders.

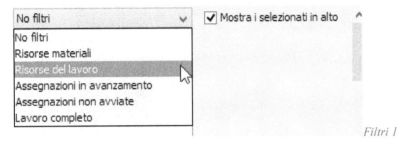

Filtri 1

Cliccando, poi, sul triangolino posto prima della scala cronologica, si ha la possibilità di stampare l'immagine dell'Istogramma o di salvarla.

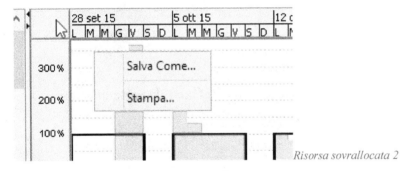

Risorsa sovrallocata 2

IL secondo pulsante, Grafico, invece, consente di vedere, sempre in relazione alle attività (si ricorda, infatti, che si sta operando con il Menu Attività), ulteriori dati come il lavoro ed i costi.

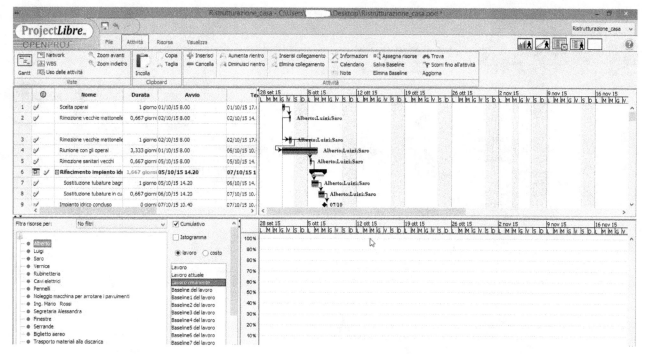

Sotto-vista Grafico dati Lavoro 1

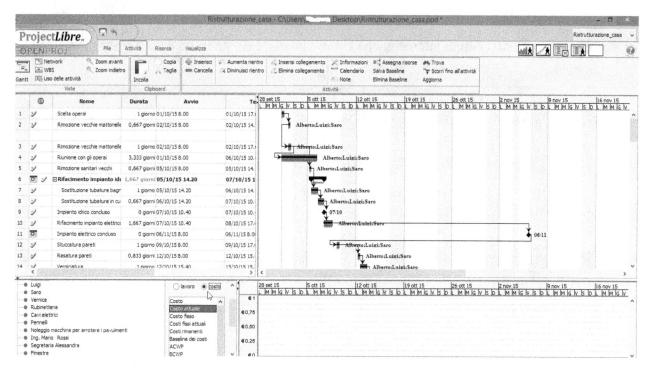

Sotto-vista Grafico Dati Costo 1

Con il terzo pulsante, si ha la possibilità di scegliere la sotto-vista Uso attività che consente di analizzare ulteriori dati.

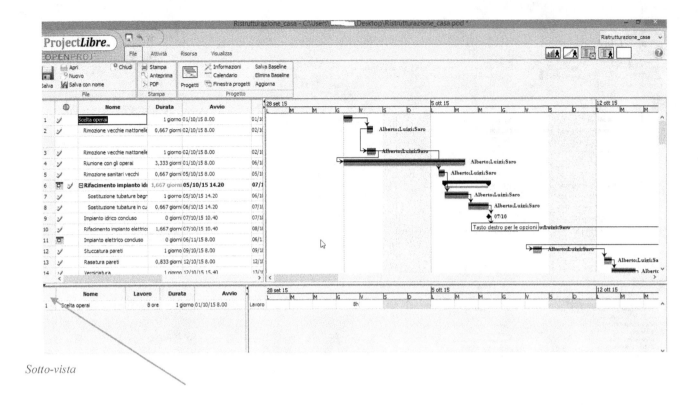

Sotto-vista

Cliccando con il tasto destro del mouse sull'angolo sinistro, indicato dalla freccia blu, possiamo sia elencare i dati secondo i dati di interesse, che filtrare i dati da mostrare un determinato momento.

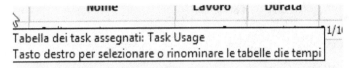

Tabella dei task assegnati: Task Usage
Tasto destro per selezionare o rinominare le tabelle die tempi

Tabella dei Task 1

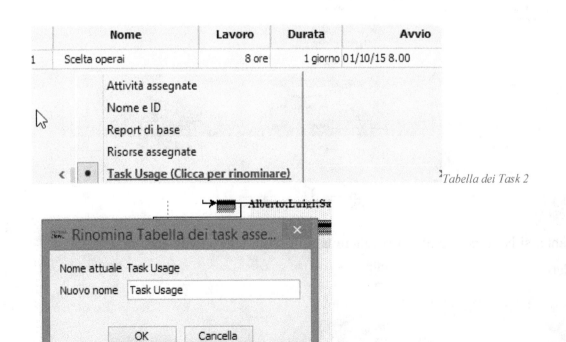

	Nome	Lavoro	Durata	Avvio
1	Scelta operai	8 ore	1 giorno	01/10/15 8.00

Attività assegnate
Nome e ID
Report di base
Risorse assegnate
Task Usage (Clicca per rinominare)

Tabella dei Task 2

Rinomina Tabella dei task asse...

Nome attuale Task Usage

Nuovo nome Task Usage

OK   Cancella

Tabella dei Task 3

Lasciamo Task Usage e clicchiamo su Cancella.

Analoghe azioni sono sconsentite cliccando sul quadratino posto sulla destra relativo alla Tabella degli utilizzi delle risorse.

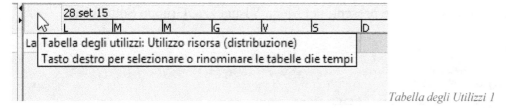

Tabella degli Utilizzi 1

Ecco i dati con i quali operare i filtri

Tabella degli Utilizzi 2

Il quarto pulsante, invece, si riferisce alla sotto-viste Risorse e consente, per le attività indicate nella parte superiore della finestra, di avere una panoramica delle attività per ogni risorsa, con indicazione della quantità di lavoro, sulla sinistra della sotto-vista, e dei relativi giorni sul lato destro.

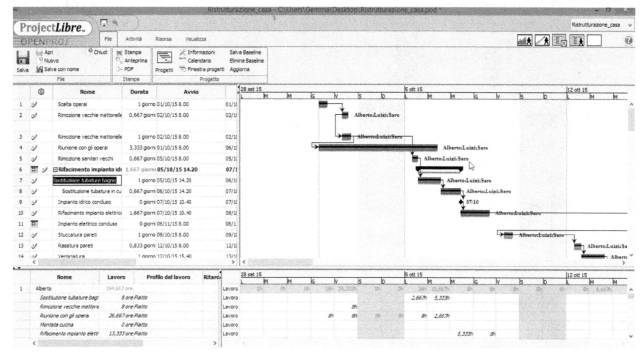

Anche qui, cliccando con il tasto destro sul rettangoli a destra e sinistra delle sotto-viste, si possono operare le personalizzazioni viste prima.

Il quinto ed ultimo pulsante, una scheda bianca, si clicca per rimuovere le sotto-viste.

I comandi analizzati sino ad ora, sono anche presenti nel Menu Visualizza, Gruppo Sotto-viste.

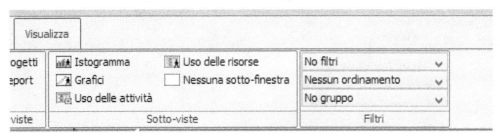

Menu Visualizza Gruppo Sotto-Viste 1

Le stesse operazioni sono consentite cliccando su Menu Visualizza (o file), Gruppo Viste, Uso delle Attività cliccando, in ordine, il pulsante Istogramma e poi Grafico per mostrare i dati relativi alle attività e i costi delle risorse assegnate.

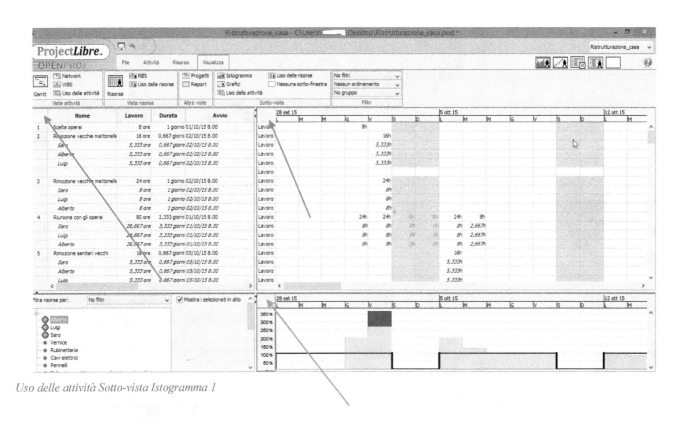

Uso delle attività Sotto-vista Istogramma 1

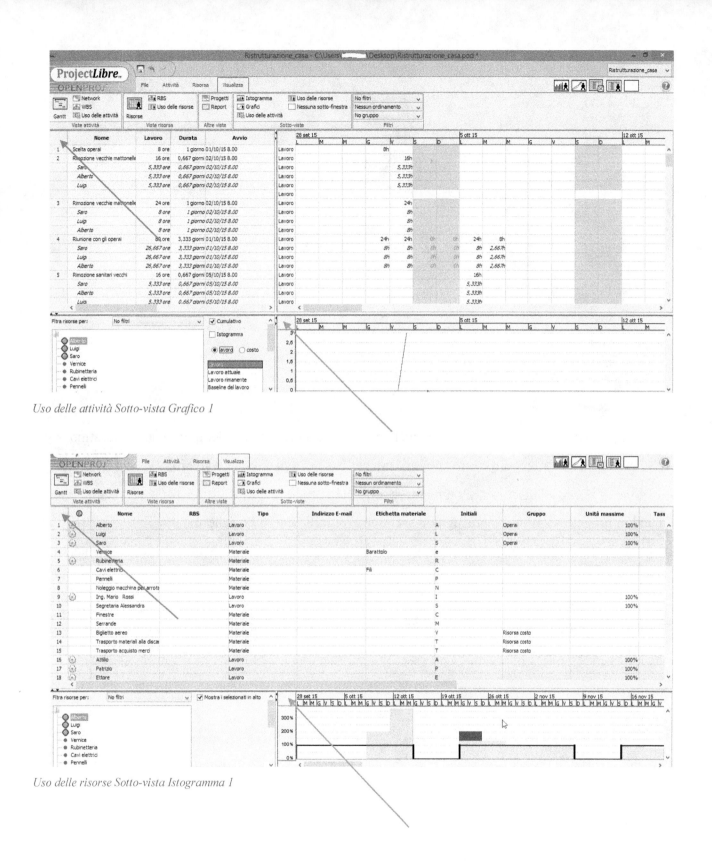

Uso delle attività Sotto-vista Grafico 1

Uso delle risorse Sotto-vista Istogramma 1

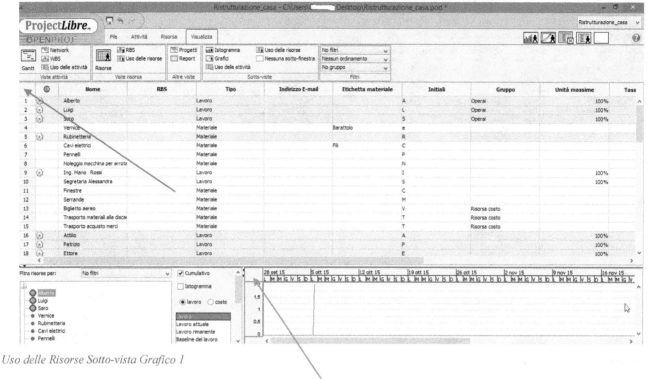

Uso delle Risorse Sotto-vista Grafico 1

Dati che possiamo, poi, salvare e stampare cliccando con il tasto destro del mouse sul quadratino posto sulla destra, nel nei rettangolo in alto, invece, per le selezioni di costi e lavoro.

Funzione di Zoom ed evidenziare segmenti specifici del progetto.

Quando i progetti sono molto grandi, non si riesce a vederli bene sullo schermo.

In questi casi si può ricorrere alla funzione di Zoom, cliccando, per le Attività, nel Menu Attività, Gruppo Viste:

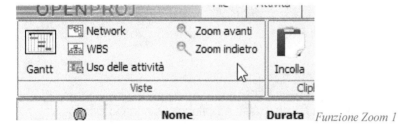

Funzione Zoom 1

Partendo dal file di progetto, cliccando su Zoom avanti, si ottiene un ingrandimento delle attività.

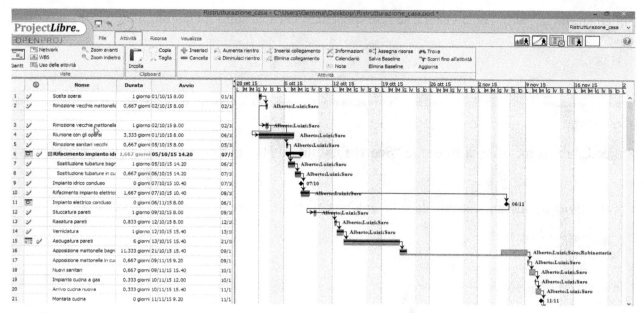

Funzione Zoom 2

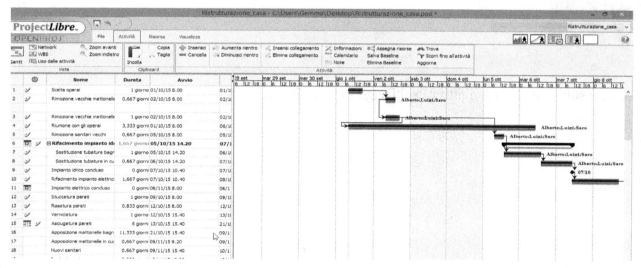

Funzione Zoom 3

Cliccando Zoom indietro, l'immagine torna alla visualizzazione precedente

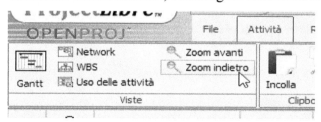

Funzione Zoom 4

Altra funzione molto comoda in ProjectLibre per evidenziare le barre corrispondenti alle attività, è data dal comando "Scorri fino all'attività", Gruppo Attività, Menu Attività, molto comoda quando il progetto è complesso e di lunga durata.

Ipotizziamo, infatti, che nel progetto sia prevista l'attività "Rifacimento impianto elettrico", durata 4 giorni con inizio il 21 gennaio 2016.

Sul Diagramma, però, non è visibile se non spostando la barra sotto il Diagramma.

Scorri fino all'attività 1

ProjectLibre, però, offre la funzione "Scorri fino all'attività" che consente di andare alla barra richiesta.

Con l'attività desiderata selezionata sulla colonna Nome, cliccare sul comando in questione.

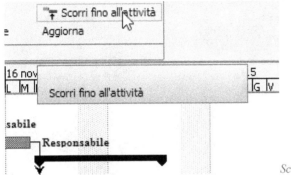

Scorri fino all'attività 2

Appare subito la barra dell'attività sul Diagramma di Gantt.

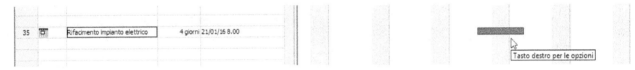

Scorri fino all'attività 3

Su Ubuntu

Vediamo, adesso, gli stessi comandi su Ubuntu.

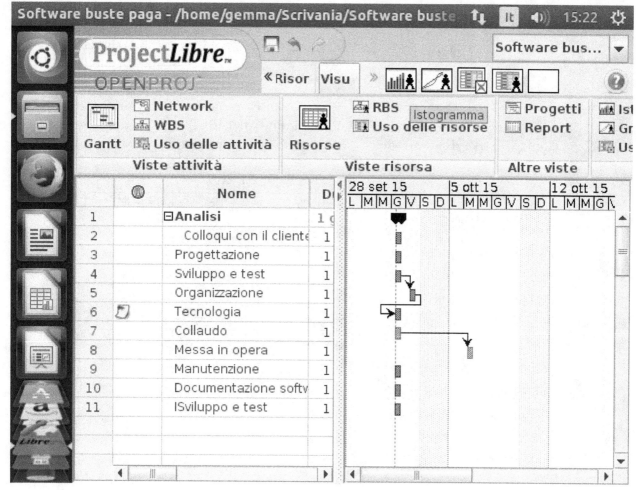

Menu Visualizza Gruppo Sotto-Viste 2

Anche qui, cliccando sul Menu Visualizza, prendendo come base di partenza la visualizzazione Diagramma di Gantt, si accede alle stesse viste di cui sopra.

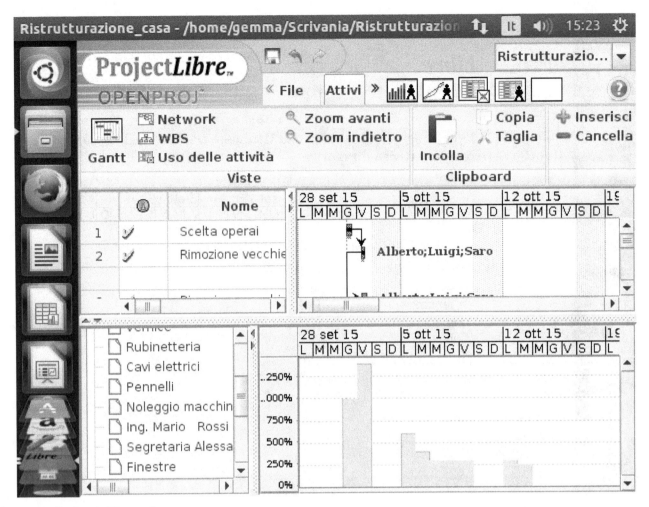

Sotto-vista Grafico dati Lavoro 2

Analogamente cliccando sul pulsante Visualizza Grafico, si apre la sotto-vista Grafico

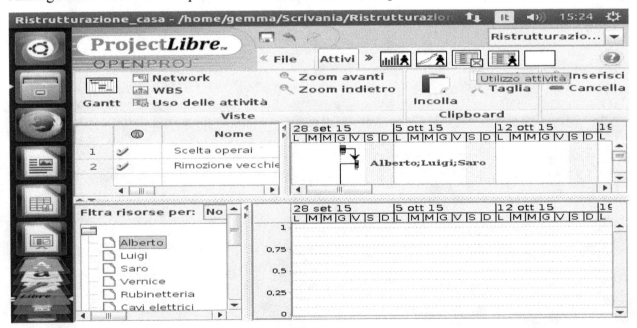

Menu Visualizza Gruppo Sotto-Viste 3

L'immagine seguente si riferisce, invece, alla Sotto-vista Utilizzo attività

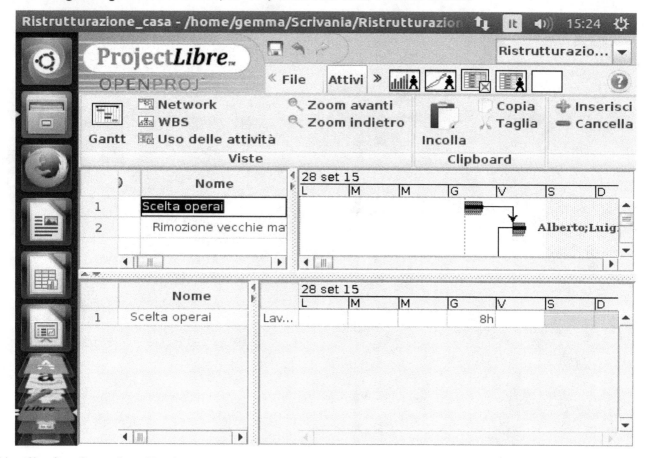

Menu Visualizza Gruppo Sotto-Viste 4

Segue la Sotto-vista utilizzo Risorse

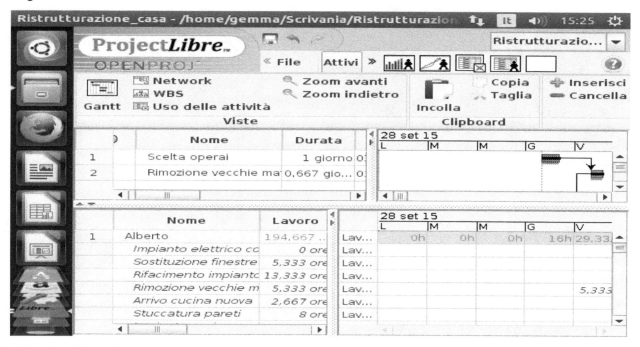

Menu Visualizza Gruppo Sotto-Viste 5

Le stesse combinazioni si hanno cliccando la Visualizzazione Risorse e eseguendo le scelte prima

viste con Windows, anche in punto di selezione e filtro dei dati da mostrare.

1. Apri l'applicazione Microsoft ProjectLibre seguendo le varie opzioni possibili (a seconda del sistema operativo)

2. Chiudi ProjectLibre ma lascia aperta l'applicazione

3. Salva il progetto come file xml e pdf sul desktop

4. Quali, tra questi, indica l'estensione di un file di progetto:

   o .pod

   o .mpp

   o .xls

   o .xml

5. Che cosa indica il termine "Diagramma di Gantt"

6. Quanti Menu presenta la finestra di ProjectLibre?

7. Su quale pulsante si agisce per impostare un orario di lavoro diverso da quello predefinito?

8. Visualizza l'elenco risorse

9. Visualizza l'intero progetto

10. Chiudi il progetto ed esci dall'applicazione

Obiettivi del capitolo

Nel precedente capitolo si è visto come installare il software ProjectLibre.

In questo capitolo si entrerà nel dettaglio della creazione di un progetto.

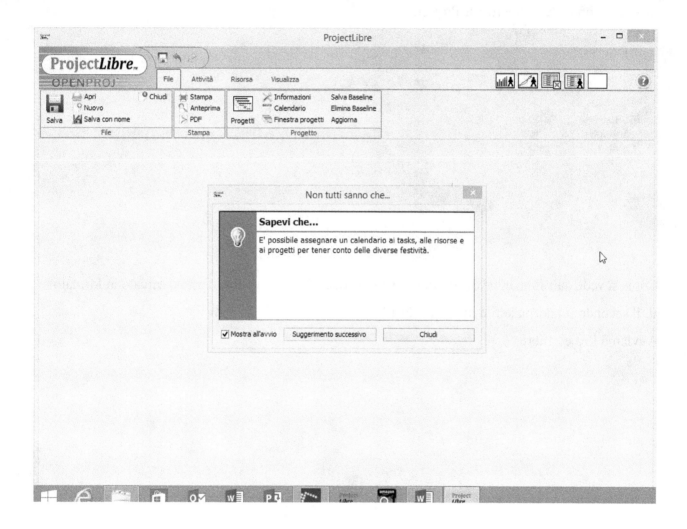

Creare un progetto nuovo o sulla base di modelli.

Per creare un nuovo progetto, si possono seguire due percorsi: o si crea un nuovo progetto vuoto o si parte da un file di progetto di Microsoft Project 2013 o con estensione .xml.

Ed infatti ProjectLibre non presenta modelli di progetto ai quali apportare le modifiche ritenute più opportune.

Iniziamo con i file di Microsoft Project.

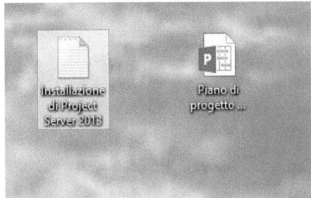

File di progetto Microsoft Project 2013 1

Come si vede dall'immagine di cui sopra, si hanno due file di progetto[v], il primo salvato in formato .xml, il secondo un normale file di Project 2013.

Avviamo ProjectLibre.

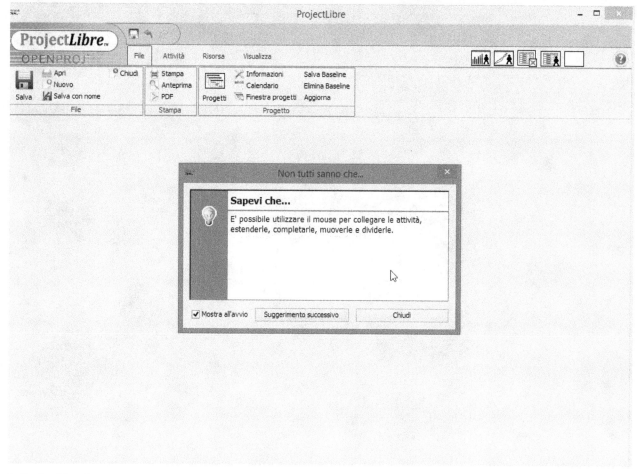

Avvio ProjectLibre 1

Appare la finestra dei suggerimenti, salvo che non si tolga il segnale di spunta "Mostra all'avvio".

Si consiglia di non farlo anche perché i suggerimenti possono riferirsi a soluzioni e miglioramenti implementati nell'applicazione, così come si consiglia, per lo meno la prima volta che si utilizza il software, di leggere i consigli.

Per i fini che qui interessano, clicchiamo su Chiudi, per i consigli.

Appare un'altra finestra che chiede se si vuole aprire un progetto esistente o crearne uno nuovo.

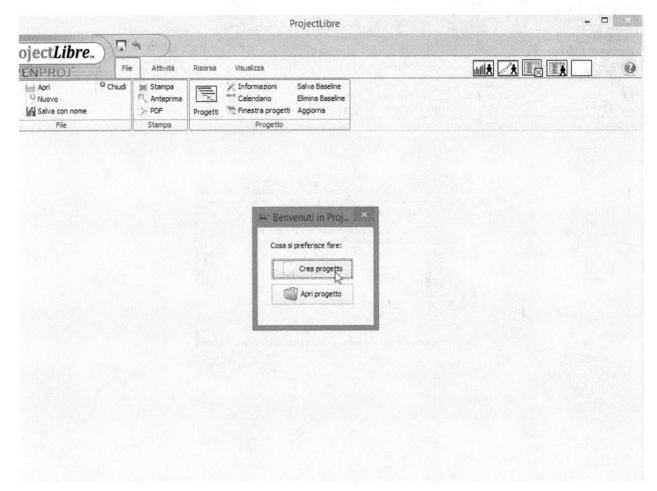

Avvio ProjectLibre 2

Clicchiamo su "Apri progetto" e clicchiamo sul file in formato .xml che qui, per comodità, si trova sul Desktop.

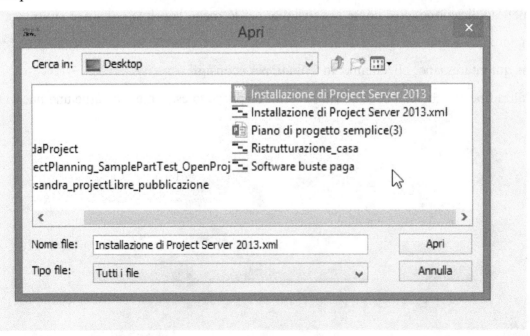

Avvio ProjectLibre 3

Aspettiamo qualche momento che ProjectLibre carichi il file.

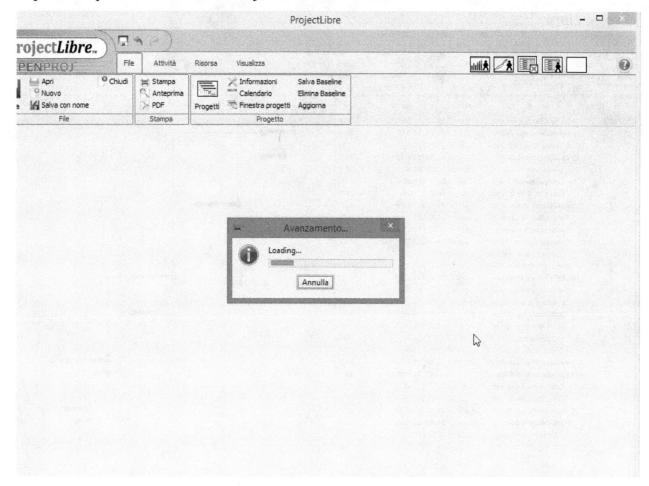

Avvio ProjectLibre 4

Ed ecco apparire il file di progetto con estensione .xml che possiamo personalizzare.

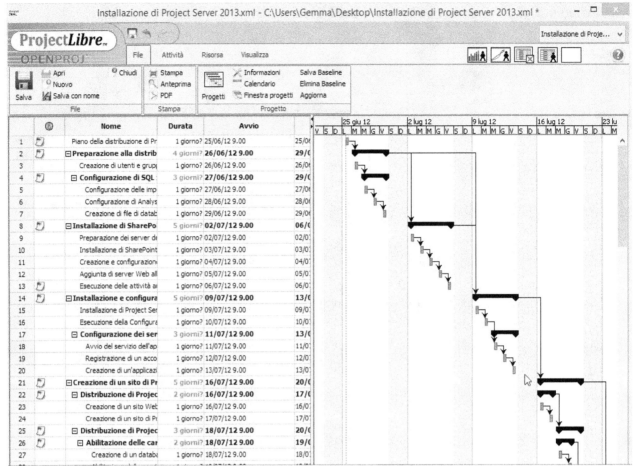

Apertura file xml

In alternativa, possiamo aprire un file di progetto di Microsoft Project 2013.

Ripetiamo i passaggi di cui sopra e, al momento di aprire il file, scegliamo un file di Project 2013.

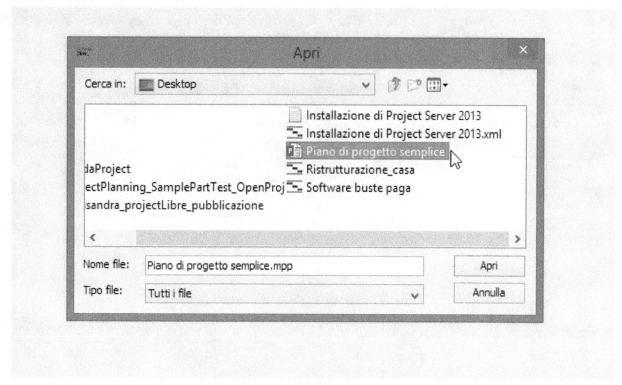

Avvio ProjectLibre 5

Aspettiamo che ProjectLibre converta il file.

Avvio ProjectLibre 6

Ed ecco il file aperto.

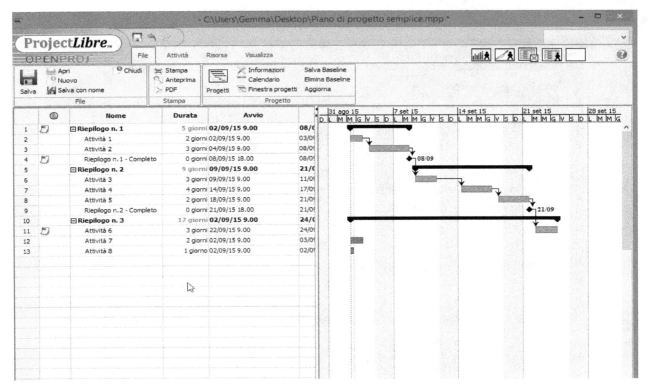

Apertura file di progetto di Project 2013 1

Oppure, si può creare un progetto partendo da "Progetto vuoto" e costruire da zero il piano di progetto che ci serve.

Avviamo ProjectLibre. Di seguito alcuni dei consigli che offre.

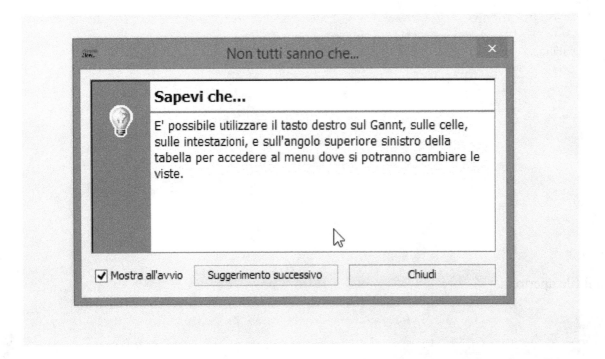

I consigli 1

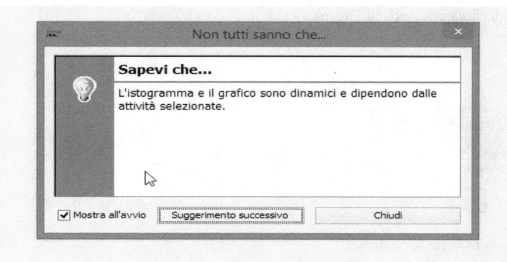

I consigli 2

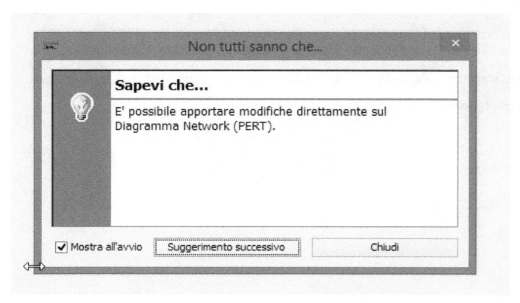

I consigli 3

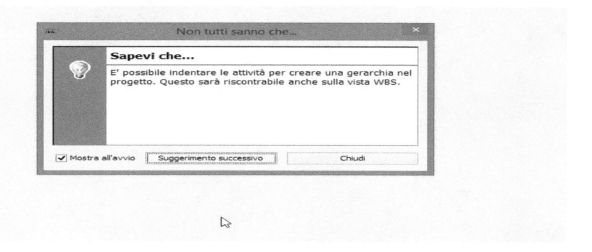

I consigli 4

Qui, invece di cliccare su Apri, clicchiamo sul pulsante "Crea progetto".

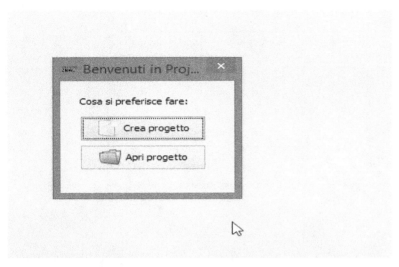

Progetto vuoto 1

Ci appare la seguente finestra dove dobbiamo inserire il titolo del progetto, il responsabile e la scelta sulla data di pianificazione, vale a dire, dalla data di avvio o di inizio, come nell'immagine di cui sotto, o dalla fine del progetto, di cui alla successiva immagine.

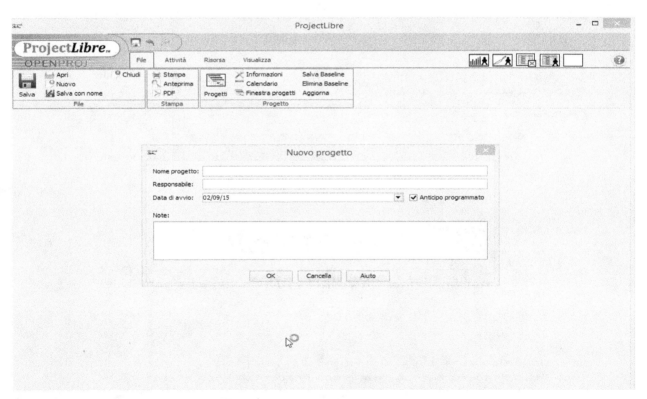

Crea Progetto 1

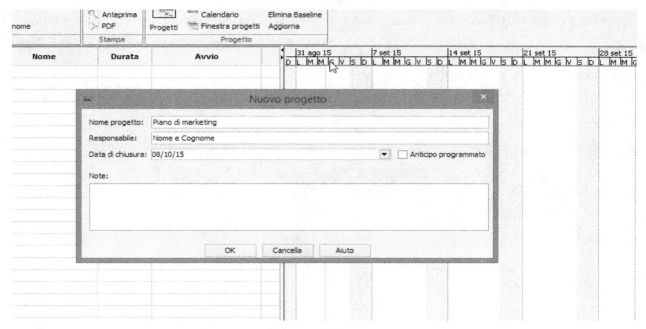

Crea Progetto 2

Queste nozioni saranno più chiare nello studio del paragrafo sull'influenza, sul progetto, della pianificazione basata sulla data di inizio o di fine. Per il momento lasciamo il segno di spunta su "Anticipo programmato" (che, in ProjectLibre, indica la programmazione o pianificazione dalla data di inizio del progetto), e seguiamo con la creazione del file di progetto.

Indichiamo, pertanto, un titolo per il progetto e, come Responsabile (o Project Manager), indichiamo il nostro nome o nomi di fantasia.

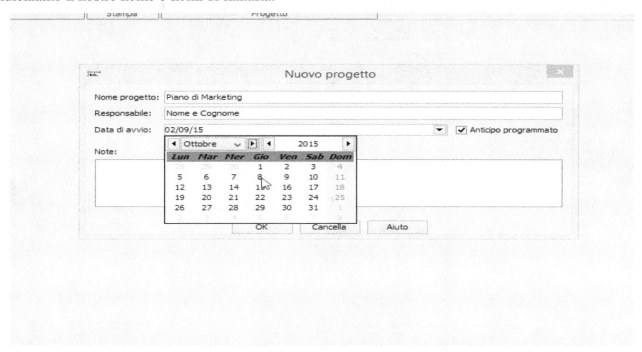

Crea Progetto 3

Procediamo, poi, ad indicare una data di avvio del progetto e, nel campo note, indichiamo lo scopo del progetto o qualunque dato ritenuto utile.

Peraltro, questo campo può essere lasciato in bianco.

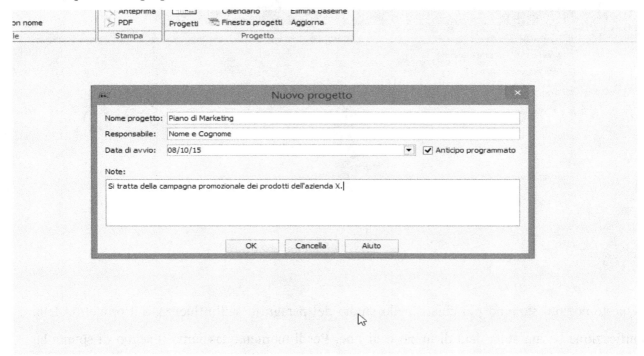

Crea Progetto 4

Clicchiamo su Ok e abbiamo il progetto su cui lavorare.

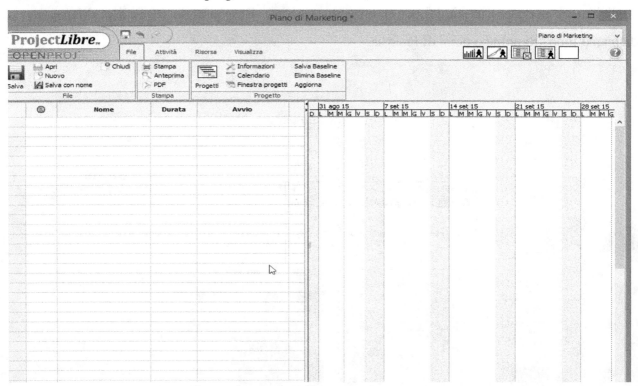

Crea Progetto 5

Su Ubuntu

Anche su Ubuntu i passaggi sono gli stessi.

Una volta avviato ProjectLibre in uno dei modi sopra visti, si apre la finestra con i suggerimenti.

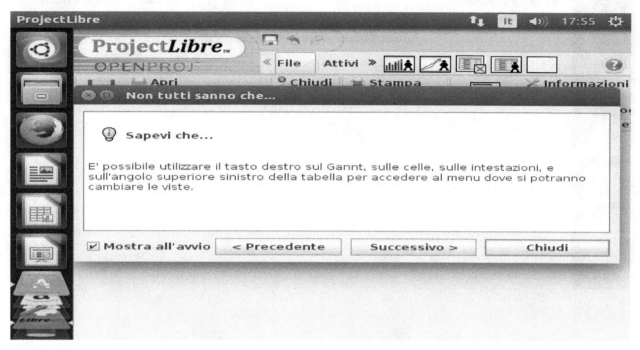

I consigli 5

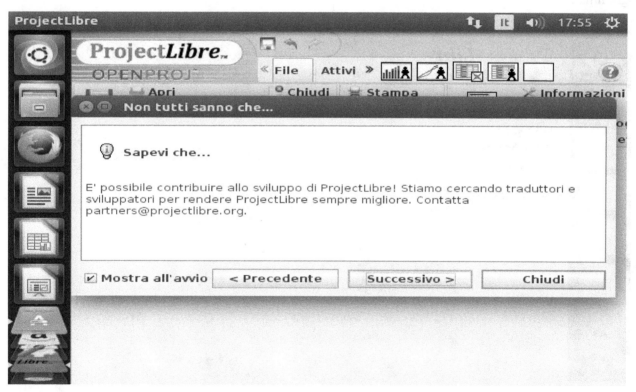

I consigli 6

Crea Progetto 6

Clicchiamo su crea e si apre la finestra per inserire i dati sul progetto, il Responsabile e la data di programmazione.

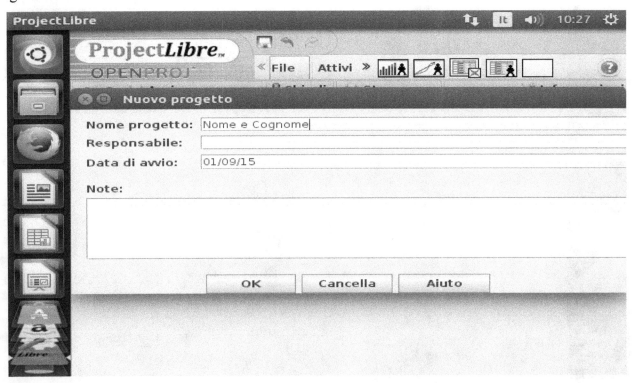

Crea Progetto 7

Clicchiamo su Ok e si apre il file di progetto su cui lavorare.

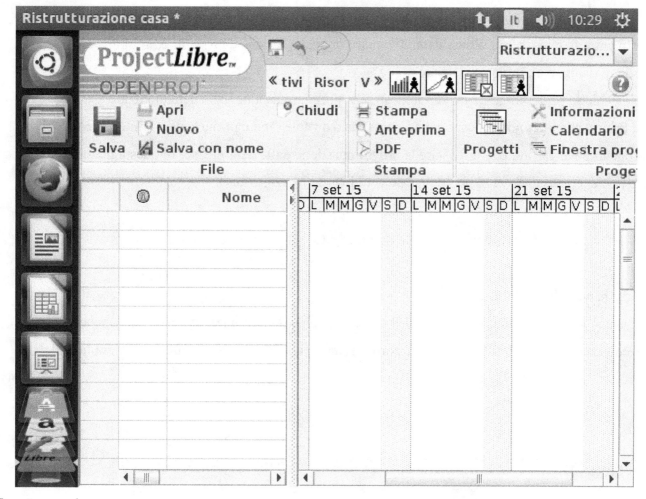

Progetto nuovo 1

Influenza, sulla pianificazione complessiva del progetto, della programmazione da una data di inizio o fine.

Nel primo capitolo del presente manuale si è definito il progetto come *un'attività temporanea* intrapresa per uno scopo ben preciso.

Gli elementi basilari che occorre stabilire, non appena si inizia a predisporre il piano di progetto sono, quindi, la data di inizio e fine del progetto.

Occorre però considerare che non sempre il Project Manager conosce entrambe le date, ad esempio perché si attendono dei permessi del Comune nel caso della costruzione di una casa.

Comunque, anche se le date non sono note, i **progetti dovrebbero sempre essere programmati partendo dalla data di inizio in quanto ciò consente di avviare tutte le attività il prima possibile** e ciò quand'anche si conosca la data di fine.

E' anche possibile impostare la programmazione partendo dalla data di fine con il vantaggio, in questo caso, di conoscere l'ultima data utile entro la quale avviare il progetto e, in ultima analisi, il ritardo massimo consentito per iniziare

Come detto sopra, infatti, è meglio impostare la programmazione dalla data di inizio.

Se il Pròject Manager non conosce subito questa data o vuole sapere prima la data limite entro il quale il progetto deve partire, può impostare la programmazione dalla data di fine. In questa flessibilità si vede uno dei punti di forza di un'applicazione di Project Management).

Inserimento delle informazioni base del progetto: data di inizio, data di fine, opzioni di pianificazione.

Scegliamo, quindi, Progetto vuoto.

Per impostazione predefinita, ProjectLibre indica, come data di inizio del progetto, anche se non si è indicata ancora alcuna attività, la data corrente, intesa come momento in cui si apre l'applicazione di Project.

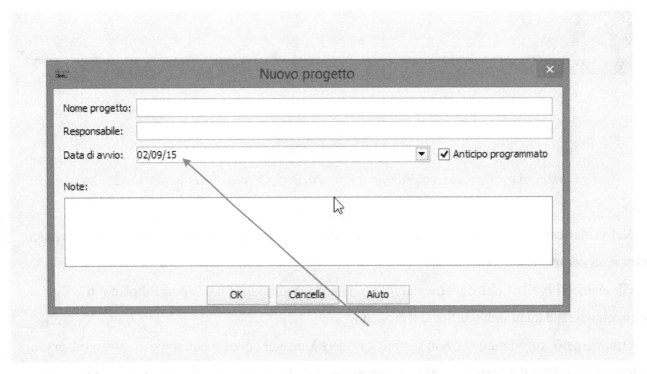

Data di inizio del progetto 1

Ciò si evince quando si crea un progetto nuovo. Se, infatti, non si indica alcuna data, per impostazione predefinita si considera quella di apertura del programma[vi].

Si può cambiare questa impostazione agendo sul pulsante a forma di triangolo come visto prima all'atto della creazione del nuovo progetto.

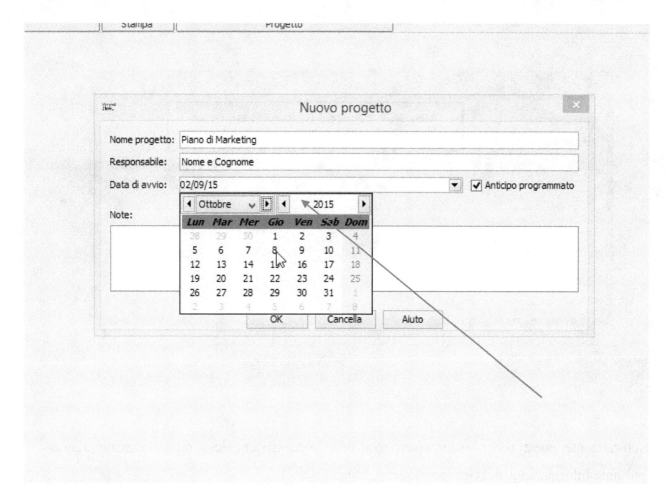

Data di avvio della programmazione 1

Su Ubuntu

Su Ubuntu i passaggi sono gli stessi che si sono analizzati precedentemente quando si è creato un progetto nuovo.

Si rimanda pertanto il lettore a quanto illustrato prima.

Informazioni avanzate (titolo e Manager definito, nel Syllabus Ecdl Project Planning, il gestore del progetto)

Le informazioni iniziali del progetto debbono essere definite finestra di dialogo che si apre quando si crea il progetto.

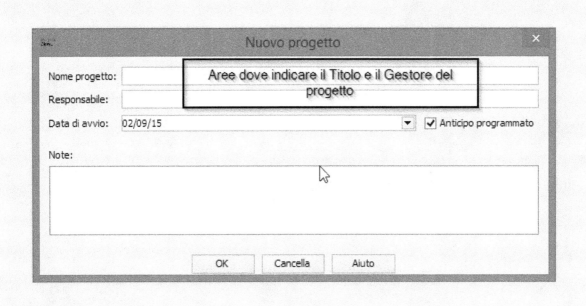

Titolo e Gestore del Progetto 1

Naturalmente, questi dati possono essere modificati successivamente, a progetto creato, agendo sul pulsante Informazioni, nel Gruppo Progetto, Menu File.

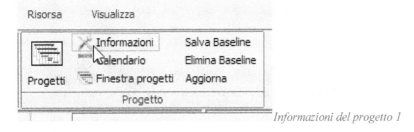
Informazioni del progetto 1

Cliccando sul pulsante, infatti, si apre la Finestra "Informazioni Progetto" dove possiamo apportare le modifiche più opportune.

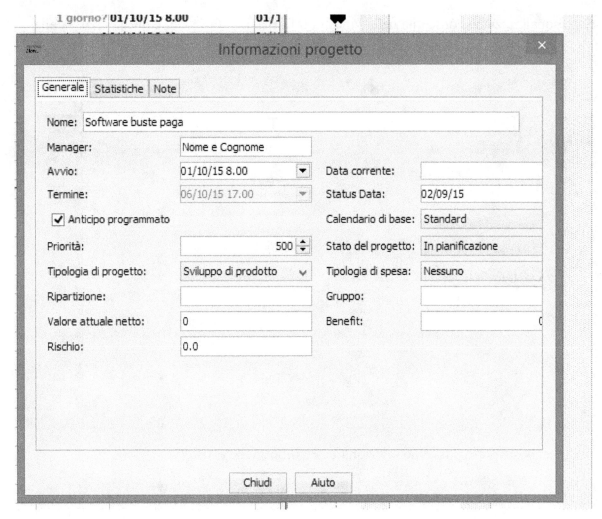

Informazioni del progetto 2

Nel dettaglio della scheda Informazioni Progetto, si possono indicare data di inizio e fine (qui già presenti perché stabiliti prima), oltre a stabilire da quando far partire la programmazione.

Informazioni progetto 1

Ulteriore personalizzazione consentita nella Finestra Informazioni Progetto, è quella relativa alla possibilità di indicare la Tipologia di progetto alla quale si sta lavorando.

Informazioni del progetto 3

AD esempio nel nostro caso possiamo selezionare "Pianificazione evento".

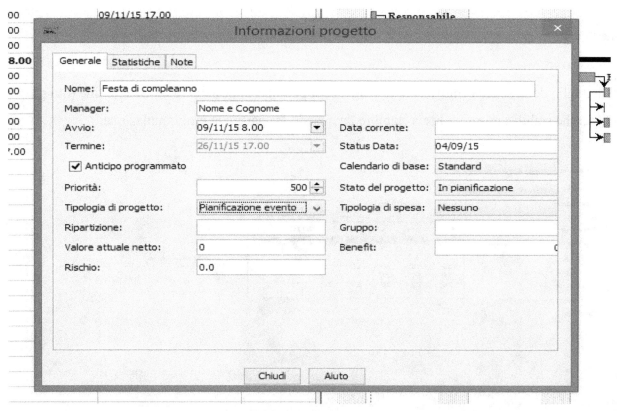

Informazioni del progetto 4

Cliccando sulla Scheda Statistiche, poi, si apre un'ulteriore finestra contenente i dati del progetto, i costi ed il lavoro.

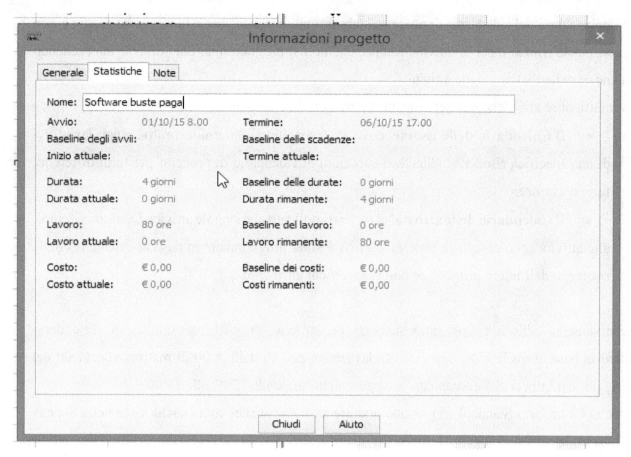

Scheda Statistiche del progetto 1

Su Ubuntu.

Su Ubuntu i passaggi sono gli stessi.

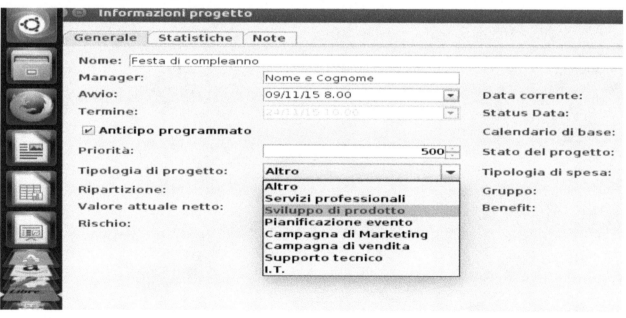

Informazioni del progetto 5

Il calendario del progetto: calendario di base, tempo lavorativo, giorni non lavorativi.

Il **calendario del progetto** definisce la programmazione lavorativa per l'intero progetto.

Le impostazioni del calendario di progetto stabiliscono, altresì, le ore ed i giorni lavorativi e non lavorativi per le risorse e per le attività, sempre che non si programmino date diverse intervenendo sui calendari delle risorse e delle attività.

Ed infatti, oltre al Calendario del Progetto in ProjectLibre si hanno:

- Il **Calendario delle risorse**, dove sono specificati i giorni lavorativi e non lavorativi di una specifica risorsa, stabilendosi eccezioni al calendario di progetto per turni differenti, ferie o assenze.

- Il **Calendario delle attività**, che viene applicato alle singole attività. Qualora, peraltro, alle attività sono assegnate risorse, le attività sono programmate in base al calendario delle risorse, o dell'intero progetto se non si specifichi altrimenti.

Relativamente all'orario, per impostazione predefinita, ProjectLibre utilizza il Calendario Standard in base al quale si ha una giornata lavorativa che va dalle 8:00 di mattina alle 17:00 del pomeriggio, dal Lunedì al Venerdì, con una pausa di un'ora dalle 12:00 alle 13:00.

Oltre al Calendario Standard, si possono operare altre due scelte, come anche visto nella Scheda Riepilogo Informazioni, Progetto, Gruppo Proprietà:

- Il Calendario 24 ore, con una programmazione di lavoro continuato

- Calendario Turno di notte, che prevede una programmazione dalle 23:00 alle 8:00 di mattina con un'ora di pausa.

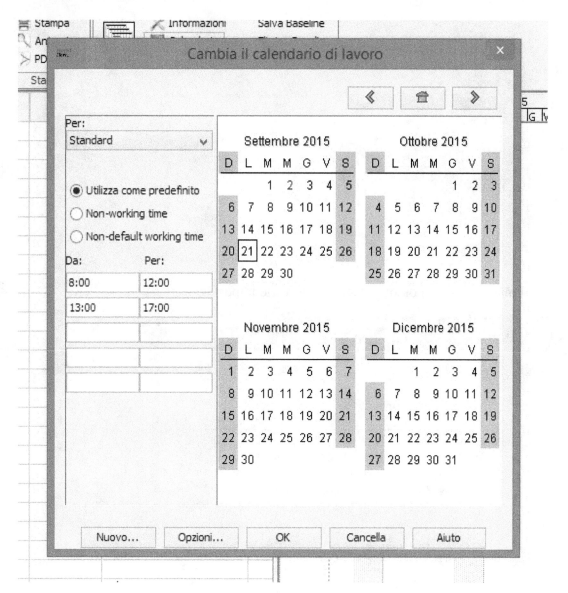

I calendari 1

Si parla anche di **Calendario di base** per indicare i calendari Standard, 24 ore e Turno di notte.

Per impostare un calendario specifico per l'intero progetto occorre seguire i seguenti passi:

1) Visualizzare il Menu File, Gruppo Progetto e cliccare su Calendario

Nuovo Calendario 1

Si apre la seguente finestra dove si possono effettuare le varie impostazioni.

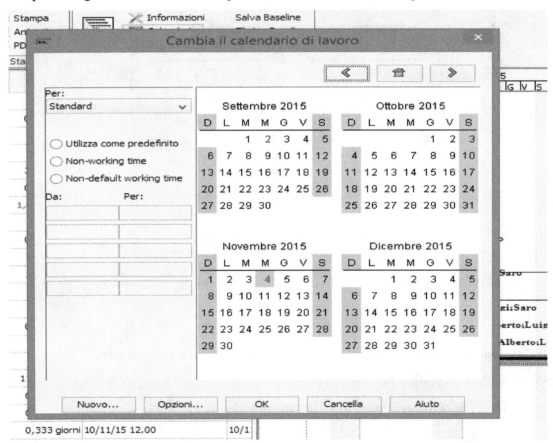

Nuovo Calendario 2

2) Clicchiamo su Opzioni per impostare un nuovo Calendario

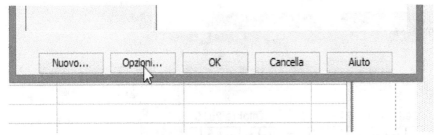

Modifica orario di lavoro 1

Si apre la finestra per dare un nome al nuovo calendario.

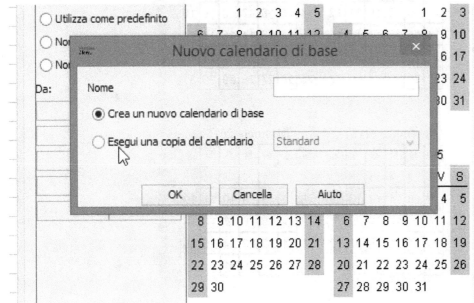

Nuovo Calendario 3

3) Diamo un nome al Calendario e diamo Ok.

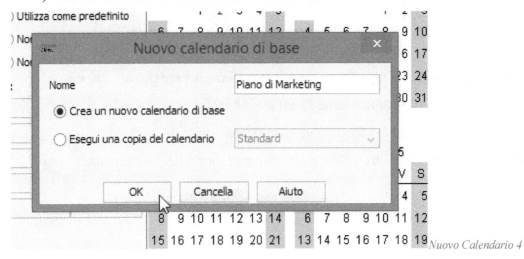

Nuovo Calendario 4

4) Ci appare la seguente finestra.

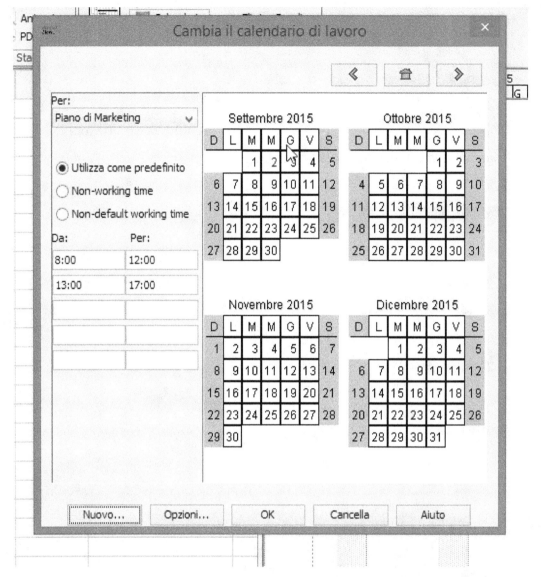

Nuovo Calendario 5

Clicchiamo ora su "Non-default working time" per modificare l'orario predefinito che, come prima detto, prevede l'orario dalle 8:00 alle 12:00 e dalle 13:00 alle 18:00.

Seleziniamo i giorni della settimana il cui orario si vuole modificare.

Se sono più giorni, tenere premuto il tasto Ctrl o Shift e selezionare i giorni della settimana.

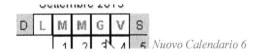 *Nuovo Calendario 6*

Impostiamo, poi, l'orario come di seguito indicato e diamo Ok.

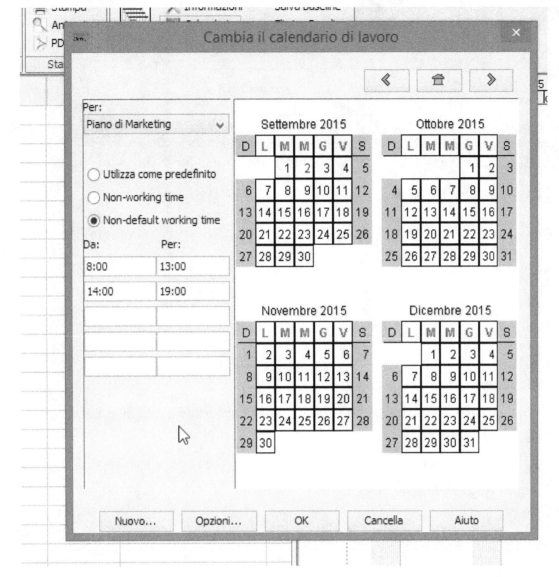

Nuovo Calendario 7

Il nostro Calendario è ora pronto per essere applicato.

Nella finestra in questione, peraltro, sono offerte ulteriori possibilità.

Ad esempio possiamo indicare un giorno preciso come non lavorativo selezionandolo con il mouse.

Finestra Calendario Progetto 1

Ad esempio il 24 Settembre che risulta, pertanto, in rosso.

Oppure, con i pulsanti in alto a destra, possiamo stabilire orari ed eccezioni a date in avanti.

Finestra Calendario Progetto 2

Ad esempio, l'8 febbraio 2017 come nell'immagine che segue.

Finestra Calendario Progetto 3

E ritornare alla data corrente cliccando sul simbolo a forma di casa posto al centro (in alternativa con la freccia rivolta verso sinistra, anche se, in caso di date in avanti di molto, il simbolo a forma di casa è più rapido).

Finestra Calendario Progetto 4

Cliccando, poi, sul pulsante Opzioni, posto in basso, possiamo agire sulle impostazioni della durata del lavoro che, per impostazione predefinita, sono 8h di lavoro giornaliere, 5 giorni la settimana (dal Lunedì al Venerdì), 20 giorni al mese.

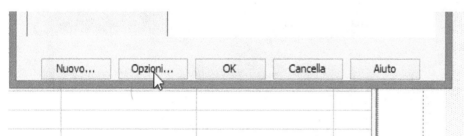

Finestra Calendario Progetto 5

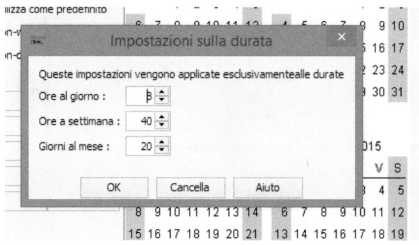

Finestra Calendario Progetto 6

Per applicare il nuovo Calendario al progetto, clicchiamo su Informazioni, Gruppo Progetto, Menu File.

Qui, in Calendario di Base, scegliamo il nuovo calendario.

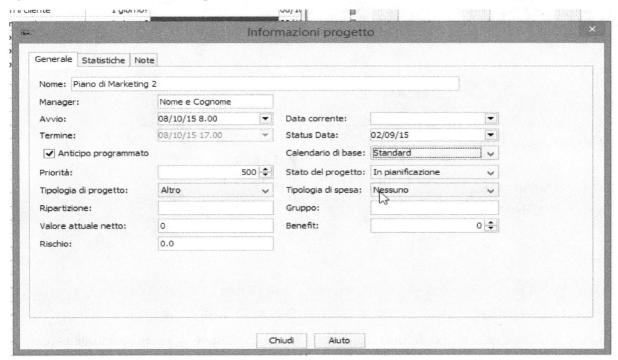

Finestra Informazioni Progetto 1

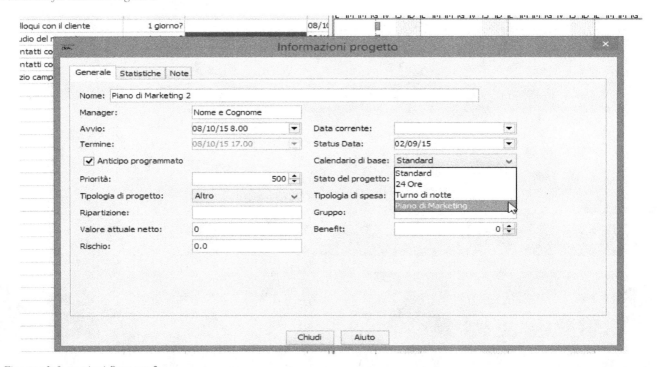

Finestra Informazioni Progetto 2

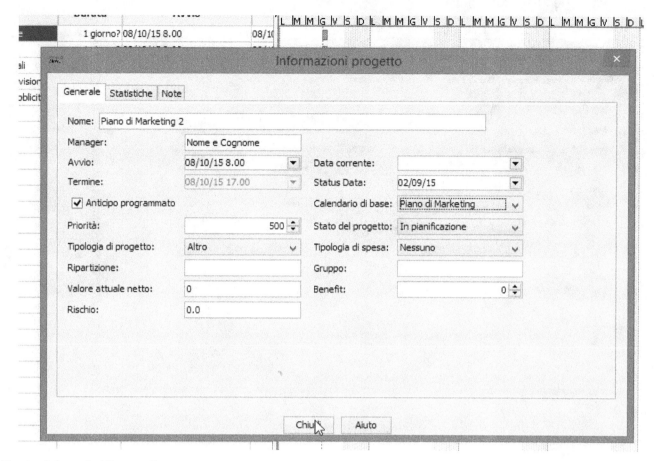

Finestra Informazioni Progetto 3

Clicchiamo poi su chiudi.

In alternativa, possiamo agire a livello delle singole attività.

Clicchiamo, ad esempio, sull'attività n. 2 "Studio del mercato" ed apriamo la Scheda Informazioni Attività (in Menu Attività, Gruppo Attività o cliccando due volte sull'attività).

Si apre la Finestra Informazioni Attività.

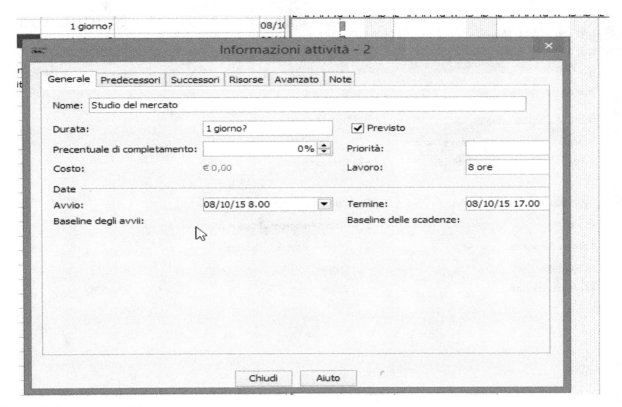

Finestra Informazioni Attività 1

Attiviamo la Scheda "Avanzato" dove possiamo impostare un calendario tra quelli presenti.

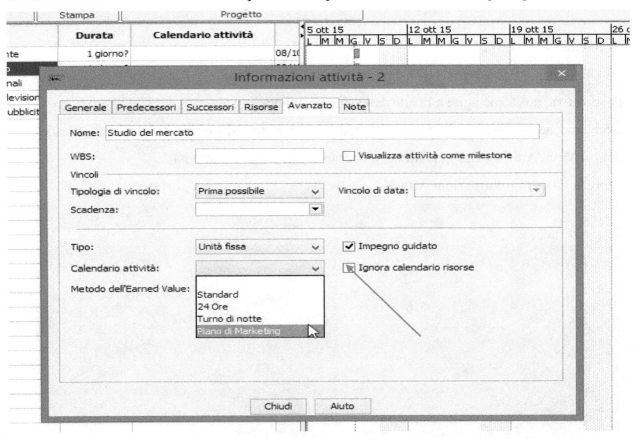

Finestra Informazioni Attività 2

E' importante, in questo caso, mettere il segno di spunta alla voce "Ignora calendario risorse", qui indicato dalle freccia rossa, di modo che sia il calendario delle attività a controllare l'orario dell'attività e non quello delle risorse, vale a dire che non ci siano eventuali modifiche nei calendari nel momento dell'assegnazione delle risorse ma che sia rispettato il calendario prestabilito.

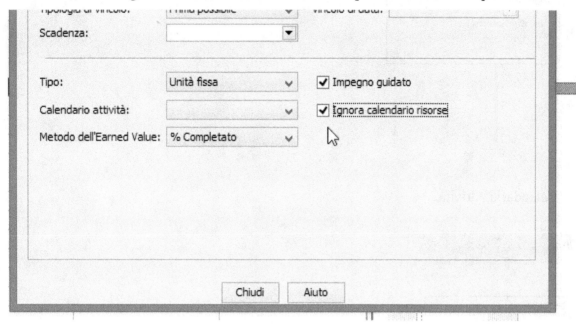

Finestra Informazioni Attività 3

Infine, clicchiamo sull'intestazione di colonna dopo la quale vogliamo fare apparire una nuova colonna e clicchiamo "Inserisci colonna".

Inserisci colonna 1

Si apre la finestra per stabilire la colonna da inserire.

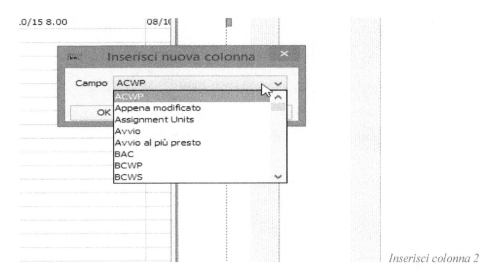

Inserisci colonna 2

Scegliamo "Calendario Attività.

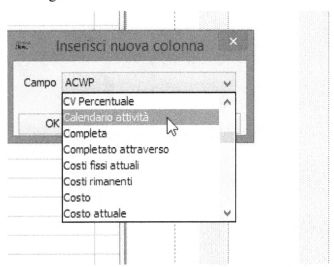

Inserisci colonna 3

Appare ora, nella tabella, la Colonna Calendario Attività.

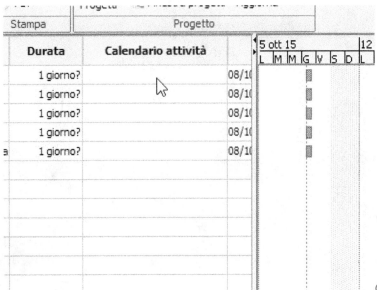

Colonna Calendario attività 1

Cliccando nell'area dell'attività di riferimento, possiamo sscegliere il calendario da applicare.

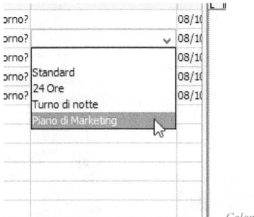

Colonna Calendario attività 2

Un'icona con il simbolo di un calendario appare adesso accanto all'attività considerata.

1		Colloqui con il cliente	1 giorno?		08/10/15 8.0
2	▦	Studio del mercato	1 giorno?	Piano di Marketing	08/10/15 8.0
3		Contatti con i giornali	1 giorno?		08/10/15 8.0
4		Contatti con le Televisioni	1 giorno?		08/10/15 8.0

Colonna Calendario attività 3

Per associare, invece, un calendario ad una specifica risorsa, occorre prima passare alla Visualizzazione Risorse, da Menu Risorsa, Gruppo Viste.

Risorse 1

Selezionaiamo la risorsa Luigi e poi apriamo la sceda Informazioni (anche facendo doppio clic sulla risorsa in questione).

.

Informazioni Risorsa 1

Si apre la Finestra Informazioni Risorsa dove possiamo scegliere un Calendario da applicare.

Informazioni Risorsa 2

In alternativa, come per le attività, possiamo inserire la colonna Calendario.

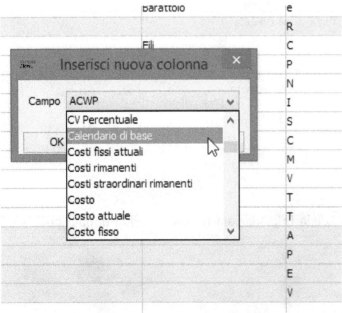

Inserisci colonna 4

E poi applicare il Calendario prescelto.

Colonna Calendario Risorsa 1

Su Ubuntu.

Su Ubuntu i passi sono gli stessi.

Seguono, pertanto, alcune schermate relative ai passaggi facendosi presente che, per ciò che non è indicato, si possono seguire le stesse operazioni viste in Windows.

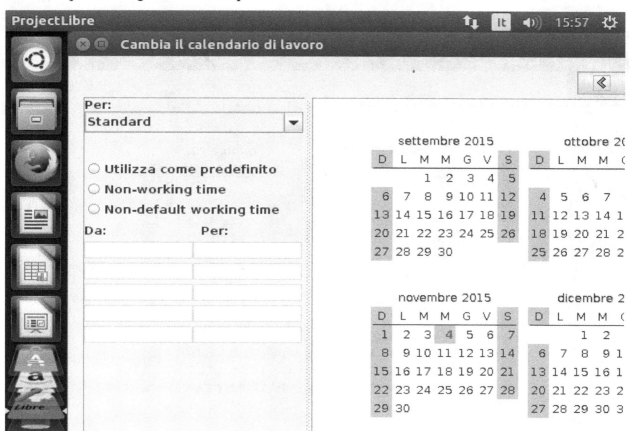

Nuovo Calendario 8

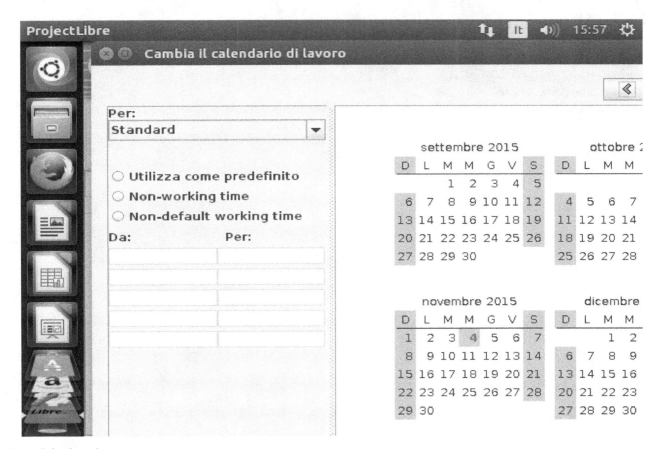

Nuovo Calendario 9

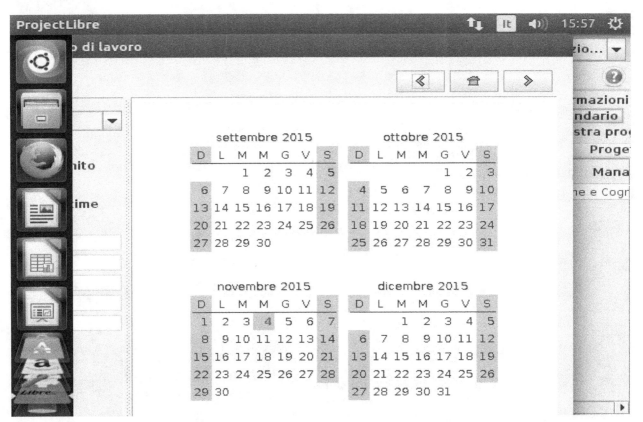

Nuovo Calendario 10

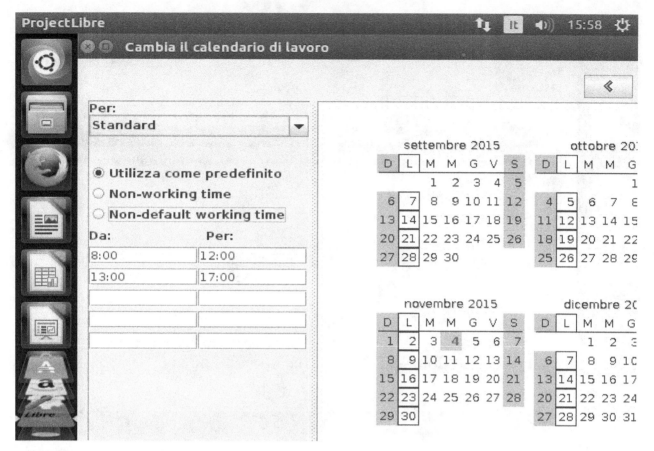

Nuovo Calendario 11

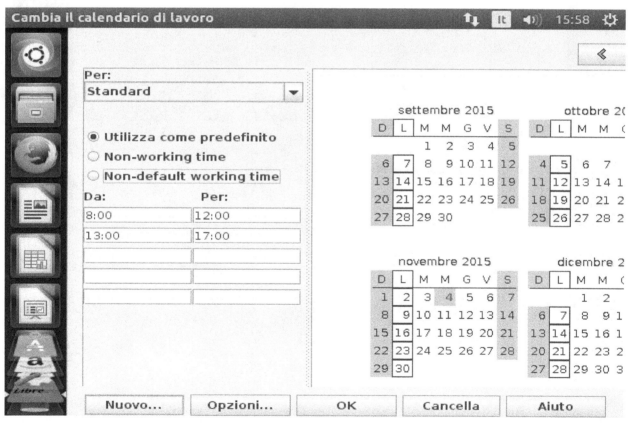

Nuovo Calendario 12

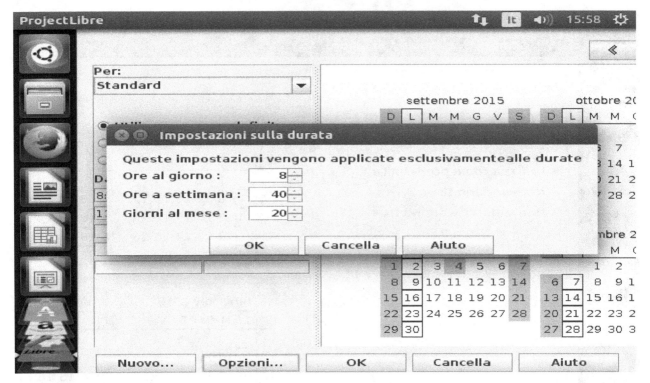

Finestra Calendario Progetto 7

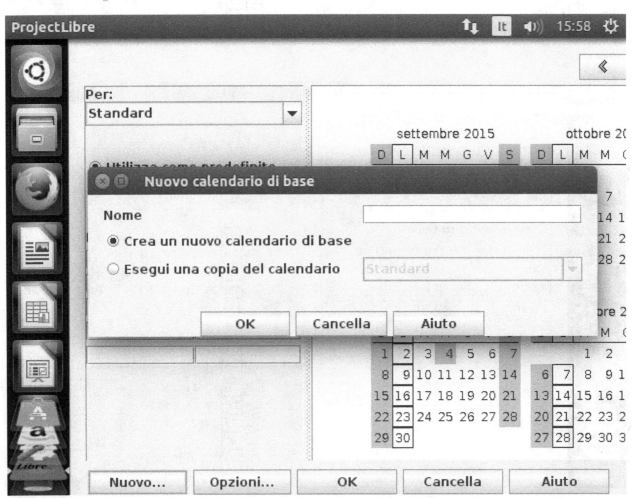

Nuovo Calendario 13

Nuovo Calendario 14

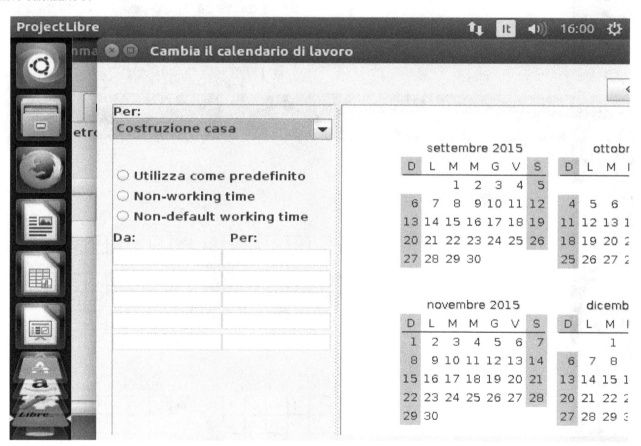

Nuovo Calendario 15

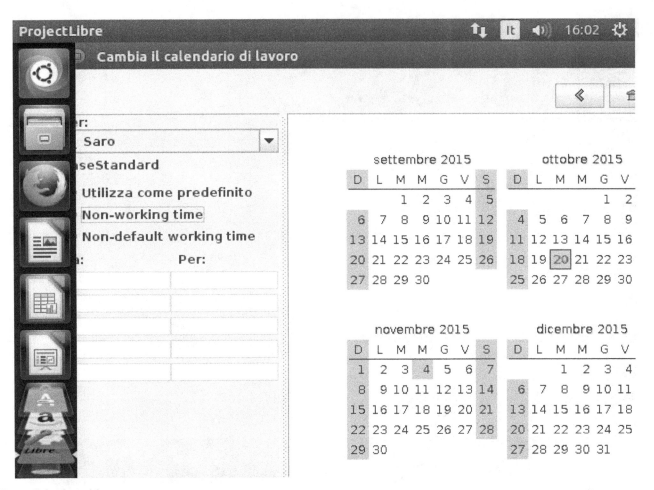

Nuovo Calendario 16

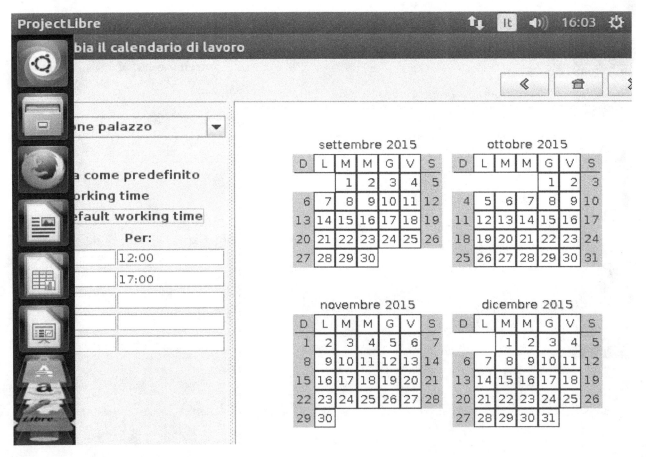

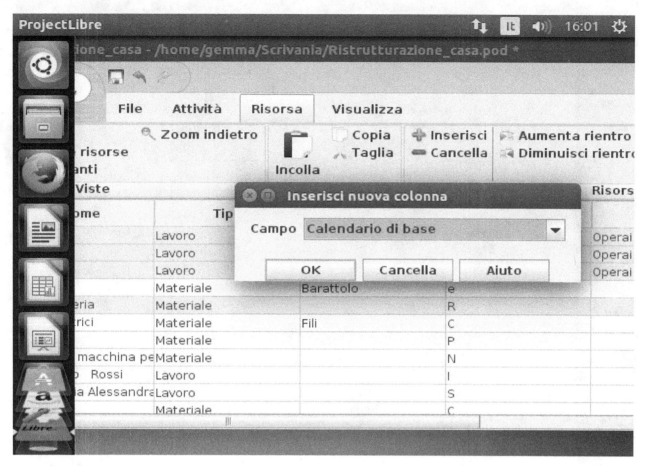

Inserisci colonna 5

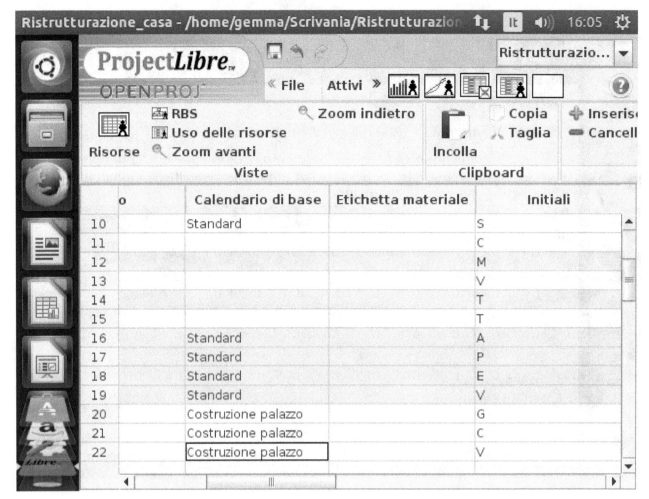

Colonna Calendario Risorsa 2

Ottenere aiuto da ProjectLibre: Guida di ProjectLibre

Project ci viene in aiuto in caso di dubbi.

Ed infatti, qualora non conosciamo, ad esempio, i passi da seguire per compiere una determinata attività, possiamo cliccare sul punto interrogativo "?" posto sulla destra in alto della schermata di Project.

Guida di ProjectLibre 1

Si apre la Finestra "Aiuto ProjectLibre" dove, cliccando su "Vai all'aiuto online", si apre il sito di ProjectLibre.com con il manuale in varie lingue, predisposto da volontari.

La versione inglese è la più completa.

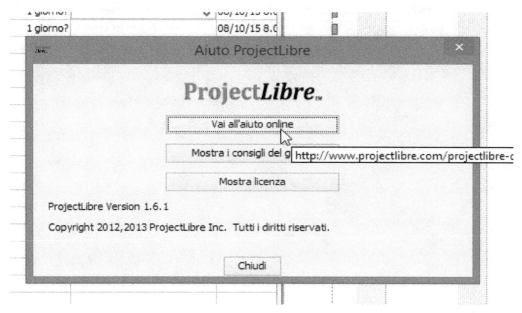

Guida di ProjectLibre 2

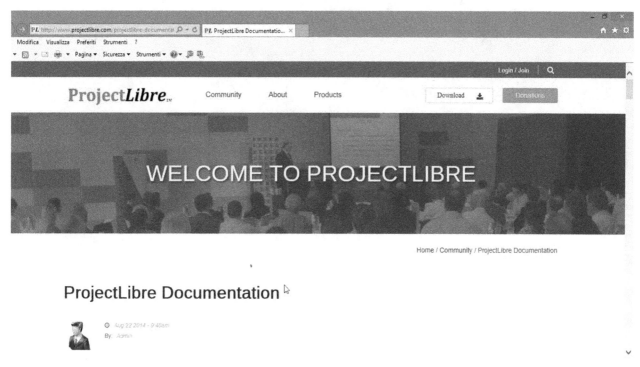

Guida di ProjectLibre 3

By: Admin

** The ProjectLibre Manual Recieved An Update For The English Version. We Are Asking For The Community To Continue Contributing And Enhance The Documentation Along With Translations **

You can access the latest ProjectLibre documentation at this link   We ask that you respectfully add to and edit the document for the community's benefit. If you need access to translate please contact us at partners@projectlibre.org

- English:
- Spanish:
- French:
- Portuguese (Brazil):
- Polish:
- Italian:
- German (needs translation)
- Japanese (needs translation)
- Spanish Old:

Guida di ProjectLibre 4

Su Ubuntu

Su Ubuntu i passi sono gli stessi.

1. Apri un progetto vuoto e salvalo con il nome "Progetto" sul Desktop.

2.

3. Quando non si conosce la data di inizio precisa di un progetto, la programmazione delle attività da quando dovrebbe essere impostata?

4. Che cosa si intende per "calendario del progetto"?

5. In Informazioni Progetto applica il calendario 24 ore

6. Che cosa si intende per "calendario delle risorse" e "delle attività"?

7. Imposta il Sabato come giornata lavorativa indicando i seguenti orari: "9:00-12:00" e "13:00-18:00"

8. Visualizza le informazioni di un'attività a scelta

9. Apri la Visualizzazione Elenco risorse, inserisci delle risorse a piacere ed assegna, alla prima risorsa, il calendario Turno di notte

10. Si può assegnare un calendario ad una risorsa operando tramite la Tabella del Diagramma di Gantt?

Obiettivi del capitolo

In questo capitolo si lavorerà con le attività del progetto, che ne rappresentano la struttura portante attraverso la quale si realizza il progetto.

Nello specifico si apprenderà:

- A lavorare e modificare le attività;
- Ad impostare le relazioni logiche di precedenza tra le attività;
- Ad operare con la durata delle attività, anche impostando ritardi, anticipazioni ed interruzioni nella attività;
- Distinguere tra le attività cardine e di riepilogo;
- A conoscere ed impostare vincoli e scadenze alle attività;
- Ad operare con le note ed i collegamenti ipertestuali.

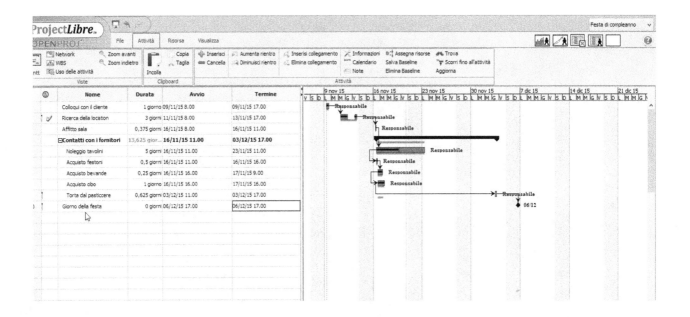

Capitolo 4. Attività: Fase di Pianificazione

Sezione 1: Creazione delle attività

Stabilita la data di inizio del progetto e le altre informazioni preliminari, occorre adesso iniziare ad indicare le attività che ne rappresentano la struttura fondamentale.

Per individuare le attività delle quali è composto il progetto, si può ricorrere a varie tecniche, sempre considerando, come punto di partenza, lo scopo del progetto, vale a dire la ragione ultima per il quale si sta intraprendendo il progetto:

- Brainstorming (letteralmente battaglia di idee/cervelli) che, nello specifico, si riferisce all'inserire le attività così come vengono alla mente, senza considerare le eventuali relazioni le une con le altre. Si tratta di predisporre un'elencazione, in prima battuta, che verrà specificata e dettagliata successivamente;

- Per fasi, vale a dire stabilire le fasi principali del progetto e, successivamente, le sotto-fasi delle quali è composto;

- Fissare subito le attività cardine, le attività che indicano, in Project, i traguardi o gli eventi significativi, procedendo poi all'individuazione delle altre;

- Considerare le informazioni fornite dal Gruppo di progetto o Team Collaboration;

- I precedenti progetti;

- I consigli di esperti, particolarmente utili qualora il Project Manager non sia pratico nella tematica dello specifico progetto. Ciò non deve essere visto come qualcosa di negativo anche perché, per quanto competente, il Project Manager non può conoscere nel dettaglio tutte le singole attività necessarie al compimento di un progetto.[vii]

Oltre a ciò bisogna scegliere nomi di attività che siano il più possibile descrittivi e collegati logicamente con lo scopo del progetto.

E' importante, infatti, quando si nominano le attività, seguire alcune regole:

1. Optare per definizioni descrittive del lavoro da eseguire, ad esempio "Acquisto vernice";

2. Se il progetto è complesso e quindi suddiviso in sotto-fasi, nelle sotto-attività non vanno ripetuti i nomi delle attività di riepilogo, salvo che non risponda ad esigenze di chiarezza;

3. Se alle attività sono state assegnate delle risorse, non si debbono includere i nomi di queste, in quanto Project ha gli appositi spazi per inserire i nomi delle risorse.[viii]

Entriamo nel dettaglio.

Ipotizziamo di dover organizzare la festa di compleanno per la mamma di una nostra cliente. Le prime attività che occorre compiere, a titolo di esempio, sono:

1. Colloqui con la cliente
2. Ricerca della sala dove si svolgerà la festa
3. Affitto sala
4. Contatti con i fornitori

Una volta stabilite le principali attività, si può iniziare a costruire la struttura del progetto, entrando poi nel dettaglio.

Iniziamo, pertanto, ad inserire le attività sopra elencate, dopo aver creato il progetto come noto, assegnando il titolo, indicando il responsabile e la data di inizio.

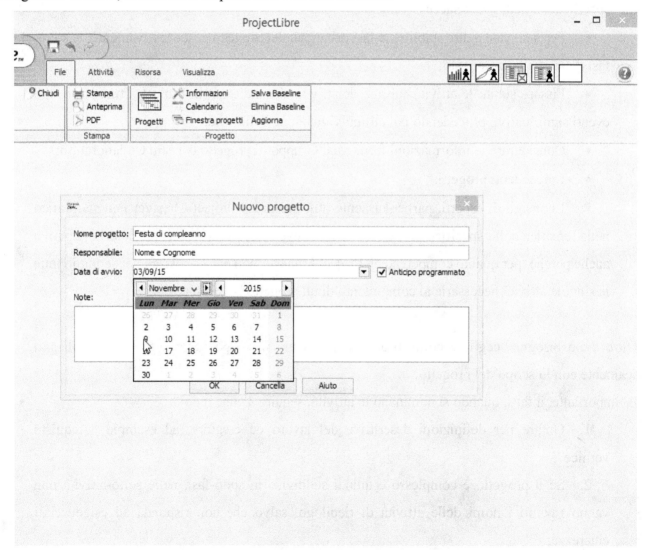

Figure 2

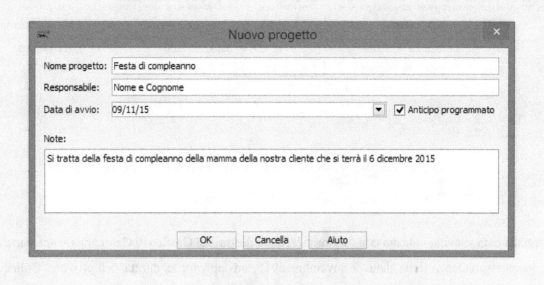

Figure 3

Iniziamo a riportare la attività prima indicate. ProjectLibre consente di inserire le attività in differenti modi.

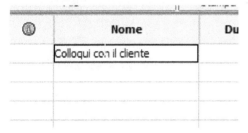

Inserimento attività 1

Una prima possibilità, consiste nello scrivere nella riga selezionata, sotto Nome attività.

Completato il nome, si preme invio.

E Project calcola subito la durata, anche se, come detto, è una durata stimata.

	ⓐ	Nome	Durata	Avvio	Termine
1		Colloqui con il cliente	1 giorno?	09/11/15 8.00	09/11/15 17.00
2		Ricerca della location	1 giorno?	09/11/15 8.00	09/11/15 17.00

Inserimento attività 2

Oltre alla data stimata, indicata con "1 giorno?", sulla destra, sul Grafico di Gantt appare una barra di colore rosso, in corrispondenza della data, 9 novembre 2015, ad indicare la durata dell'attività "Colloqui con il cliente".

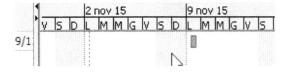

Inserimento attività 3

I nomi delle attività si possono inserire anche con altri modi alternativi.

Si può cliccare sulla riga al di sopra del quale vogliamo inserire un'attività e cliccare il pulsante "Inserisci", Gruppo Attività, nel Menu Attività.

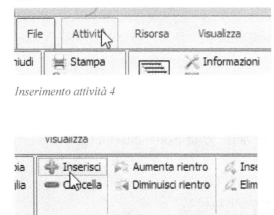

Inserimento attività 4

Inserimento attività 2

Oppure tasto destro del mouse sul numero che rappresenta la riga dell'attività al disopra della quale vogliamo inserirne una nuova.

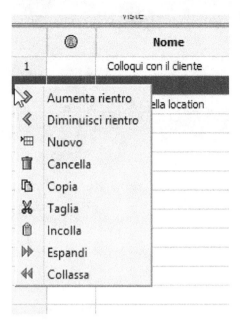

	ⓐ	Nome
1		Colloqui con il cliente

		Aumenta rientro	ella location
	≪	Diminuisci rientro	
	⊞	Nuovo	
	🗑	Cancella	
	🗐	Copia	
	✂	Taglia	
	📋	Incolla	
	▷▷	Espandi	
	◁◁	Collassa	

Inserimento attività 3

Qui digitiamo "Nuovo".

Terminato l'inserimento, qualunque modalità abbiamo scelto, la Finestra si dovrebbe presentare così:

		Viste		Clipboard		
	ⓐ	Nome	Durata	Avvio	Termine	
1		Colloqui con il cliente	1 giorno?	09/11/15 8.00	09/11/15 17.00	
2		Ricerca della location	1 giorno?	09/11/15 8.00	09/11/15 17.00	
3		Affitto sala	1 giorno?	09/11/15 8.00	09/11/15 17.00	
4		Contatti con i fornitori	1 giorno?	09/11/15 8.00	09/11/15 17.00	
5		Noleggio tavolini	1 giorno?	09/11/15 8.00	09/11/15 17.00	
6		Acquisto festoni	1 giorno?	09/11/15 8.00	09/11/15 17.00	
7		Acquisto bevande	1 giorno?	09/11/15 8.00	09/11/15 17.00	
8		Acquisto cibo	1 giorno?	09/11/15 8.00	09/11/15 17.00	
9		Torta dal pasticcere	1 giorno?	09/11/15 8.00	09/11/15 17.00	
10		Giorno della festa	1 giorno?	09/11/15 8.00	09/11/15 17.00	

Le attività inserite 1

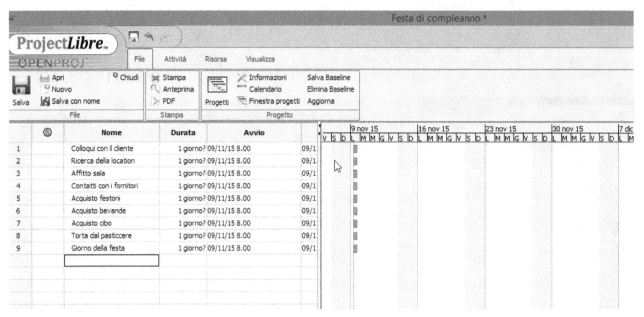

Le attività inserite 2

Operazioni sulle attività: modificare, spostare, duplicare ed eliminare un'attività.

ProjectLibre ci consente anche di compiere una serie di operazioni sulle attività, qualora ci rendessimo conto che l'ordine da noi scelto non sia corretto.

Ipotizziamo, ad esempio, che l'attività "Acquisto festoni", sia stata indicata dopo "Giorno ella festa" quando, invece, avrebbe dovuto essere l'opposto.

Per spostare velocemente la riga è sufficiente:

- Evidenziare la riga che interessa

1		Colloqui con il cliente	1 giorno?	09/11/15 8.00	09/1
2		Ricerca della location	1 giorno?	09/11/15 8.00	09/1
3		Affitto sala	1 giorno?	09/11/15 8.00	09/1
4		Contatti con i fornitori	1 giorno?	09/11/15 8.00	09/1
5		Acquisto bevande	1 giorno?	09/11/15 8.00	09/1
6		Acquisto cibo	1 giorno?	09/11/15 8.00	09/1
7		Torta dal pasticcere	1 giorno?	09/11/15 8.00	09/1
8		Giorno della festa	1 giorno?	09/11/15 8.00	09/1
9		Acquisto festoni	1 giorno?	09/11/15 8.00	09/1

Spostare le attività 1

- Tasto destro del mouse, sempre sopra la riga evidenziata. Appare la finestra di comandi di cui all'immagine seguente.

Spostare le attività 2

Clicchiamo su "Taglia".

Spostare le attività 3

Arrivati sopra la riga di riferimento (qui Acquisto bevande), nuovamente tasto destro del mouse e clicchiamo su incolla.

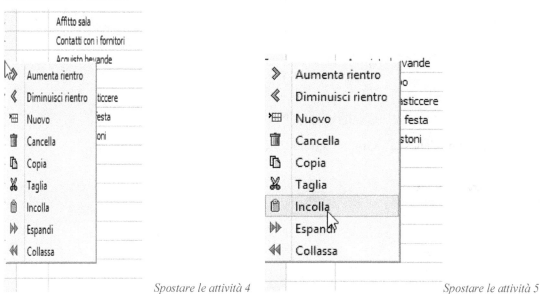

Spostare le attività 4   *Spostare le attività 5*

Come si può vedere, l'attività "Acquisto festoni" si trova ora sopra "Acquisto bevande".

	Nome	Durata	Avvio	
	Colloqui con il cliente	1 giorno?	09/11/15 8.00	09/1
	Ricerca della location	1 giorno?	09/11/15 8.00	09/1
	Affitto sala	1 giorno?	09/11/15 8.00	09/1
	Contatti con i fornitori	1 giorno?	09/11/15 8.00	09/1
	Acquisto festoni	1 giorno?	09/11/15 8.00	09/1
	Acquisto bevande	1 giorno?	09/11/15 8.00	09/1
	Acquisto cibo	1 giorno?	09/11/15 8.00	09/1
	Torta dal pasticcere	1 giorno?	09/11/15 8.00	09/1
	Giorno della festa	1 giorno?	09/11/15 8.00	09/1

Spostare le attività 3

Il tasto incolla può essere anche selezionato cliccando Incolla, Gruppo Clipboard, Menu Attività.

Per eliminare un'attività, invece, si può selezionarla con il tasto del mouse scegliere "Cancella".

3		Affitto sala
4		Contatti con i fornitori
5	≫ Aumenta rientro	oni
6		ande
7	≪ Diminuisci rientro	
8	⊞ Nuovo	ticcere
9	🗑 Cancella	esta
	📋 Copia	
	✂ Taglia	
	📋 Incolla	
	▶▶ Espandi	
	◀◀ Collassa	

Eliminare attività 1

In alternativa si può anche premere il Tasto Canc sulla tastiera.[ix]

Oppure possiamo cliccare sul tasto "Cancella", Gruppo attività, Menu Attività.

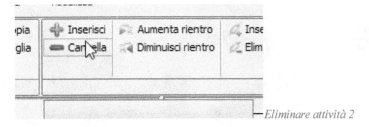

Eliminare attività 2

Sempre con le stesse tecniche, vale a dire tasto estro del mouse o tramite i pulsanti sulla barra, possiamo copiare e incollare attività, cosa che permette di riportare le proprietà delle varie attività.

Copiare attività 1

Selezionare poi "Incolla", nello stesso Gruppo o con il tasto destro per incollare l'attività con i suoi parametri nel punto scelto.

Incollare attività 1

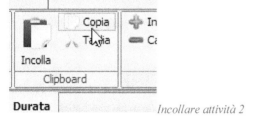

Incollare attività 2

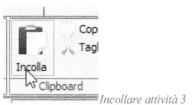

Incollare attività 3

Sotto-attività e fasi del progetto.

Con ProjectLibre si possono creare sotto-attività nel progetto sia perché si tratta di sotto-fasi di attività più complesse, sia per ottenere anche una miglior leggibilità della struttura posta in essere.

Si distingue, in questo caso, tra

- **Attività di riepilogo** o *Summary Tasks*, rappresentate dalle attività principali
- **Sotto-attività** o *Subtasks*, che, invece, costituiscono il livello subordinato delle precedenti.

In ProjectLibre si procede così.

Selezioniamo le attività dal numero 5 al numero 8.

4		Contatti con i fornitori	1 giorno?	09/11/15 8.00	09/1
5		Acquisto festoni	1 giorno?	09/11/15 8.00	09/1
6		Acquisto bevande	1 giorno?	09/11/15 8.00	09/1
7		Acquisto cibo	1 giorno?	09/11/15 8.00	09/1
8		Torta dal pasticcere	1 giorno?	09/11/15 8.00	09/1
9		Giorno della festa	1 giorno?	09/11/15 8.00	09/1

Sotto-attività 1

Dopo di ché clicchiamo sul pulsante "Aumenta rientro", Gruppo Attività, Menu Attività.

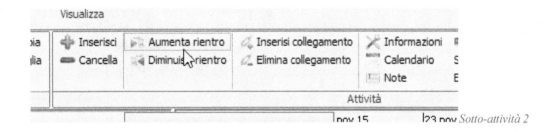

Sotto-attività 2

Come si nota, le attività in questione sono rientrate rispetto all'attività "Contatti con i fornitori", la quale è ora evidenziata in grassetto, e presenta un quadratino con un segno meno.

4	⊟ **Contatti con i fornitori**	1 giorno?	**09/11/15 8.00**	**09/1**	
5	Acquisto festoni	1 giorno?	09/11/15 8.00	09/1	
6	Acquisto bevande	1 giorno?	09/11/15 8.00	09/1	
7	Acquisto cibo	1 giorno?	09/11/15 8.00	09/1	
8	Torta dal pasticcere	1 giorno?	09/11/15 8.00	09/1	
9	Giorno della festa	1 giorno?	09/11/15 8.00	09/1	

Sotto-attività 3

Sul Diagramma di Gantt, poi, è ora presente un segno di raggruppamento, ad indicare che l'attività "Rifacimento impianto idrico", è data dalla somma dei tempi delle due sotto-attività.

Attività di riepilogo 1

Cliccando sul quadratino nero, poi, le sotto-attività vengono nascoste.

Affitto sala	1 giorno?	09/11/15 8.00	09,
⊞ **Contatti con i fornitori**	1 giorno?	**09/11/15 8.00**	**09**
Giorno della festa	1 giorno?	09/11/15 8.00	09,

Attività di riepilogo 2

Anche sul Diagramma di Gantt.

1	Colloqui con il cliente	1 giorno?	09/11/15 8.00	09/1
2	Ricerca della location	1 giorno?	09/11/15 8.00	09/1
3	Affitto sala	1 giorno?	09/11/15 8.00	09/1
4	⊞ **Contatti con i fornitori**	1 giorno?	**09/11/15 8.00**	**09/1**
9	Giorno della festa	1 giorno?	09/11/15 8.00	09/1

Sotto-attività 4

E, nel quadrato, appare il simbolo di un più. Cliccandoci sopra, le sotto-attività riappaiono.

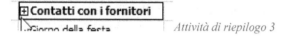

Attività di riepilogo 3

Cliccandoci sopra nuovamente, le due sotto-attività riappaiono.

1	Colloqui con il cliente	1 giorno?	09/11/15 8.00	09/1
2	Ricerca della location	1 giorno?	09/11/15 8.00	09/1
3	Affitto sala	1 giorno?	09/11/15 8.00	09/1
4	⊟ **Contatti con i fornitori**	1 giorno?	**09/11/15 8.00**	**09/1**
5	Acquisto festoni	1 giorno?	09/11/15 8.00	09/1
6	Acquisto bevande	1 giorno?	09/11/15 8.00	09/1
7	Acquisto cibo	1 giorno?	09/11/15 8.00	09/1
8	Torta dal pasticcere	1 giorno?	09/11/15 8.00	09/1
9	Giorno della festa	1 giorno?	09/11/15 8.00	09/1

Attività di riepilogo 4

Analogo risultato si ottiene agendo sul Menu Visualizza, Gruppo Filtri e scegliendo" Sommario attività".

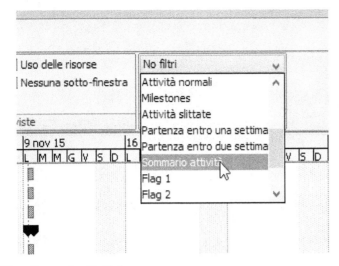

Filtro Sommario attività 1

Tutte le attività sono ora nascoste.

	ⓐ	Nome	Durata	Avvio		9 nov 15
						V S D L M M
4		⊟ Contatti con i fornitori	1 giorno?	09/11/15 8.00	09/1	

Filtro Sommario attività 2

Cliccando nuovamente su "Filtri" e scegliendo l'opzione "No Filtri", tutte le attività riappaiono.

Filtro Sommario attività 3

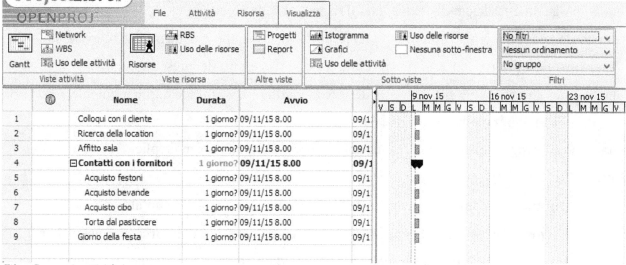

Filtro Sommario attività 4

Per eliminare i rientri, infine, si selezionano le attività di interesse e poi si clicca sul tasto **Diminuisci rientro** nel Gruppo Attività, Menu Attività.

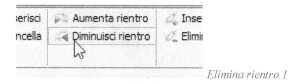

Elimina rientro 1

Le attività in Project e le nozioni di durata, tempo impiegato, lavoro (o miglior risultato), tempo stimato.

Una volta individuata la struttura del progetto, vale a dire le attività dalle quali è composto, occorre porre l'accento sulla **durata** delle attività, vale a dire sul **tempo necessario per completarle**.

Cominciamo pertanto ad analizzare uno dei punti di forza di un'applicazione di Project Management.

Il tempo necessario a completare un progetto non può, infatti, essere ricavato semplicemente sommando le durate delle varie attività in quanto ciò fornirebbe solo un'immagine statica del progetto che non rifletterebbe il mondo reale fatto di scadenze, vincoli, sospensioni ed imprevisti vari.

Se tutto fosse semplice al Project Manager basterebbe una semplice calcolatrice o, tutt'al più, un foglio di calcolo.

La durata di un progetto, infatti, è la risultante di tre elementi fondamentali

- La durata delle attività
- Le relazioni o le dipendenze tra le attività

- Vincoli e scadenze che richiedono il rispetto di date precise.

La durata delle attività è oggetto della presente trattazione mentre, per quanto si riferisce alle relazioni, ai vincoli ed alle scadenze, si rimanda alla sezione successiva del presente capitolo.

La durata di un'attività, come si è detto, si riferisce ai giorni di lavoro necessari per completarla, che vanno dalla data di inizio alla data di fine della stessa.

Lavorando con i progetti, però, non si ha una sola nozione di durata, ma molteplici.

Una prima distinzione che occorre fare è tra

- **Durata** vista come **arco temporale** che va dall'inizio alla fine di un'attività;

- **Lavoro**, inteso come **quantitativo di tempo che una risorsa impiega per completare l'attività** (concetto tradotto come "**miglior tempo**" in italiano o "**effort**" in inglese).

Un esempio aiuta a comprendere meglio il concetto.

Per dipingere una cucina, ipotizziamo che occorrano 4 giorni (qui si parla di durata).

Un imbianchino che lavora 8 h (ore) al giorno, impiegherà 32 ore per completare l'attività (4g x 8h).

Qui ci si riferisce al lavoro.

Altra nozione che viene in considerazione è quella di Tempo o durata stimata.

Ed infatti quando il Project Manager inizia a stabilire le varie attività, è difficile che conosca subito le durate effettive, potendo solo fare delle stime, delle previsioni di massima.

In ProjectLibre la **durata stimata** o "*estimated time*", secondo la terminologia inglese, è rappresentata da un "1 giorno" con accanto un punto esclamativo sotto la colonna durata.

1 giorno? 09
1 giorno? 09
1 giorno? 09
Durata stimata 1

ProjectLibre, per essere più precisi, parla di "**previsto**" per riferirsi alla durata non nota.

Come risulta dalla Finestra Informazioni attività.

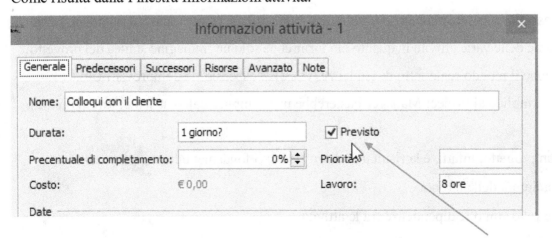

168

Successivamente, mano a mano che le informazioni disponibili divengono via via maggiori, si potranno indicare date certe.

Anche ricorrendo alle conoscenze dei membri del Team di progetto, o al giudizio di esperti, agli standard industriali di settore o a precedenti progetti, si potranno ricavare elementi per stabilire le durate dei progetti alla cui conservazione si deve provvedere anche per questi profili.

Di "**durata trascorsa**" o "*Elapsed Time*" si parla, invece, per indicare un'attività la cui durata è basata su giornate di 24 ore, settimane di 7 giorni, vale a dire attività continuate.

Riprendiamo l'esempio della pittura della cucina: il tempo per asciugarsi è continuativo, prosegue ininterrottamente giorno e notte senza fermarsi.

Non è lo stesso concetto dello stabilire un calendario di 24 h che, come visto, ha riguardo ad attività programmata senza periodi non lavorativi ma in rapporto al tipo di risorse utilizzate.

L'attività a durata trascorsa, infatti, prescinde dal calendario che, benché di 24 ore, è legato alle risorse.

Consideriamo, a tal proposito, il file di progetto "Ristrutturazione casa". L'attività 29 "Pittura salone", di cui alla successiva figura, ha un calendario di 24h e, come si può vedere sul Diagramma di Gantt, l'attività inizia il Giovedì e termina il Venerdì del giorno successivo, non essendo previste interruzioni.

27		Costruzione soppalco	1,667 giorni		20/11/15 13.20	24/11/15 9.40
28		Pittura salone	4 giorni		24/11/15 9.40	30/11/15 9.40
29		Asciugatura vernice	2 giorni	24 Ore	01/10/15 8.00	02/10/15 0.00
30		Porte di legno	0,667 giorni		30/11/15 9.40	30/11/15 16.00
31		Tende da sole	1,083 giorni		30/11/15 11.40	01/12/15 9.00

Calendario 24h 1

Ciò risulta anche dal simbolo del calendario subito dopo il numero dell'attività.

	Costruzione soppalco	1,667 giorni
	Pittura salone	4 giorni
	Asciugatura vernice	2 giorni 24 C
	Porte di legno	0,667 giorni
	Il calendario '24 Ore' è assegnato all'attività.	giorni

Calendario 24h 2

Se, invece, alla stessa attività digitiamo "2ed", per "e" per "Elapsed" e "d" per "day", ProjectLibre riprogramma l'attività come svolgentesi per 6 giorni di seguito, non più influenzata dalle risorse, concetti più chiari quando si esaminerà la formula della programmazione.

	Pittura salone	4 giorni		24/11/15 9.40	30/11/15 9.40
	Asciugatura vernice	6 giorni Standard		01/10/15 8.00	08/10/15 17.00
	Porte di legno	0,667 giorni	⌄	30/11/15 9.40	30/11/15 16.00

Durata trascorsa o Elapsed time 1

In ProjectLibre la durata può variare da pochi minuti a mesi interi.

Da un punto di vista terminologico, si possono utilizzare le seguenti abbreviazioni:

m	minuti	em	minuti trascorsi
h	ore	eh	ore trascorse
d	giorni	ed	giorni trascorsi
w	settimane	ew	settimane trascorse
mo (month)	mesi	emo	mesi trascorsi

Tabella delle abbreviazioni 1

Nota.

Per impostazione predefinita, la durata di una giornata lavorativa in Project è di 8 ore (dalle 8:00 alle 17:00 con un'ora di pausa), di 5 giorni alla settimana (dal Lunedì al Venerdì), quindi di 40 ore settimanali, di 20 giorni al mese.

Per modificare queste impostazioni di base, si agisce sull'orario di lavoro, Cliccando su calendario, Gruppo Attività, Menu Attività e qui su Opzioni.

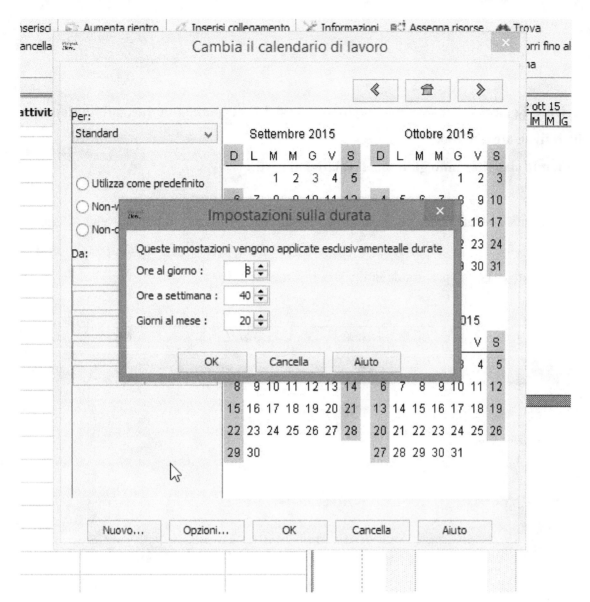

Impostazioni sulla durata 1

Impostare e modificare la durata di un'attività: Syllabus 3.1.5

Iniziamo ad impostare le date esatte del nostro file di progetto "Festa di compleanno".

Possiamo procedere in vari modi.

O, selezionata la cella dell'attività di riferimento (qui "Colloqui con il cliente"), nella colonna Durata, digitiamo la data esatta.

ⓞ	Nome	Durata	Avvio		
	Colloqui con il cliente	1d	09/11/15 8.00	09/1	
	Ricerca della location	1 giorno?	09/11/15 8.00	09/1	
	Affitto sala	1 giorno?	09/11/15 8.00	09/1	

Impostare la durata 1

Scegliamo "1d" e diamo Invio con la tastiera.

Nota.

Occorre scrivere i giorni in Inglese per impostazione del sistema, comunque, subito dopo, appaiono nell'equivalente italiano.

Ciò anche quando si digiteranno gli importi relativi ai costi.

Oppure, con l'attività 2 selezionata, clicchiamo sul Tasto Informazioni, Gruppo Attività, Menu Attività.

O doppio clic sull'attività con apertura della finestra Informazioni

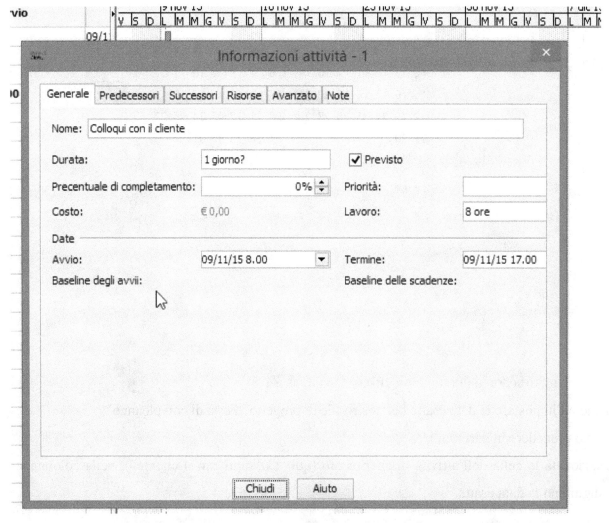

Impostare la durata 2

Nello spazio "Durata" digitiamo "1d" e clicchiamo su Chiudi.

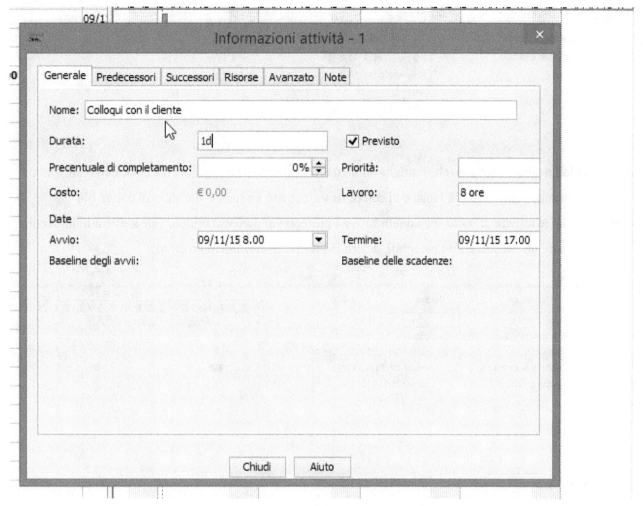

Impostare la durata 2

Ritornando alla finestra, nella tabella notiamo che il punto interrogativo non c'è più.

	Nome	Durata	Avvio
	Colloqui con il cliente	1 giorno	09/11/15 8.00
	Ricerca della location	1 giorno?	09/11/15 8.00
	Affitto sala	1 giorno?	09/11/15 8.00

Impostare la durata 3

Suddivisione delle attività.

Durante la vita del progetto può capitare che un'attività abbia una durata molto lunga o, per qualche imprevisto, occorra sospenderla e riprenderla successivamente.

Vediamo come applicare una o più divisione con ProjectLibre.

Ipotizziamo che l'attività 1 del nostro progetto "Colloqui con il cliente" duri due settimane (è sufficiente digitare "2w" con la tastiera nella cella della colonna Durata e dare Invio da tastiera).

	Nome	Durata	Avvio	
	Colloqui con il cliente	2w	09/11/15 8.00	09/1
	Ricerca della location	1 giorno?	09/11/15 8.00	09/1
	Affitto sala	1 giorno?	09/11/15 8.00	09/1

Durata 1

Analizzando La tabella, notiamo che l'attività dura 10 e, osservando il Diagramma di Gantt, inoltre, notiamo che la barra indicante l'attività è più lunga e di colore rosso, rispetto a prima e alle altre, di colore blu.

Questo perché le attività in rosso sono quelle attività presenti sul percorso critico, vale a dire attività il cui ritardo, come vedremo nei successivi paragrafi, determina il ritardo dell'intero progetto.

		Nome	Durata	Avvio	
1		Colloqui con il cliente	10 giorni	09/11/15 8.00	20/1
2		Ricerca della location	1 giorno?	09/11/15 8.00	09/1
3		Affitto sa	1 giorno?	09/11/15 8.00	09/1
4		⊟ Contatti con i fornitori	1 giorno?	09/11/15 8.00	09/1
5		Acquisto festoni	1 giorno?	09/11/15 8.00	09/1

Durata 2

Attenzione!

Ricordo che per ProjectLibre digitare 1s non è la stessa cosa di digitare 7 giorni, in quanto 1w equivale ad una settimana lavorativa ma escluso il Sabato e la Domenica. Digitare "2w" per ProjectLibre, significa calcolare dal Lunedì al Venerdì (5 giorni) più dal Lunedì al Venerdì della settimana successiva che, nel nostro caso, significa terminare il 19 novembre.

Digitiamo, infatti, "7d" nell'Attività 1

	Nome	Durata	Avvio	
	Colloqui con il cliente	7 giorni	09/11/15 8.00	17/1
	Ricerca della location	1 giorno?	09/11/15 8.00	09/1
	Affitto sala	1 giorno?	09/11/15 8.00	09/1
	⊟ Contatti con i fornitori	1 giorno?	09/11/15 8.00	09/1

Durata 3

L'attività termina il 17 novembre. Vediamo la differenza rispetto a digitare "2w".

Da qui si comprende l'importanza delle "durate" in ProjectLibre.

Digitiamo, quindi, nuovamente 2w.

Ipotizziamo che il Superiore informa che Martedì 17 novembre gli operai non possono lavorare per una visita medica, per cui l'attività 1 per quel giorno non si tiene.

Per impostare l'interruzione, selezioniamo con il tasto destro del mouse la barra relativa all'attività 1.

Ci appare una Finestra di dialogo.

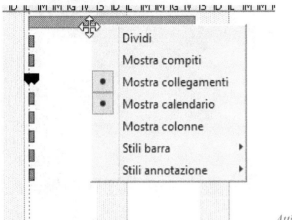

Attività divisa 1

Clicchiamo su dividi. Appare una freccia rivolta verso destra.

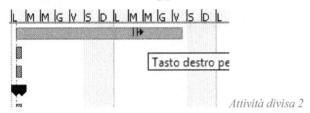

Attività divisa 2

Clicchiamo allora sulla barra in concomitanza del 17 novembre.

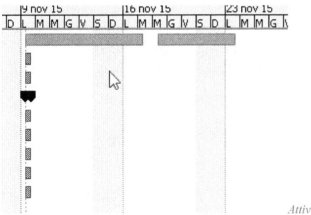

Attività divisa 3

L'attività è interrotta il giorno 17 novembre. Riprendendo il giorno 18. Guardano, poi, sulla tabella, notiamo che l'attività dura 11 giorni, invece di dieci.

Agendo sulla seconda barra, possiamo spostare l'inizio dopo l'interruzione avanti nel tempo.

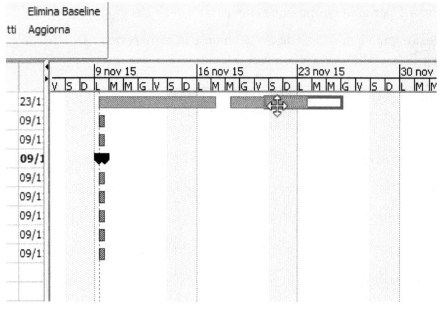

Attività divisa 4

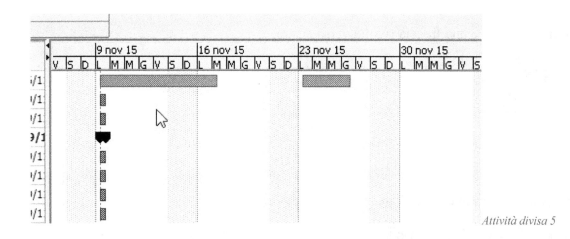

Attività divisa 5

O agire per riunire le due barre, spostando la seconda verso sinistra

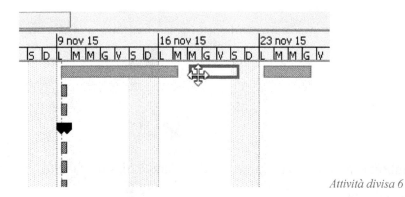

Attività divisa 6

	®	Nome	Durata	Avvio	
1		Colloqui con il cliente	10 giorni	09/11/15 8.00	20/1
2		Ricerca della location	1 giorno?	09/11/15 8.00	09/1
3		Affitto sala	1 giorno?	09/11/15 8.00	09/1
4		⊟ Contatti con i fornitori	1 giorno?	09/11/15 8.00	09/1
5		Acquisto festoni	1 giorno?	09/11/15 8.00	09/1
5		Acquisto bevande	1 giorno?	09/11/15 8.00	09/1
7		Acquisto cibo	1 giorno?	09/11/15 8.00	09/1
3		Torta dal pasticcere	1 giorno?	09/11/15 8.00	09/1
9		Giorno della festa	1 giorno?	09/11/15 8.00	09/1

Attività di nuovo unita 1

Peraltro, quando si agisce sulla seconda barra di un'attività divisa, si opera solo sulla parte dell'attività selezionata mentre, agendo anche sulla prima barra, si sposta tutta l'attività.

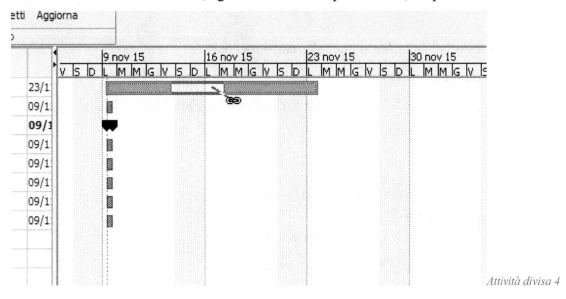

Attività divisa 4

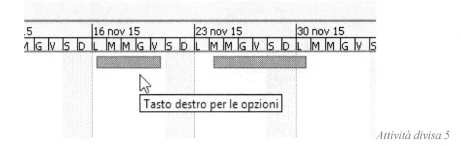

Attività divisa 5

Le attività cardine (milestones): nozione e creazione.

Con il termine **attività cardine** o *milestones* (letteralmente pietra miliare), ci si riferisce ad eventi importanti nella vita del progetto, vale a dire ad attività che segnano il raggiungimento di importanti traguardi, il compimento conclusivo di determinate fasi.

In genere queste attività hanno durata "0" e sono rappresentate, sul Diagramma di Gantt, dal simbolo di un diamante nero.

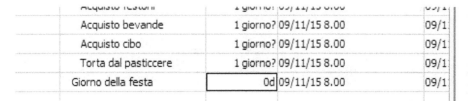

Attività cardine 1

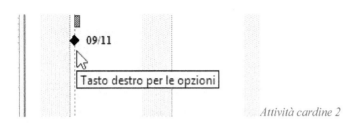

Attività cardine 2

Per indicare un'attività come Attività cardine si può, alternativamente:

- Digitare 0 nella durata;

- Doppio clic per aprire la scheda Informazioni o, con l'attività selezionata, cliccare sulla voce Informazioni, gruppo Attività, Menu Attività.

Si apre la Finestra Informazioni.

Qui, o digitiamo "0d" nel campo Durata.

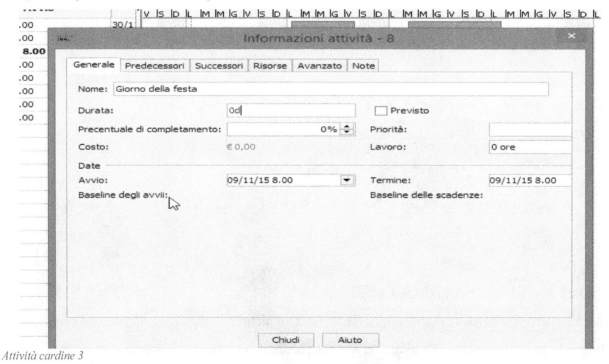

Attività cardine 3

O andiamo sulla Scheda Avanzato e mettiamo il Flag sulla Voce "Segna come milestone".

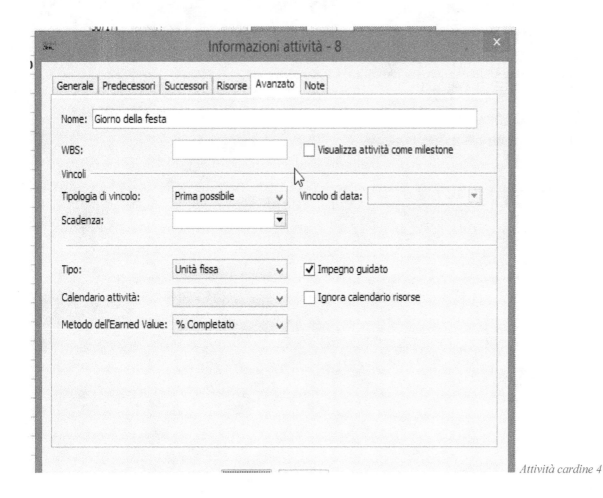

Attività cardine 4

Altro modo per rendere un''attività cardine è di operare tramite tabella inserendo la colonna "Visualizza come attività milestone", cliccando con il tasto destro del mouse sull'intestazione di colonna alla sinistra della quale si vuole inserire la colonna.

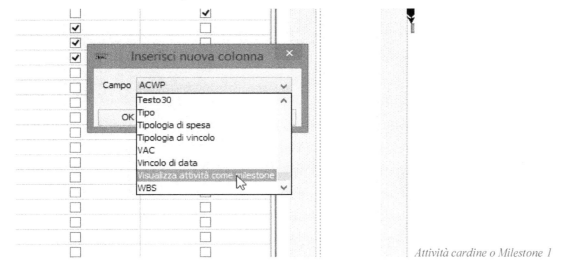

Attività cardine o Milestone 1

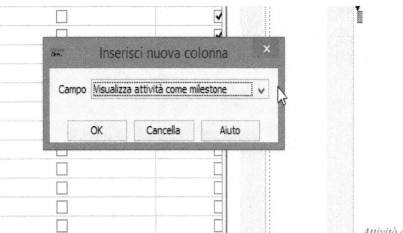

Attività cardine o Milestone 2

Visualizza attività come milestone

Attività cardine o Milestone 3

E mettere il segno di spunta nel quadratino in corrispondenza dell'attività di interesse.

Attività cardine o Milestone 4

Le attività ricorrenti.

Le **attività ricorrenti** sono quelle attività che si ripetono con frequenza regolare, tipo delle riunioni con i supervisori, o riunioni con i membri del team di progetto.

In ProjectLibre, a differenza di altre software, non è ancora possibile creare attività ricorrenti.

In alternativa si può creare una normale attività, chiamata magari "Riunione con i supervisori" e, in nota, sottolineare che si tratta di attività che si ripete con frequenza.

Sezione 2: Relazioni tra le attività

Relazioni logiche di precedenza tra le attività: tipi di collegamento (Fine-Inizio, Inizio-Inizio, Fine-Fine, Inizio-Fine).

Nella realtà, le attività di un progetto non iniziano tutte nello stesso momento; generalmente, si segue un ordine specifico.

Riprendiamo il progetto di ristrutturazione della casa: la rasatura delle pareti precede la verniciatura delle stesse.

Ciò significa che tra le due attività, "rasatura delle pareti" e "verniciatura delle pareti" sussiste una **relazione logica di precedenza** in punto di svolgimento, più precisamente, un collegamento o rapporto di dipendenza in forza del quale la prima attività "la rasatura", è il **predecessore** della seconda, "verniciatura", attività **successore**.

Con il termine **predecessore**, nello specifico, si indica un'attività le cui date di inizio o di fine incidono sulla data di inizio o di fine di un'altra.

L'attività **successore**, invece, è un'attività la cui data di inizio e di fine è determinata dalla data di inizio o di fine di un'altra.

Nei progetti, i tipi di relazione che vengono in considerazione sono 4^x:

A) FINE-INIZIO (FI), o Finish to Start (FS)

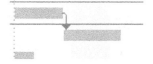

La data di fine dell'attività predecessore determina l'inizio dell'attività successore.

Esempi:

- La data di fine della rasatura delle pareti, determina l'inizio dell'attività di verniciatura;

- La data di fine della scelta degli operai, determina l'inizio dei lavori;

- Finire di scrivere un libro determina l'inizio dell'attività di pubblicazione;

- Montare un cancello prima di dipingerlo;
- Acquistare un computer prima di installare un software.[xi]

B) INIZIO-INIZIO (II) o Start to Start (SS).

La data di inizio dell'attività predecessore, determina l'inizio dell'attività successore.

Esempi:

- Rimozione delle mattonelle in bagno ed in cucina, attività che possono svolgersi contemporaneamente;
- Livellare il cemento e gettare le fondamenta.

C) FINE-FINE (FF) o Finish to Finish (FF)

La data di fine dell'attività predecessore, determina la data di fine dell'attività successore.

Ad esempio, la data di fine del noleggio della macchina per arrotare i pavimenti, determina la fine dell'attività di arrotatura.

D) INIZIO-FINE (IF) o Start to Finish (SF)

La data di inizio dell'attività predecessore, determina la data di fine dell'attività successore.

Ad esempio:

- La macchina della cucina può iniziare a cucinare non appena finito di montarla;
- Gli impiegati possono iniziare ad utilizzare il nuovo software non appena hanno terminato i corsi di addestramento. [xii]

Vediamo come operare con ProjectLibre, che ci consente di mostrare le relazioni fra le attività in due modi:

- Il Diagramma di Gantt mostra le dipendenze tra le attività come delle linee tra le barre (come le figure sopra);

- Il Diagramma Reticolare, invece, come nell'immagine che segue, mostra ogni attività come un nodo con dei collegamenti lineari tra i nodi. Diciamo che il Diagramma reticolare offre un'immagine più chiara e dettagliata essendo i nodi delle figure più grandi delle barre e, specie nei progetti lunghi o con molte sotto-fasi, ciò può essere più utile, anche se si tratta di valutazioni soggettive rimesse alle necessità del singolo Project Manager.

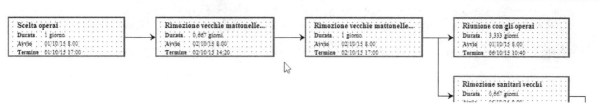

Collegamenti Diagramma Reticolare 1

Una prima tecnica per stabilire delle relazioni tra le attività, in ProjectLibre, consiste nel selezionare le attività che interessa collegare

	⊛	Nome	Durata	Avvio		9 nov
						V | S | D | L | M
1		Ricerca della location	1 giorno?	09/11/15 8.00	09/1	
2		Affitto sala	1 giorno?	09/11/15 8.00	09/1	
3		⊟ Contatti con i fornitori	1 giorno?	09/11/15 8.00	09/1	

Relazioni tra attività 1

Poi cliccare sul pulsante "Inserisci collegamento", nel Gruppo Attività, Menu Attività.

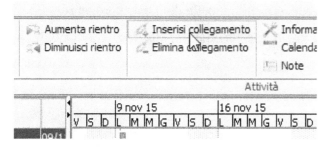

Relazioni tra attività 2

Le due attività così collegate si presentano come due barre di cui la seconda con data di inizio spostata in avanti a significare che la data di inizio si presenta al termine della precedente attività e, graficamente, con una freccia che va dalla fine della prima barra all'inizio della seconda.

| | Ricerca della location | 1 giorno? | 09/11/15 8.00 | 09/11/15 17.00 | |
| | Affitto sala | 1 giorno? | 10/11/15 8.00 | 10/11/15 17.00 | |

Relazioni tra attività 3 Fine-Inizio

Occorre ricordare, infatti, che, per impostazione predefinita, Project applica la relazione Fine-Inizio alle attività collegate.

Peraltro, agendo sul pulsante in esame, si possono collegare più attività contemporaneamente.

2	Affitto sala	1 giorno?	10/11/15 8.00	10/11/15 17.00	
3	⊟ Contatti con i fornitori	1 giorno?	09/11/15 8.00	09/11/15 17.00	
4	Acquisto festoni	1 giorno?	09/11/15 8.00	09/11/15 17.00	
5	Acquisto bevande	1 giorno?	09/11/15 8.00	09/11/15 17.00	
6	Acquisto cibo	1 giorno?	09/11/15 8.00	09/11/15 17.00	
7	Torta dal pasticcere	1 giorno?	09/11/15 8.00	09/11/15 17.00	
8	Giorno della festa	1 giorno?	09/11/15 8.00	09/11/15 17.00	

Relazioni tra attività 4 Collegamento più attività

Altro modo per unire due attività consiste nel posizionare il mouse sopra la prima barra che interessa collegare alla seconda, tenere cliccato il tasto sinistro e posizionare il mouse sulla seconda.

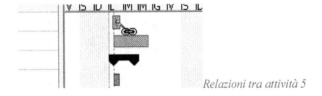

Relazioni tra attività 5

All'esito, il risultato è identico alla precedente tecnica.

Possiamo, poi, costruire relazioni intervenendo direttamente sulla tabella del nostro progetto.

Cicchiamo con il tasto destro del mouse sopra l'intestazione della colonna alla destra della quale vogliamo inserire una colonna.

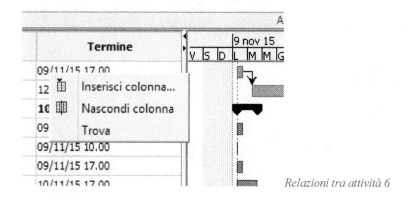

Relazioni tra attività 6

E clicchiamo su "Inserisci colonna".

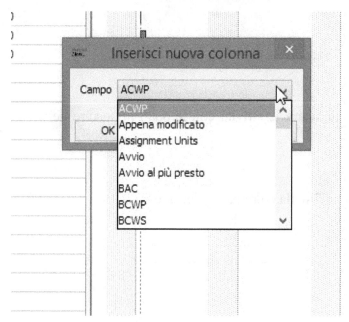

Relazioni tra attività 6

Ci appare la Finestra dove possiamo scegliere la colonna da inserire, nel nostro caso "Predecessori".

Relazioni tra attività 7

Diamo Ok.

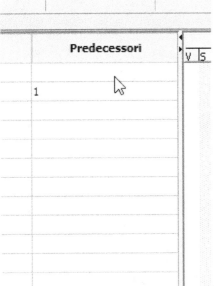

Relazioni tra attività 8

Appare la colonna "Predecessori" dove possiamo indicare le attività con le quali impostare dei collegamenti, anche più di uno per una stessa attività.

Prendiamo l'attività 4 "Acquisto festoni" e digitiamo 2 nella colonna predecessori.

Arrico sala	5 giorni 10/11/15 8.00	1
⊟ **Contatti con i fornitori**	**2 giorni 09/11/15 8.00**	
Acquisto festoni	1 giorno 09/11/15 8.00	2
Acquisto bevande	0,25 giorni 09/11/15 8.00	
Acquisto cibo	1 giorno 09/11/15 8.00	
Torta dal pasticcere	2 giorni 09/11/15 8.00	
Giorno della festa	0 giorni 09/11/15 8.00	

Relazioni tra attività 9

Diamo invio e digitiamo, poi, un punto e virgola seguito dall'indicazione dell'attività 1. Come si può vedere dal Diagramma di Gantt, le tre attività sono ora collegate dalla Relazione Inizio-Fine.

Relazioni tra attività 10

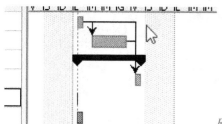

Le relazioni, comunque, non debbono riguardare solo le attività poste in sequenza nella tabella; ovviamente la relazione deve avere un senso logico.

Per quanto si riferisce alle **attività di riepilogo**, infatti, (che, si ricorda, sono quelle **attività che comprendono le sotto attività dalla quali sono costituite**), queste possono essere collegate direttamente tra loro oppure tramite le rispettive sotto attività.

L'unica cosa che non si può fare, comunque, è collegare un'attività di riepilogo con una delle proprie sotto attività in quanto si verrebbe a creare un problema di programmazione circolare da ProjectLibre non consentito,[xiii] con un messaggio del tipo mostrato nella figura che segue, conseguenza dell'aver digitato, nella colonna predecessori, in corrispondenza dell'attività 4, il collegamento con l'attività 3.

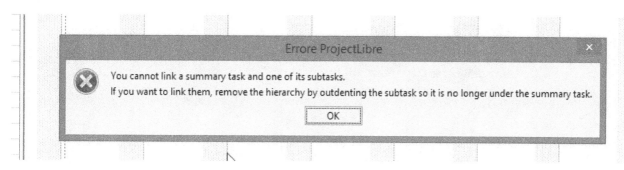

Collegamento attività di riepilogo con una delle relative sotto attività 1

I tipi di relazione, comunque, come abbiamo visto nel precedente paragrafo, sono di 4 tipi:

- Fine-Inizio e Inizio-Inizio, i più frequenti e richiesti in sede di certificazione Ecdl Project Planning;

- Fine-Fine e Inizio-Fine.

Vediamo come impostarli, partendo dal presupposto che il nostro progetto, dopo i vari collegamenti impostati, si presenta così.

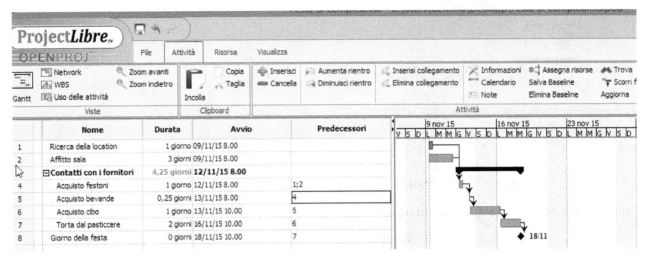

Figure 4

Il progetto termina il 18 novembre.

Per impostazione predefinita, ProjectLibre applica il collegamento Fine-Inizio, per modificare il quale, il primo metodo, più semplice, consiste nel fare doppio clic sulla freccia che congiunge due attività, qui la freccia che collega l'attività 1 e 4.

Si apre la scheda Dipendenza attività dove possiamo modificare i tipi di collegamenti.

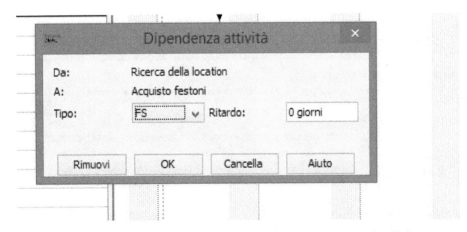

Modifica Tipo Relazioni 1

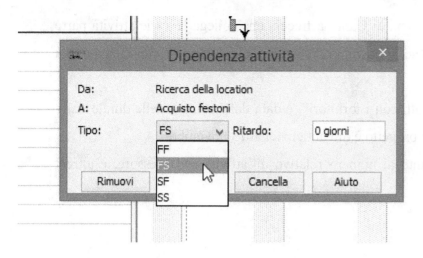

Modifica Tipo Relazioni 2

Scegliamo Rimuovi e diamo ok.

Poi, tra modifichiamo il tipo di relazione tra le attività 4, 5, 6 e 7 in Inizio-Inizio (in Inglese Start to Start) perché si tratta di attività che possono svolgersi contemporaneamente.

Modifica Tipo Relazioni 3

Dopo la modifiche del tipo di relazione, il progetto si presenta così.

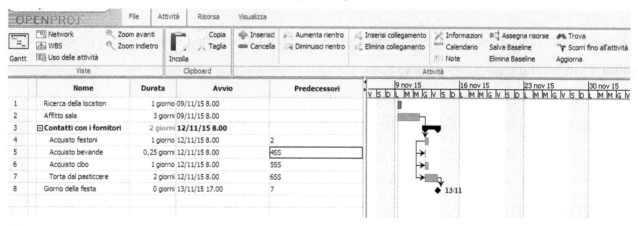

Modifica Tipo Relazioni 4

Come possiamo vedere ora sul Diagramma di Gantt la freccia che collega le varie attività parte dalla prima barra all'inizio della seconda ad indicare, graficamente, che le due attività iniziano alla stessa data.

Inoltre, la durata dell'attività 3, "Contatti con i fornitori", è data dalla somma delle durate dalle quali risulta composta e la data di fine del progetto è ora anticipata al 13 novembre.

Nella colonna predecessori, poi, accanto al numero relativo all'attività predecessore, è altresì indicato il tipo di relazione (qui "SS").

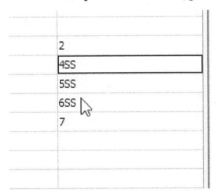

Modifica Tipo Relazioni 5

Possiamo, infatti, inserire manualmente nella colonna il tipo di collegamento, come nel caso che segue, relativo alla due ultime attività.

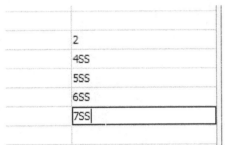

Modifica Tipo Relazioni 6

In questo caso non confermiamo e lasciamo che tra l'attività 8 "£Giorno della festa" e la precedente sussista il vincolo Fine-Inizio o Finish to Start.

Le relazioni possono essere modificate anche nella scheda Informazioni, con l'attività che ci interessa selezionata, facendo clic sul relativo pulsante, Gruppo Attività, Menu Attività, o doppio clic sull'attività di interesse.

Qui scegliamo la scheda Predecessori dove possiamo sia eliminare la relazione, selezionando l'attività collegata e premendo Canc da tastiera o, sotto la colonna tipo, scegliere un'altra relazione.

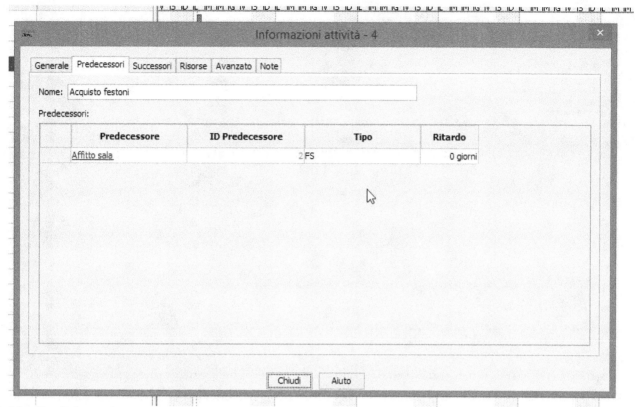

Modifica Tipo Relazioni 7

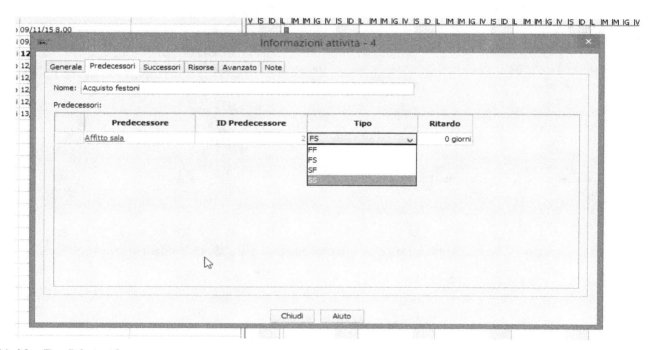

Modifica Tipo Relazioni 8

Scegliamo la relazione Inizio-Inizio (Start to Start) e diamo ok.

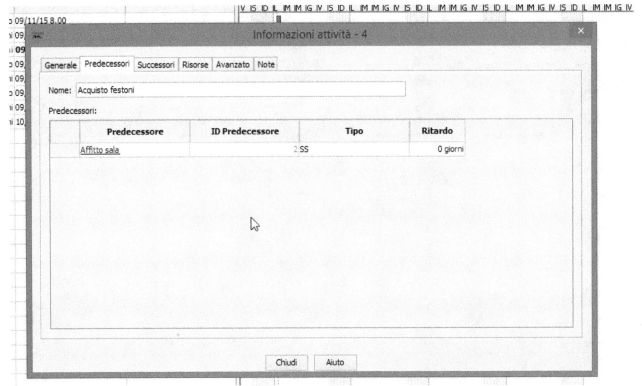

Modifica Tipo Relazioni 9

Il progetto risulta ora così.

	Nome	Durata	Avvio	Predecessori
1	Ricerca della location	1 giorno	09/11/15 8.00	
2	Affitto sala	3 giorni	09/11/15 8.00	
3	⊟ Contatti con i fornitori	2 giorni	09/11/15 8.00	
4	Acquisto festoni	1 giorno	09/11/15 8.00	2SS
5	Acquisto bevande	0,25 giorni	09/11/15 8.00	4SS
6	Acquisto cibo	1 giorno	09/11/15 8.00	5SS
7	Torta dal pasticcere	2 giorni	09/11/15 8.00	6SS
8	Giorno della festa	0 giorni	10/11/15 17.00	7

Modifica Tipo Relazioni 10

Sempre dalla stessa Finestra si può aprire la finestra relativa all'attività predecessore (così come la successore) cliccando sul nome in blu dell'attività.

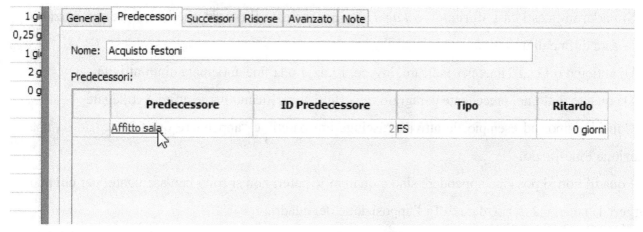

Vai ad attività 1

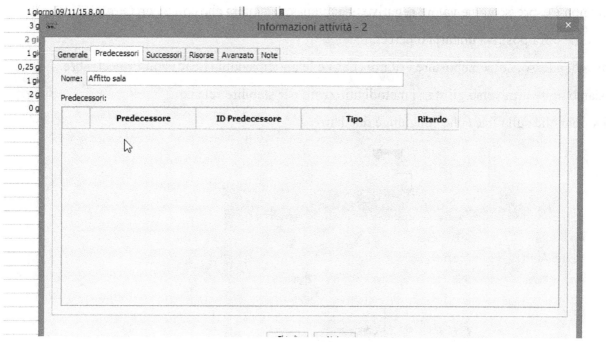

Vai ad attività 2

L'unico limite che impone Project è dato dal fatto che un'attività non può essere collegata con se stessa.

Come si può notare le possibilità sono molteplici in funzione delle necessità del Manager di progetto.

Ritardi ed anticipazioni (Lag and Lead Time).

Nella vita del progetto possono sorgere ostacoli, imprevisti, elementi non valutati che determinano la necessità di intervenire sulle attività, sia anticipando l'inizio o la fine delle stesse che posticipandole, con effetti sulla programmazione.

Si parla, in questi casi, di ritardo o *Lag Time*, per indicare il ritardo che intercorre nell'inizio o nella data di fine di un'attività.

Di anticipo o Lead Time, per indicare, invece, l'inizio o la fine anticipata di un'attività.

Da quanto detto nel precedente paragrafo, gli effetti si verificano per le attività collegate.

Consideriamo, ad esempio, le attività "asciugatura pareti" e "appendere quadri", legate da una relazione Fine-Inizio.

I quadri non si possono appendere sino a quando le pareti non si sono ben asciugate, per cui può sorgere la necessità di ritardare di 1g l'apposizione dei quadri.

Nel caso, invece, dell'attività "Costruire pareti" e "Intonacare pareti", si può anticipare l'inizio dell'intonacatura, non essendo necessario che si attenda la costruzione di tutta la parete.

L'anticipo è espresso come valore negativo, sia di una cifra intera che come percentuale. Il ritardo, invece, come cifra positiva unitaria o percentuale.

Vediamo, adesso, come impostare i ritardi (Lag) e le anticipazioni (Lead) con ProjectLibre.

Possiamo agire attraverso gli stessi metodi utilizzare per stabilire relazioni.

A) Doppio clic sulla linea che congiunge due barre

Ritardi 1

Si apre la finestra "Dipendenza attività" dove, nello spazio indicato dalla freccia rossa, scriviamo i giorni di ritardo, come numero positivo. Se, invece, dovessimo impostare un anticipo, occorrerebbe scrivere il numero preceduto dal segno meno, in quanto un ritardo negativo, in ProjectLibre, equivale ad un anticipo.

Diamo ok e, come vediamo nel Diagramma di Gantt, l'inizio dell'attività "Acquisto festoni" è spostata in avanti di due giorni, così come, nella colonna predecessore, appare l'indicazi0ne "+2 giorni".

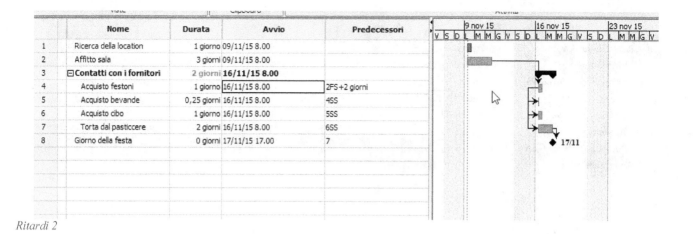

	Nome	Durata	Avvio	Predecessori
1	Ricerca della location	1 giorno	09/11/15 8.00	
2	Affitto sala	3 giorni	09/11/15 8.00	
3	⊟ Contatti con i fornitori	2 giorni	16/11/15 8.00	
4	Acquisto festoni	1 giorno	16/11/15 8.00	2FS+2 giorni
5	Acquisto bevande	0,25 giorni	16/11/15 8.00	4SS
6	Acquisto cibo	1 giorno	16/11/15 8.00	5SS
7	Torta dal pasticcere	2 giorni	16/11/15 8.00	6SS
8	Giorno della festa	0 giorni	17/11/15 17.00	7

Ritardi 2

B) Ipotizziamo, invece, che, per la stessa attività, anziché un ritardo di 2 giorni, vogliamo stabilire un anticipo di 5 giorni.

In questo caso scriviamo "-5d".

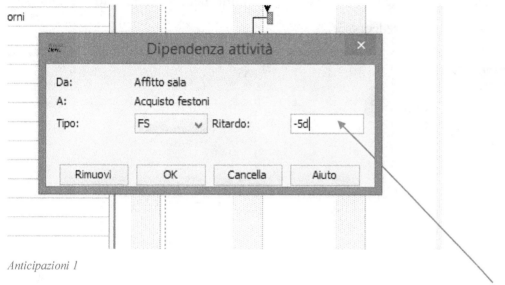

Anticipazioni 1

Come vediamo indicato dalla freccia rossa, l'anticipo è indicato con il segno meno.

Proviamo a dare ok.

Ci appare la seguente schermata in quanto ProjectLibre.

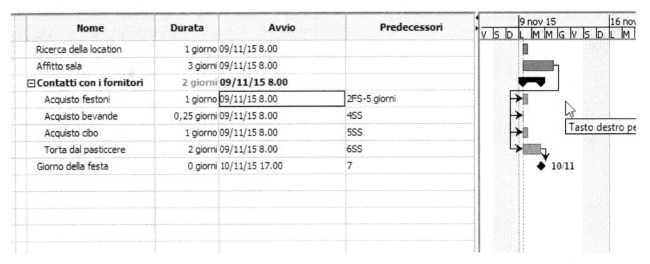

Nome	Durata	Avvio	Predecessori
Ricerca della location	1 giorno	09/11/15 8.00	
Affitto sala	3 giorni	09/11/15 8.00	
⊟ Contatti con i fornitori	2 giorni	09/11/15 8.00	
Acquisto festoni	1 giorno	09/11/15 8.00	2FS-5 giorni
Acquisto bevande	0,25 giorni	09/11/15 8.00	4SS
Acquisto cibo	1 giorno	09/11/15 8.00	5SS
Torta dal pasticcere	2 giorni	09/11/15 8.00	6SS
Giorno della festa	0 giorni	10/11/15 17.00	7

Anticipazioni 2

L'attività è anticipata di 5 giorni e, nella colonna predecessori, appare la scritta "-5giorni".

Analogo risultato avremmo potuto ottenerlo impostando il ritardo nella finestra Informazioni o scrivendolo direttamente nella colonna predecessori.

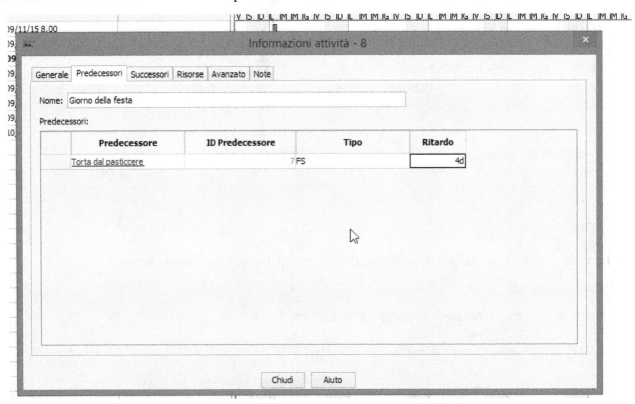

Informazioni attività - 8

Generale | Predecessori | Successori | Risorse | Avanzato | Note

Nome: Giorno della festa

Predecessori:

Predecessore	ID Predecessore	Tipo	Ritardo
Torta dal pasticcere	7	FS	4d

Chiudi | Aiuto

Ritardi 3

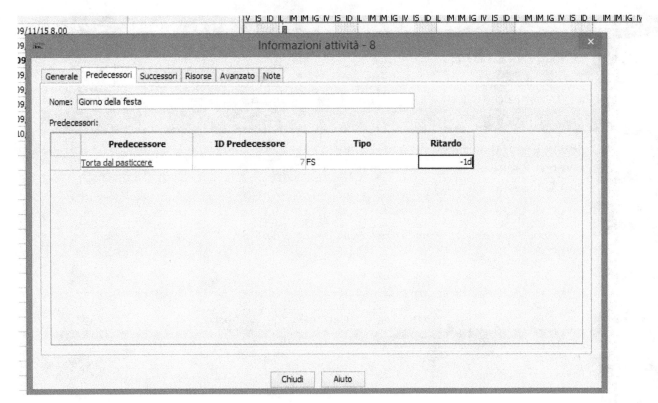

	Informazioni attività - 8			×

Generale | **Predecessori** | Successori | Risorse | Avanzato | Note

Nome: Giorno della festa

Predecessori:

Predecessore	ID Predecessore	Tipo	Ritardo
Torta dal pasticcere	7	FS	-1d

Chiudi   Aiuto

Anticipazioni 3

	Acquisto festoni	1 giorno 09/11/15 8.00	2 3 5 giorni	
5	Acquisto bevande	0,25 giorni 09/11/15 8.00	4SS	
6	Acquisto cibo	1 giorno 09/11/15 8.00	5SS	
7	Torta dal pasticcere	2 giorni 09/11/15 8.00	6SS	
8	Giorno della festa	0 giorni 10/11/15 17.00	7+4d	

Ritardi 4

3	⊟ Contatti con Fornitori	2 giorni 09/11/15 8.00		
4	Acquisto festoni	1 giorno 09/11/15 8.00	2FS-5 giorni	
5	Acquisto bevande	0,25 giorni 09/11/15 8.00	4SS	
6	Acquisto cibo	1 giorno 09/11/15 8.00	5SS	
7	Torta dal pasticcere	2 giorni 09/11/15 8.00	6SS	
8	Giorno della festa	0 giorni 10/11/15 17.00	7-5d	

Anticipazioni 4

Su Ubuntu

Per quanto si riferisce al sistema operativo Ubuntu, il funzionamento di ProjectLibre è lo stesso.

Seguono, pertanto, delle immagini del software rimandandosi, per le spiegazioni, a quanto illustrato nelle precedenti pagine.

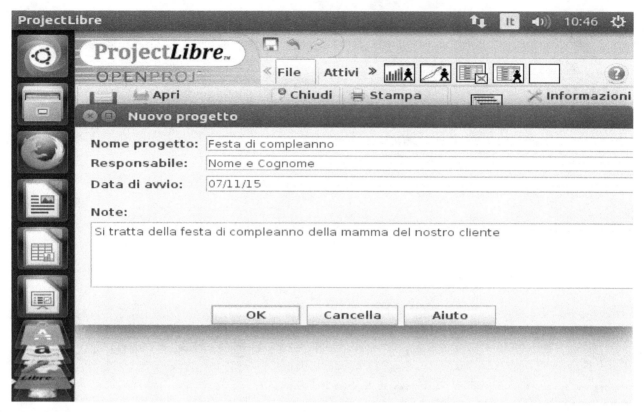

Crea Progetto 8

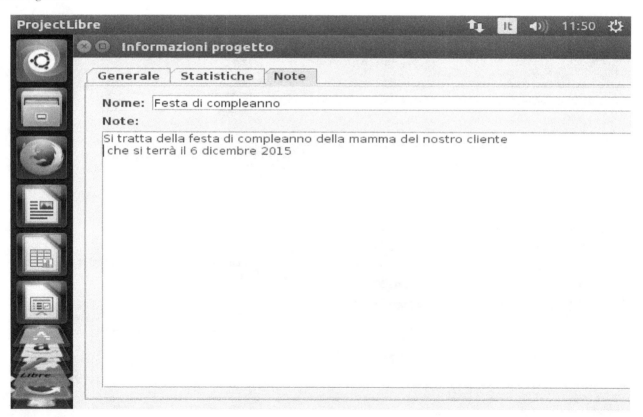

Crea Progetto 9

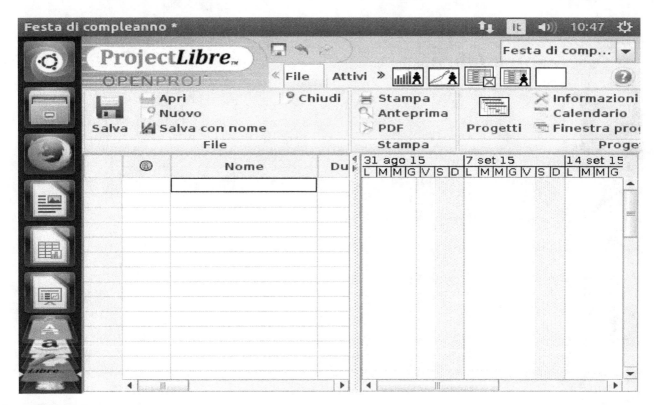

Inserisci attività 1

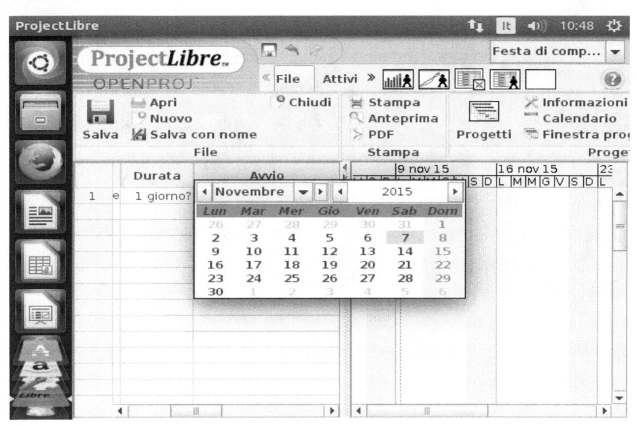

Inserisci attività 2

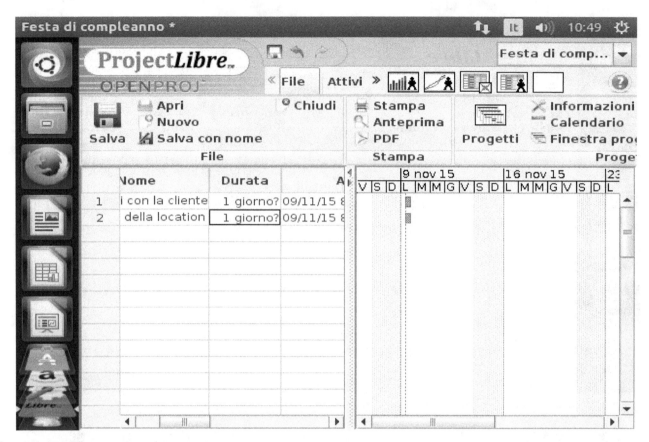

Inserisci attività 3

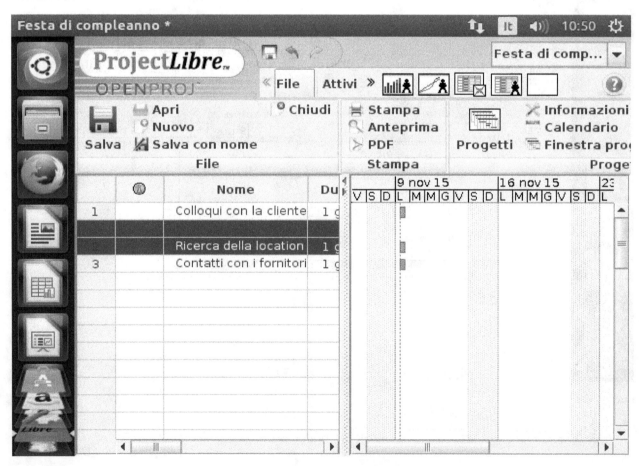

Inserisci attività 4

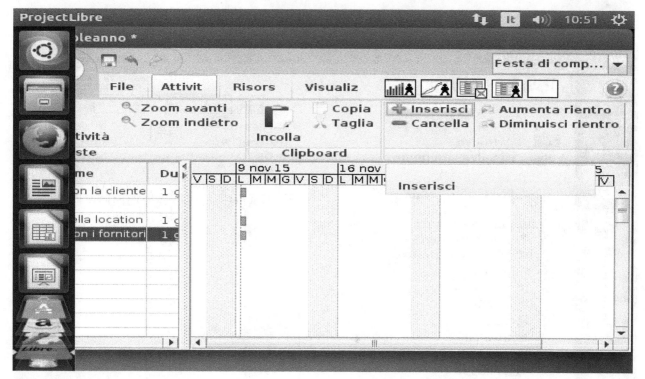

Inserisci attività 5

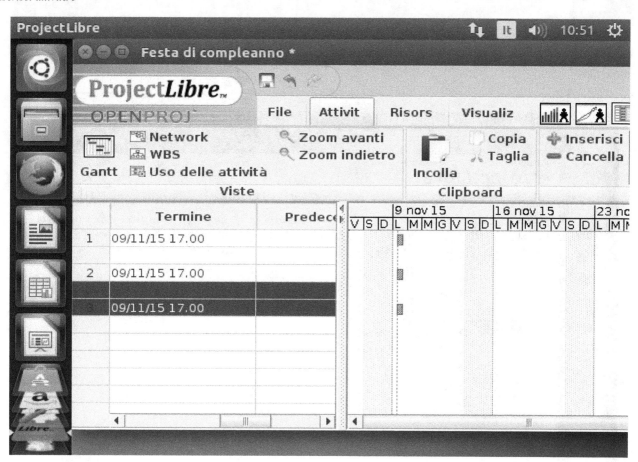

Inserisci attività 6

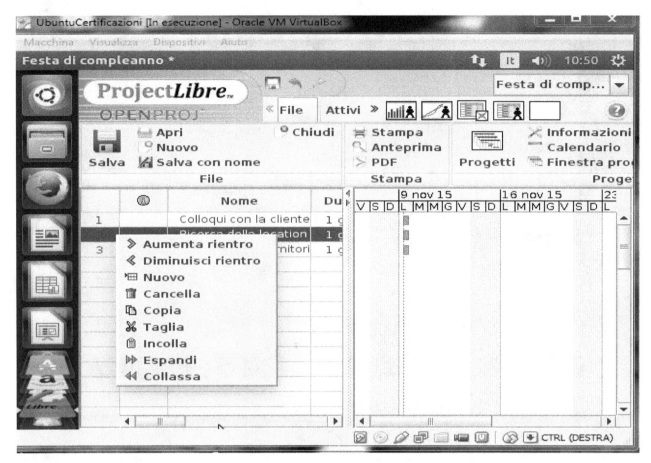

Inserisci attività 7

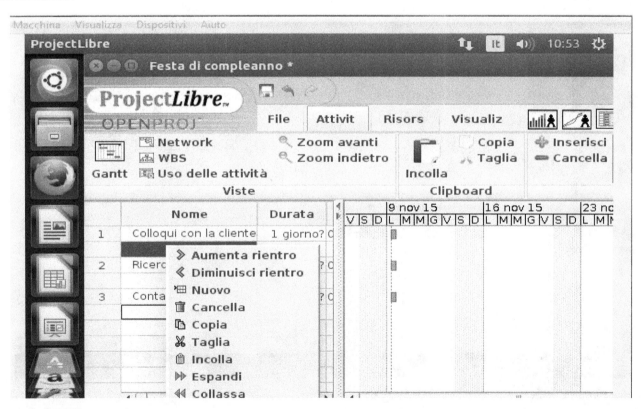

Inserisci attività 8

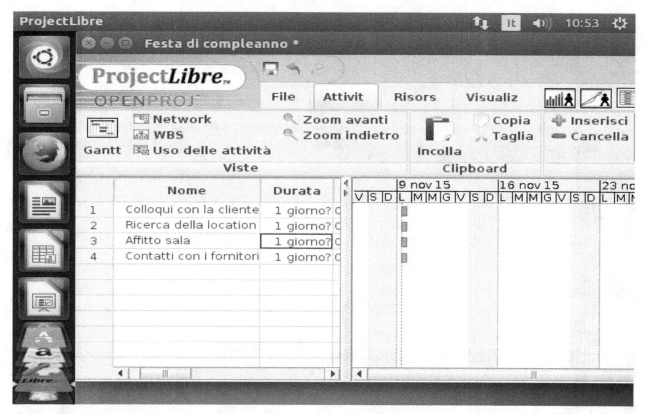

Inserisci attività 9

Inserisci attività 10

Inserisci attività 11

Inserisci attività 12

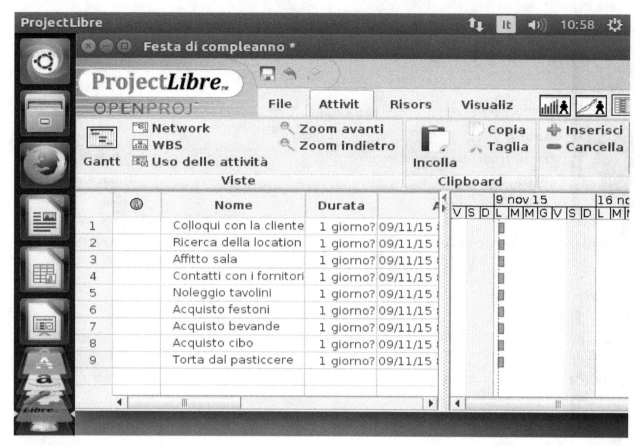

Inserisci attività 13

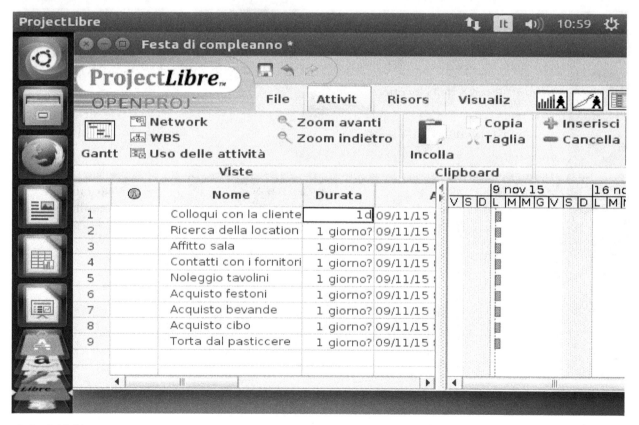

Inserisci attività 14

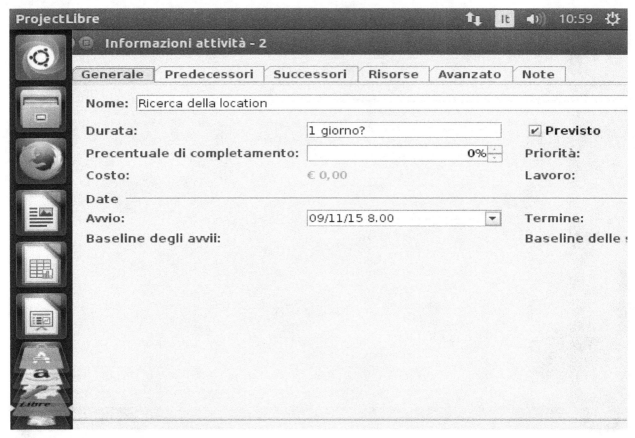

Durata delle attività 1

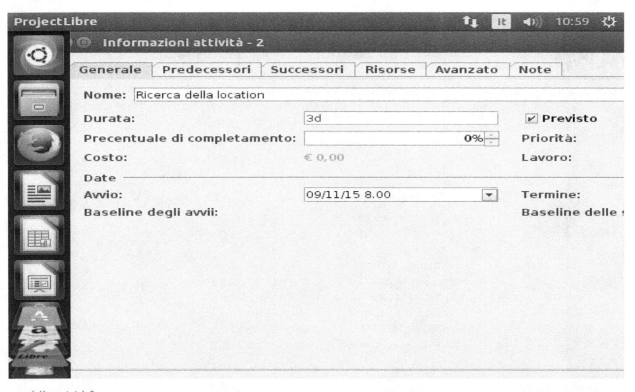

Durata delle attività 2

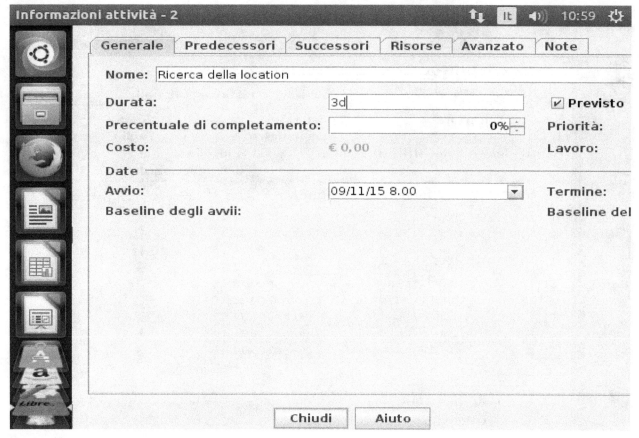

Durata delle attività 3

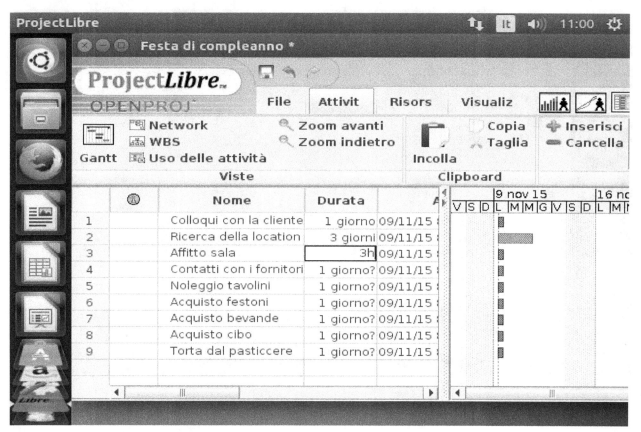

Durata delle attività 4

Durata delle attività 5

Durata delle attività 6

Durata delle attività 7

Durata delle attività 8

Durata delle attività 9

Durata delle attività 10

Durata delle attività 11

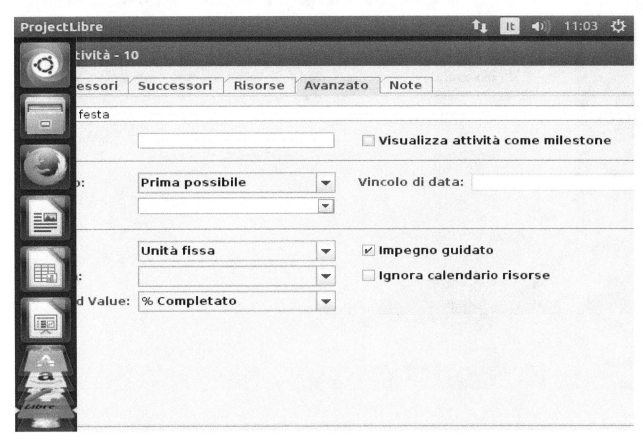

Attività cardine o Milestone 5

Sotto-attività 5

Sotto-attività 6

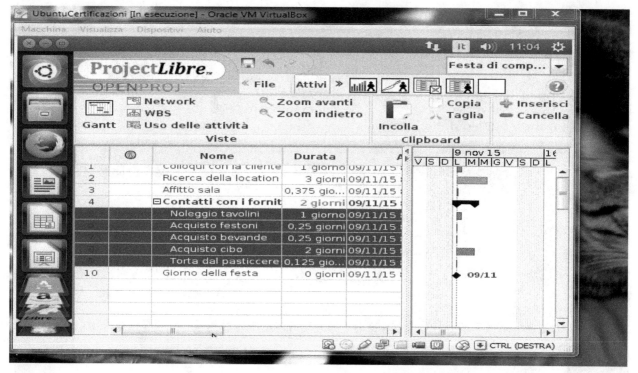

Sotto-attività 7

Attività Sommario o Summary Task 1

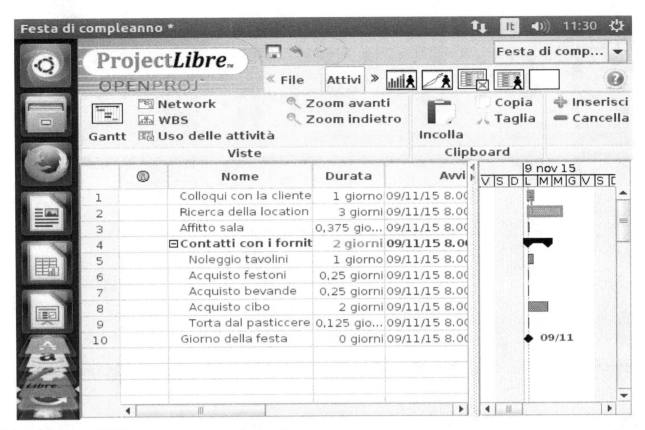

Collegamenti tra attività 1

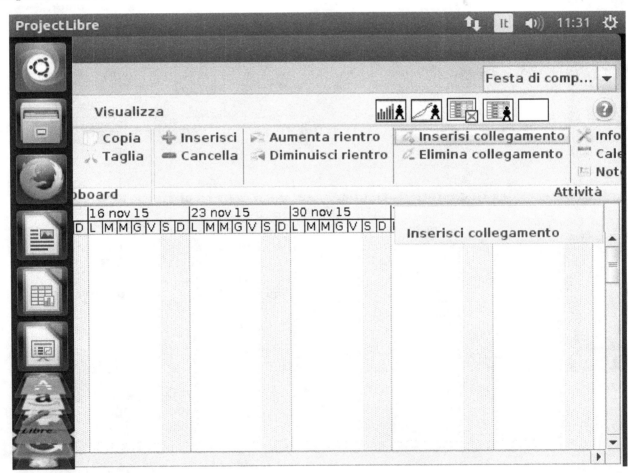

Collegamenti tra attività 2

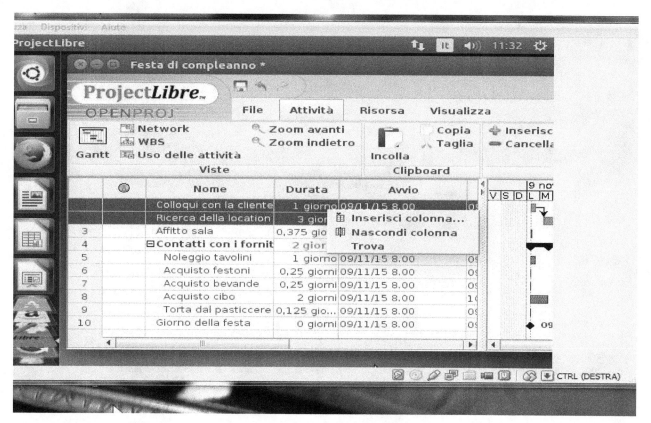

Collegamenti tra attività 3

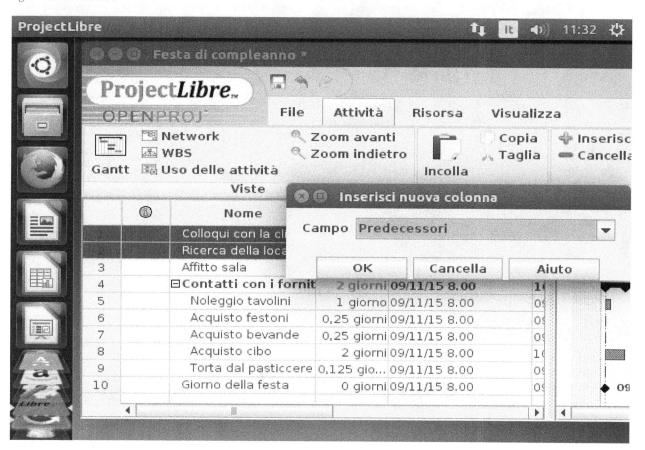

Collegamenti tra attività 4

Inserimento colonna Predecessori 1

Inserimento colonna Predecessori 2

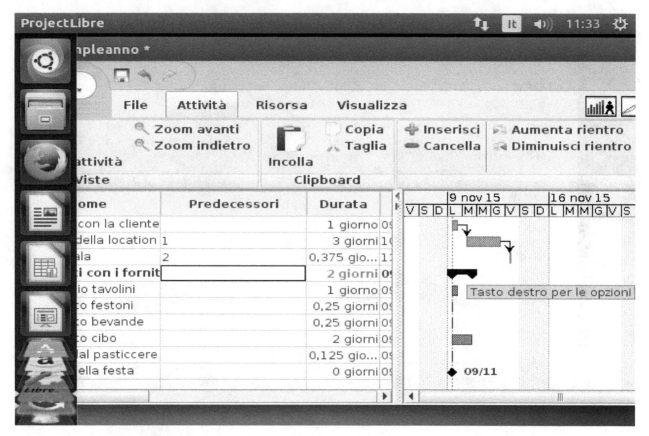

Inserimento colonna Predecessori 3

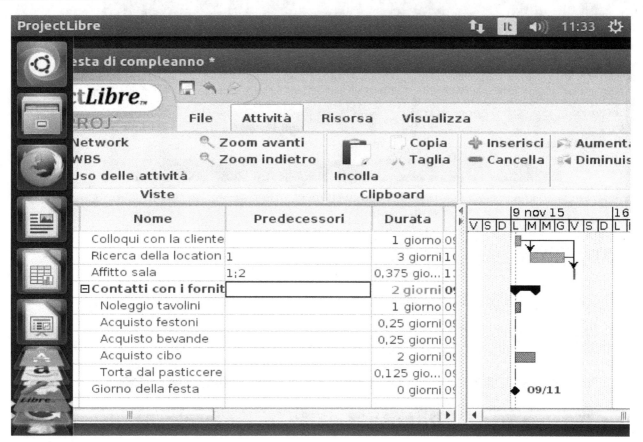

Inserimento colonna Predecessori 4

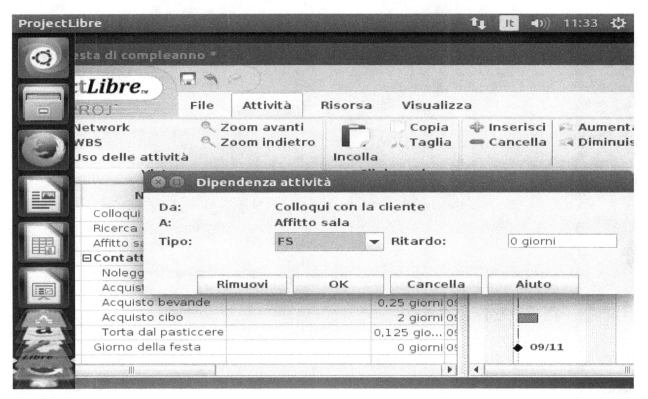

Modifica Tipo Relazioni 7

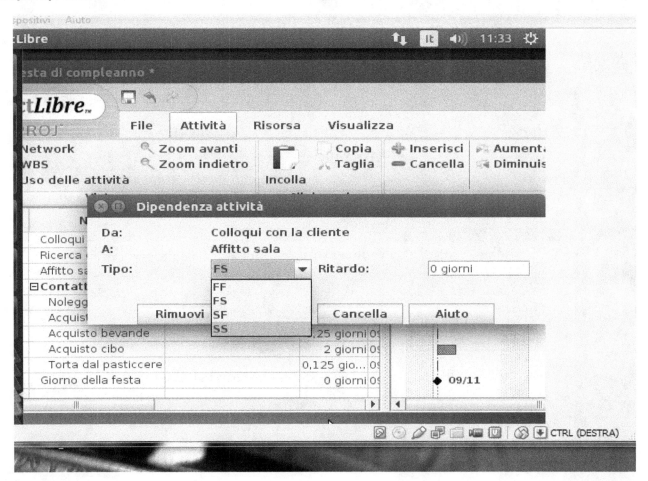

Modifica Tipo Relazioni 8

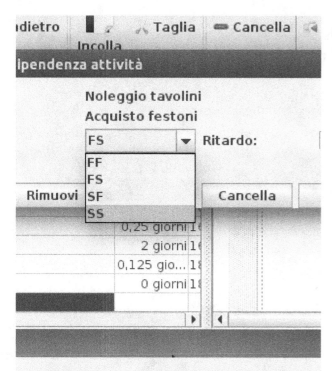

Modifica Tipo Relazioni 9

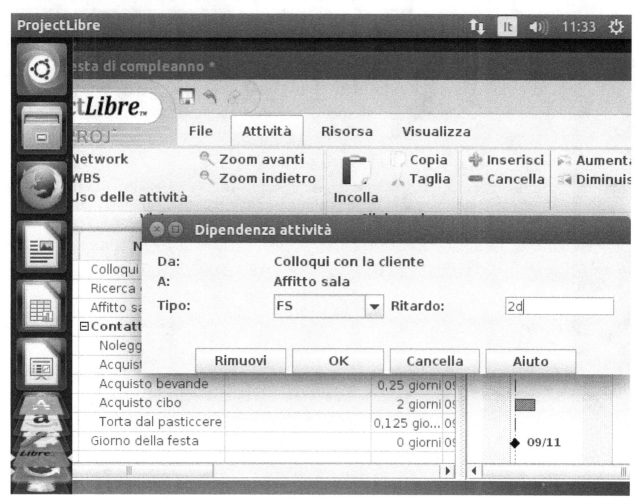

Modifica Tipo Relazioni 10

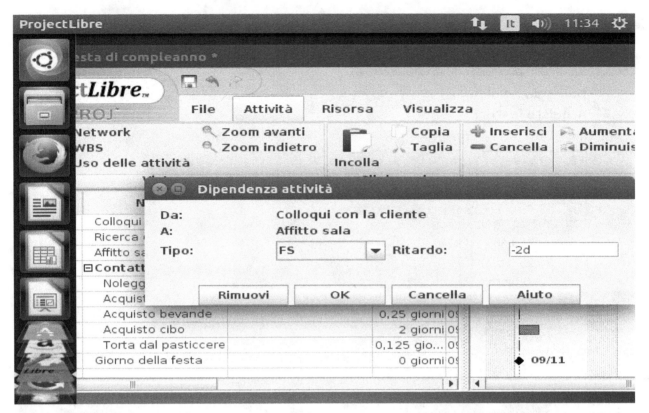

Modifica Tipo Relazioni 11

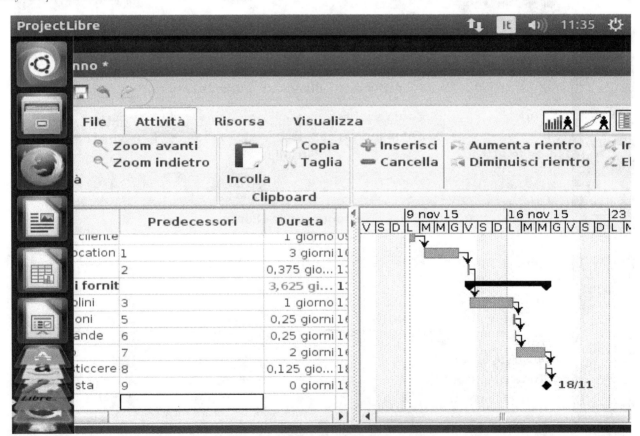

Modifica Tipo Relazioni 12

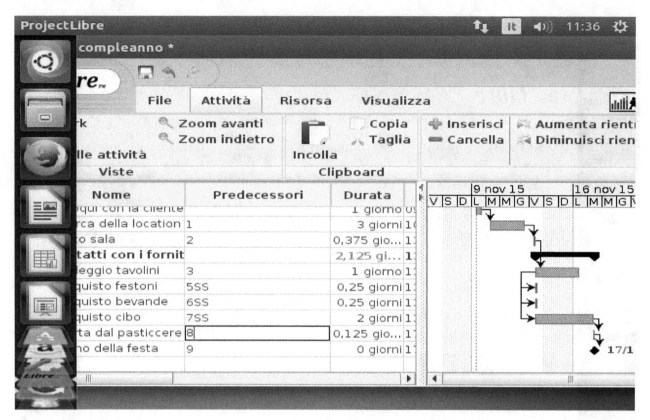

Modifica Tipo Relazioni 13

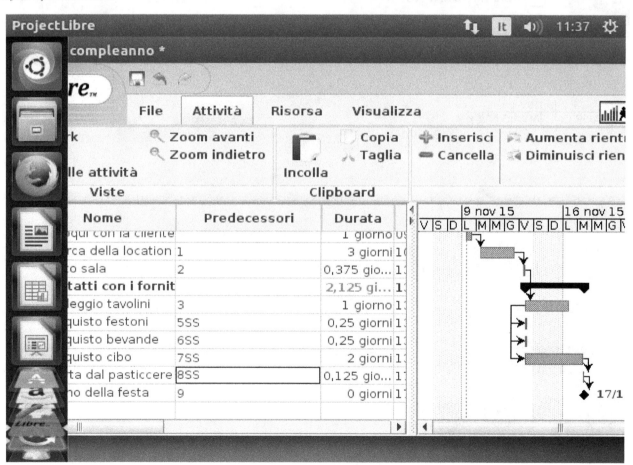

Modifica Tipo Relazioni 14

Modifica Tipo Relazioni 15

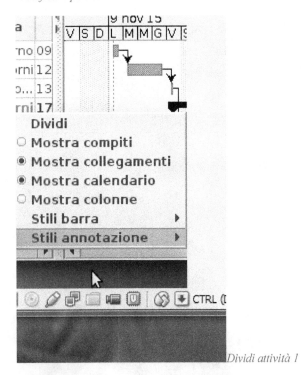

Dividi attività 1

I vincoli del progetto.

Quando le attività sono collegate tra loro, automaticamente si applica un **vincolo** alle stesse, vale a dire, una **restrizione o limitazione sul calcolo automatico della data di inizio o di fine di un'attività, con la relativa incidenza sulla programmazione**.

I vincoli possono essere:

- **Flessibili**, in cui la data di inizio e di fine possono essere cambiate senza restrizioni;

- **Semi-flessibili** o **medi** dove, rispettando la data di inizio o fine, l'attività può essere riprogrammata;

- **Non flessibili** o **rigidi**, in cui l'attività deve iniziare o finire ad una data precisa.

Vediamoli nel dettaglio.

A) Vincoli flessibili:

- **Prima possibile** o *As Soon As Possible (ASAP)*. E' il tipo di vincolo predefinito in ProjectLibre che si applica quando si imposta una programmazione dalla data di inizio del progetto, per cui l'attività è programmata per iniziare il prima possibile. In questo caso non si hanno date di vincolo.

- **Più tardi possibile** o *As Late As Possible (ALAP)*. Tipo di vincolo predefinito quando la programmazione è impostata dalla data di fine del progetto. Qui le attività sono programmate per iniziare il più tardi possibile e non ci sono date di vincolo.

B) Semi-flessibili o medi:

- **Non iniziare prima di** o *Start No Earlier Than (SNET)*, vincolo con il quale si programma l'inizio di un'attività non prima di una certa data;

- **Non iniziare dopo il** o *Start No Later Than (SNLT)*, vincolo con il quale l'attività è programmata per iniziare non più tardi di una data specifica;

- **Non terminate prima di** o *Finish No Earlier Than (FNET)*, vincolo con il quale l'attività è programmata per finire non prima di una data specifica;

- **Non terminare dopo il** o *Finish No Later Than (FNLT)*, vincolo con il quale l'attività è programmata per finire non più tardi della data indicata.

C) Vincoli non flessibili o rigidi:

- **Deve iniziare il** o *Must Start On (MSO)*, vincolo con il quale si stabilisce che un'attività deve iniziare alla data specificata;

- **Deve terminare il** o *Must Finish On (MFO)*, vincolo con il quale si programma l'attività per finire alla data indicata.

La scelta del tipo di vincolo dipende dal tipo di attività che si deve realizzare.

Ed infatti, se si deve costruire un palazzo, non si potrà iniziare a scavare il terreno per le fondamenta sino a quando non si avranno i permessi per costruire, per cui tra l'attività "Concessione permesso di costruire" e "Scavare il terreno" ci sarà, oltre ad una relazione Fine-Inizio, un vincolo, per la seconda, di non iniziare prima dell'ottenimento del permesso.

In genere **sono da preferire i vincoli flessibili perché lasciano libertà di manovra al Project Manager nella programmazione**, salvo nella data di inizio o fine.

E' consigliabile, infatti, utilizzare i vincoli rigidi solo per situazioni che esulano dal controllo del Project Manager come, ad esempio, i permessi o le autorizzazioni di qualche tipo.

Quando si applicano i vincoli alle attività, comunque, occorre tenere a mente le conseguenze che ne derivano:

- Se si sposta verso destra la barra di Gantt sul Diagramma di Gantt, si imposta automaticamente il vincolo "Non iniziare prima di" (SNET);

- Se si sposta verso sinistra la barra, invece, si applica il vincolo "Non iniziare dopo il"

- Se non si specifica un orario, ProjectLibre applica le impostazioni predefinite del calendario del progetto, 8:00 per l'inizio, 17:00 per la fine. Se si vuole che l'attività inizi ad un'ora differente, è sufficiente digitare, nella colonna inizio, 21/07/2015 11:00 così come per la data di fine che si vuole sia ad un orario preciso);

- Quando si debbono impostare vincoli semi-flessibili o rigidi alle attività, occorre fare attenzione in quanto ProjectLibre può trovarsi in conflitti di programmazione con le risorse.

Ed infatti, se ad un'attività è assegnato un vincolo rigido del tipo "Deve terminare il" ma la risorsa assegnata è disponibile solo dopo la data indicata, ProjectLibre si trova in conflitto.

Vediamo come si applicano i vincoli in ProjectLibre.

I Vincoli.

Partiamo da un progetto semplice, di nome "Prova".

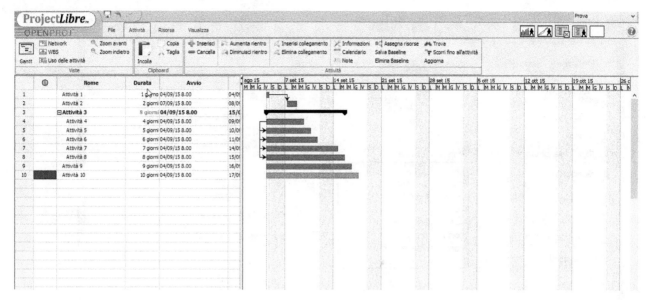

Figura 4

Clicchiamo sull'attività 9 ed apriamo la Finestra "Informazioni attività", andando nella Scheda Avanzato.

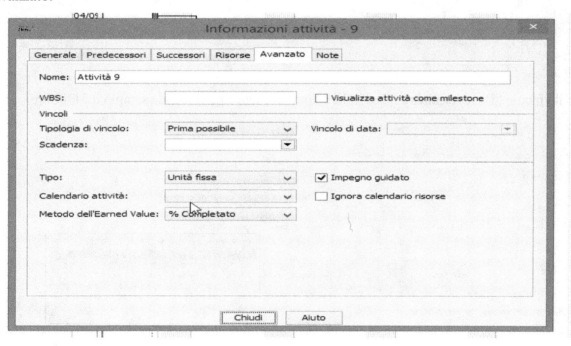

Vincoli rigidi 1

Qui, in Tipologia di vincolo, possiamo scegliere il vincolo da assegnare all'attività.

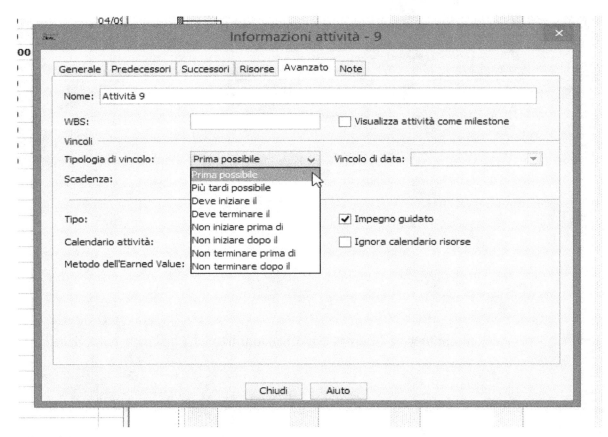

Vincoli rigidi 2

Scegliamo il vincolo "Deve terminare il" ed indichiamo una data a piacere, ad esempio il 7 Ottobre.

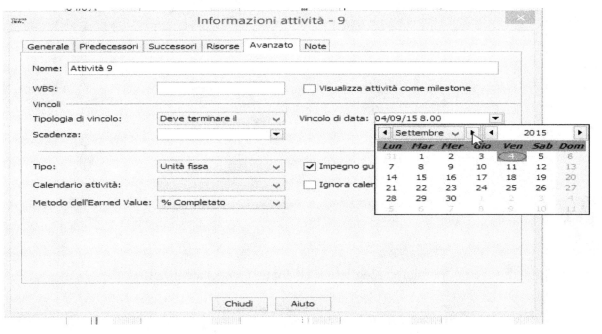

Vincoli rigidi 3

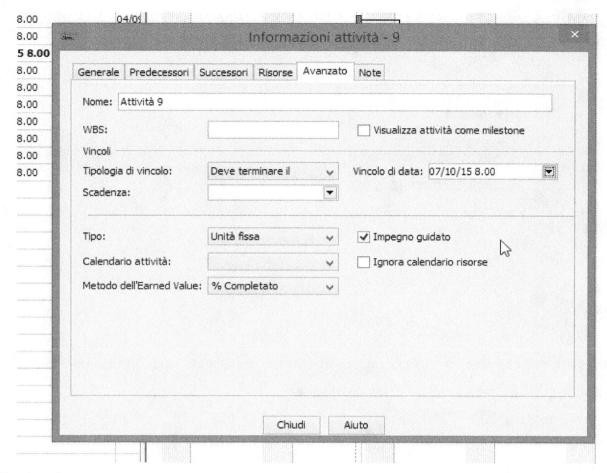

Vincoli rigidi 4

Clicchiamo su Chiudi. Guardano la tabella, notiamo che accanto al numero di identificazione è apparso il simbolo di un calendario, ad indicazione del tipo di vincolo.

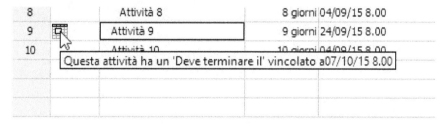

Vincoli rigidi 5

Sul Diagramma di Gantt, poi, la barra si è spostata verso destra, in concomitanza con la data indicata.

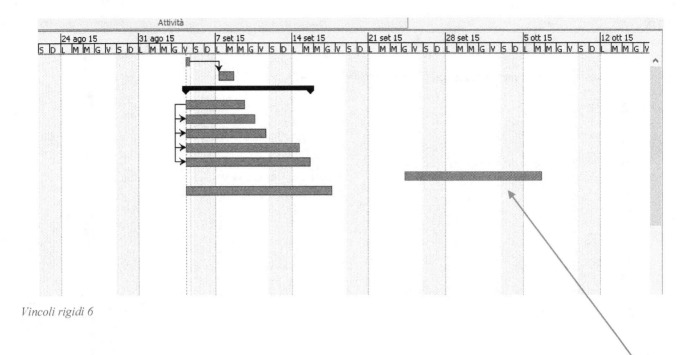

Vincoli rigidi 6

Un altro modo per impostare un vincolo è quello di operare direttamente sulla Tabella inserendo un'apposita colonna, cliccando con il tasto destro del mouse.

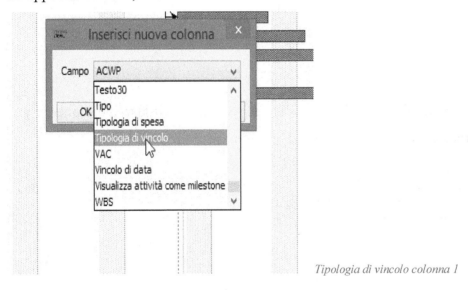

Tipologia di vincolo colonna 1

Sulla Tabella, infatti, appare la colonna "Tipologia di vincolo" dove possiamo impostare i vincoli necessari.

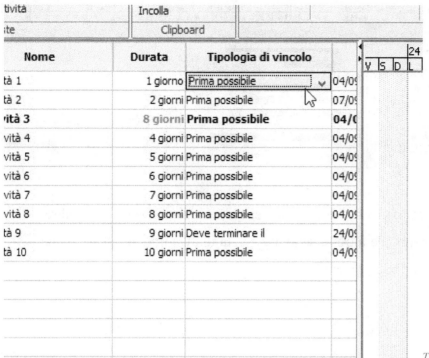

Tipologia di vincolo colonna 2

Consideriamo l'attività 4 che, per impostazione predefinita ha un vincolo "Prima possibile" e, tramite la colonna, cambiamo il vincolo in "Deve terminare il".

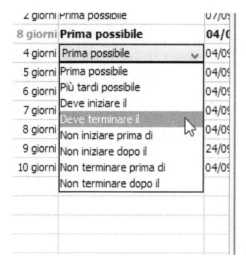

Tipologia di vincolo colonna 3

Teniamo, però, bene a mente il progetto prima di operare le modifiche, al fine di comprendere come ProjectLibre agisce.

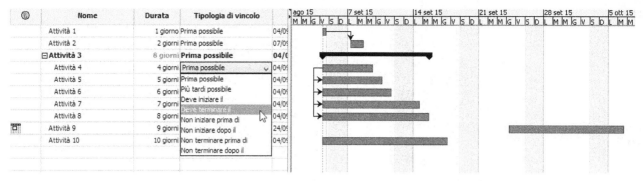

Figura 5

Ed infatti, appena diamo invio la barra si Gantt dell'attività 4 si sposta indietro rispetto alle altre, con nuova data di inizio 31 agosto rispetto alle altre, 4 settembre, data di avvio del progetto, come risulta anche dalla riga verde presente sul Diagramma di Gantt.

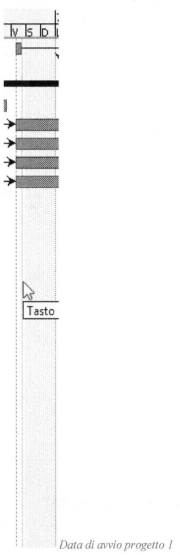

Data di avvio progetto 1

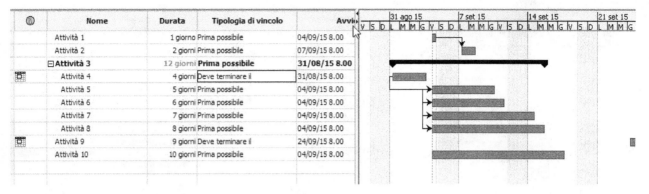

	Nome	Durata	Tipologia di vincolo	Avvio
	Attività 1	1 giorno	Prima possibile	04/09/15 8.00
	Attività 2	2 giorni	Prima possibile	07/09/15 8.00
	⊟ Attività 3	12 giorni	Prima possibile	31/08/15 8.00
	Attività 4	4 giorni	Deve terminare il	31/08/15 8.00
	Attività 5	5 giorni	Prima possibile	04/09/15 8.00
	Attività 6	6 giorni	Prima possibile	04/09/15 8.00
	Attività 7	7 giorni	Prima possibile	04/09/15 8.00
	Attività 8	8 giorni	Prima possibile	04/09/15 8.00
	Attività 9	9 giorni	Deve terminare il	24/09/15 8.00
	Attività 10	10 giorni	Prima possibile	04/09/15 8.00

Tipologia di vincolo colonna 4

Proviamo, adesso, cambiare la data di avvio dell'attività operando sulla colonna.

Data di avvio progetto 2

Come vediamo, risulta un cerchi rosso intorno alla data del 4 settembre in quanto data di avvio del progetto.

Scegliamo un'altra data, ad esempio 17 settembre.

Durata	Tipologia di vincolo	Avvio
1 giorno	Prima possibile	04/09/15 8.00
2 giorni	Prima possibile	07/09/15 8.00
12 giorni	**Prima possibile**	**31/08/15 8.00**
4 giorni	Deve terminare il	17/09/15 8.00
5 giorni	Prima possibile	04/09/15 8.00
6 giorni	Prima possibile	04/09/15 8.00
7 giorni	Prima possibile	04/09/15 8.00
8 giorni	Prima possibile	04/09/15 8.00
9 giorni	Deve terminare il	24/09/15 8.00
10 giorni	Prima possibile	04/09/15 8.00

Tipologia di vincolo colonna 5

Diamo invio.

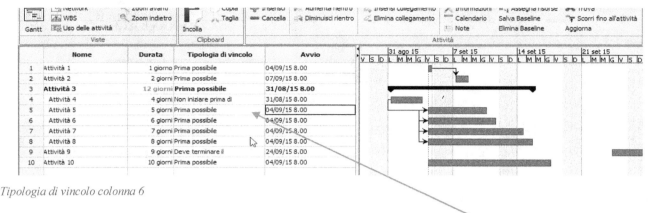

Tipologia di vincolo colonna 6

Come possiamo notare, ProjectLibre ha trasformato il vincolo in "Non iniziare prima di" riportando alla data del 31 agosto.

Ciò perché sussiste la relazione con le altre attività. I vincoli rigidi, pertanto, vanno applicati con parsimonia.

Infine, possiamo impostare dei vincoli spostando le barre sul Diagramma di Gantt verso destra, per impostare il vincolo "Non Iniziare prima di".

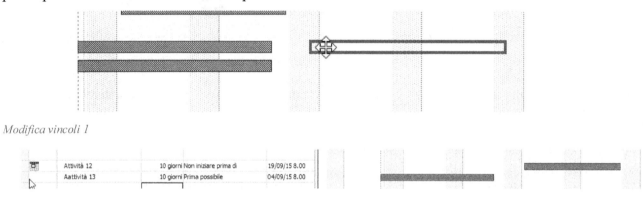

Modifica vincoli 1

	Attività 12	10 giorni	Non iniziare prima di	19/09/15 8.00
	Aattività 13	10 giorni	Prima possibile	04/09/15 8.00

Modifica vincoli 2

Verso sinistra, sia per impostare il vincolo "Non iniziare prima di" come sopra, che per impostare il vincolo "Non iniziare dopo il" qualora volessimo far iniziare l'attività prima che abbia inizio l'intero progetto.

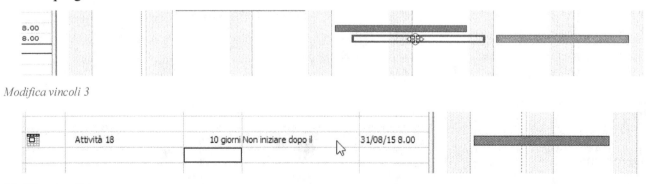

Modifica vincoli 3

	Attività 18	10 giorni	Non iniziare dopo il	31/08/15 8.00

Modifica vincoli 4

Su Ubuntu

Su Ubuntu le procedure sono le stesse. Seguono, pertanto, alcune immagini.

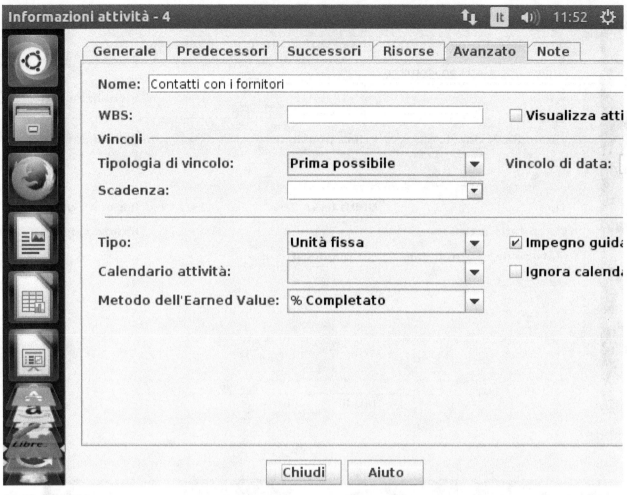

Modifica vincoli 5

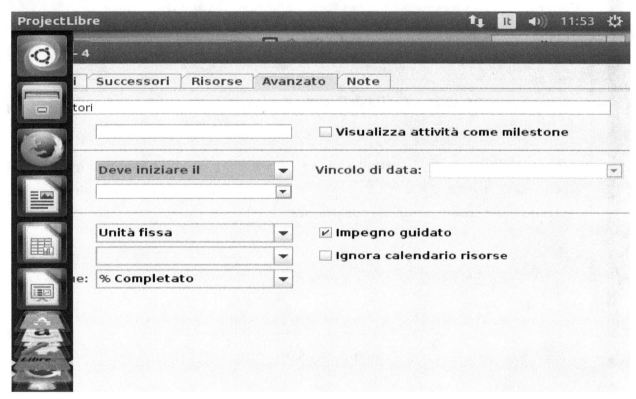

Modifica vincoli 6

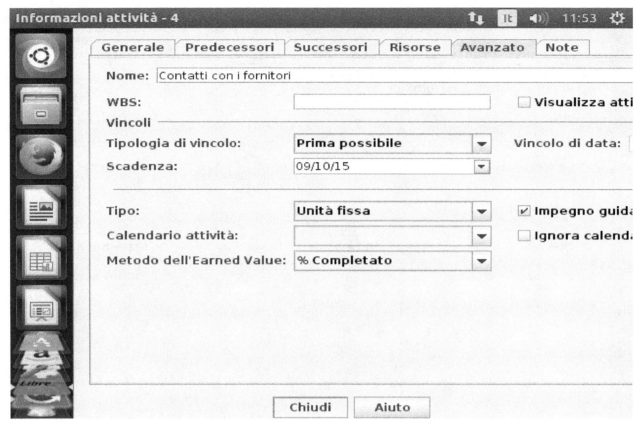

Modifica vincoli 7

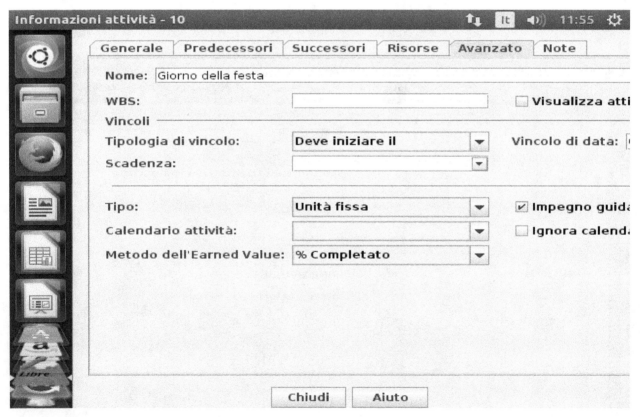

Modifica vincoli 8

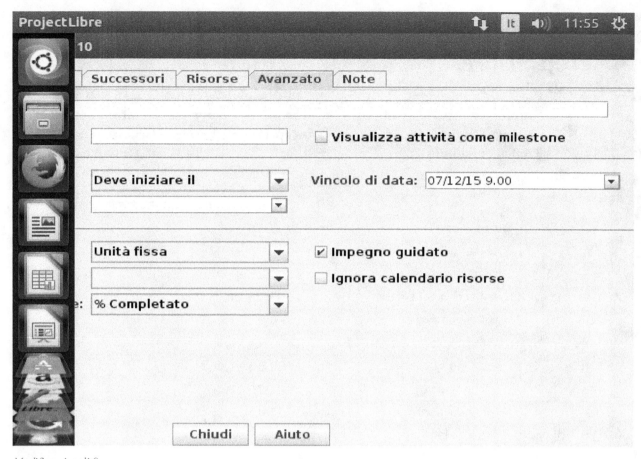

Modifica vincoli 9

Modifica vincoli 10

Le scadenze (Deadline).

Si sono analizzati, nel precedente paragrafo, i vincoli e gli effetti sulla programmazione, specie dei vincoli rigidi, dei quali è opportuno far uso solo per quelle situazioni che esulano dalla sfera di controllo del Team di progetto.

Ed infatti, quando è necessario rispettare delle date, è consigliabile far uso delle **date di scadenza** o *deadlines*, continuando ad utilizzare il vincolo il prima possibile.

In questo modo si mantiene la flessibilità nella programmazione e la data di scadenza è indicata da un simbolo freccia verde sul Diagramma di Gantt nonché da un'icona nella colonna degli indicatori se l'attività non rispetti la data di scadenza.

Vediamo come.

E' sufficiente aprire la finestra Informazioni, Scheda Avanzato, con l'attività che interessa selezionata o doppio clic sulla stessa.

Nella voce scadenza indichiamo la data d rispettare, anche aiutandoci con il calendario che si apre cliccando sulla freccia con la punta rivolta verso il basso.

Data di scadenza 1

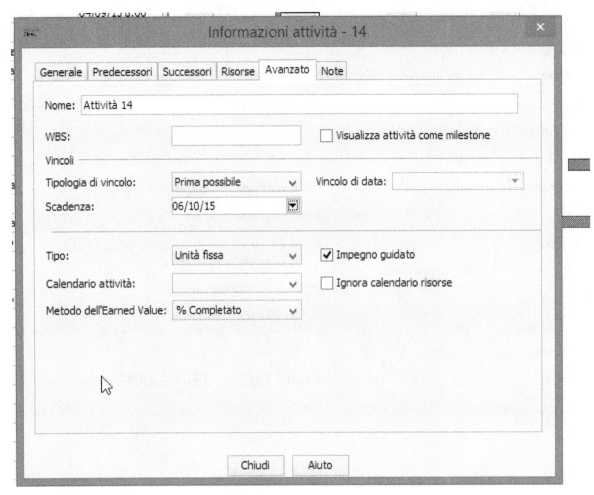

Data di scadenza 2

Cliccando su Chiudi, sul Diagramma di Gantt appare un rombo giallo in parallelo dell'attività 14 posto sotto la data del 6 ottobre.

Data di scadenza 3: Indicatore sul diagramma di Gantt

Proviamo adesso ad impostare, ad un'attività con una data di scadenza, un vincolo "Deve iniziare dopo il" e digitiamo il 7 ottobre.

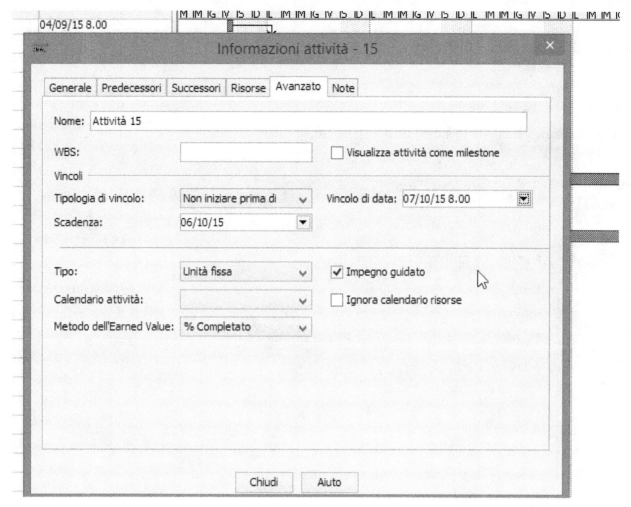

04/09/15 8.00

Vincoli e data di scadenza 1

Sulla tabella, accanto al simbolo del calendario, appare un pallino rosso con una x dentro e la barra sul Diagramma è spostata dopo il rombo giallo, simbolo della presenza di una data di scadenza.

Ciò perché ProjectLibre ci avvisa dell'esistenza di un conflitto dato dal fatto che l'attività ha un vincolo per il quale deve iniziare dopo la data di scadenza prevista.

Vincoli e data di scadenza 2

ProjectLibre dà la precedenza al vincolo, ma avvisa del conflitto.

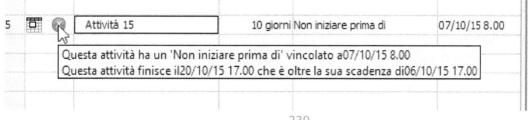

Ecco perché è opportuno utilizzare con parsimonia i vincoli rigidi.

Su Ubuntu

Su Ubuntu ProjectLibre ha lo stesso comportamento.

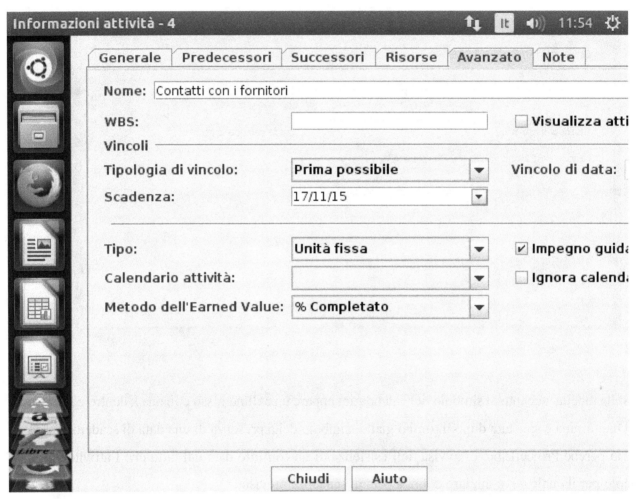

Vincoli e data di scadenza 4

Vincoli e data di scadenza 5

Inserire informazioni di supporto nel progetto: Note e Hyperlinks.

Le informazioni servono per renderne più agevole la comprensione del progetto oltre ad essere un supporto anche in vista delle comunicazioni ai soggetti interessati al progetto.

In ProjectLibre, però, a differenza di altri software di progetto, non è consentito allegare al progetto Note e Hyperlinks direttamente sulla tabella del progetto, occorrendo agire tramite il pulsante Informazioni, Menu Attività, Gruppo Attività, selezionata l'attività di interesse, o nelle Note dell'intero Progetto.

Al riguardo delle Note, possiamo distinguere:

- Le note del Progetto, da inserire tramite la Finestra Informazioni Progetto, Menu File, Gruppo Progetto;
- Le Note delle attività.

Per inserire noto al progetto, clicchiamo sul pulsante Informazioni, Gruppo Progetto, Menu File, ed apriamo la Scheda Note.

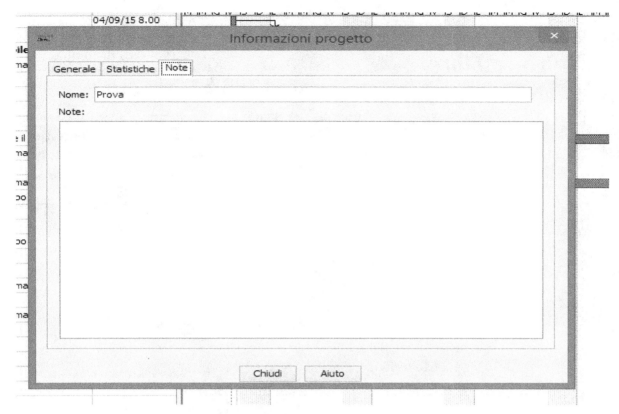

Note e Hyperlinks 1

Digitiamo una nota a piacere e diamo invio.

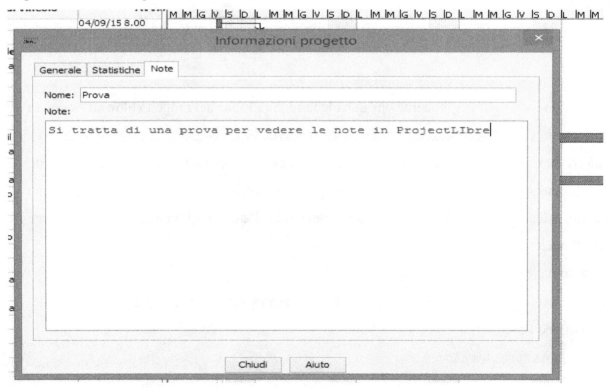

Note e Hyperlinks 2

Al progetto non succede nulla. Noteremo la differenza in sede di Stampa del Report rispetto alle note delle attività.

Selezioniamo adesso l'attività 1 ed apriamo la relativa Finestra Informazioni, secondo una delle due modalità note.

Qui attiviamo la Scheda note.

Note e Hyperlinks 3

Scriviamo una nota a piacere e diamo invio.

Accanto all'attività 1 appare il simbolo di un post-it giallo dove, avvicinandoci con il mouse viene riportato il testo della nota e, cliccandoci sopra due volte, si apre la Finestra Informazioni, Scheda Note vista sopra.

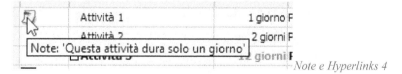

Note e Hyperlinks 4

Selezioniamo l'attività 5 e apriamo la Finestra Informazioni, Scheda Note.

Digitiamo l'indirizzo di un sito Web a piacere e diamo invio.

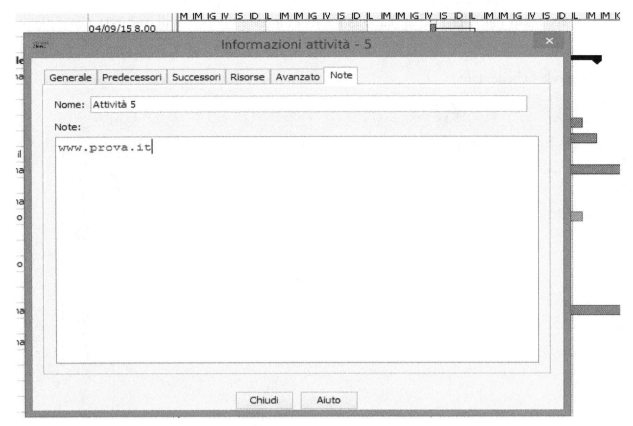

Note e Hyperlinks 5

Anche ora appare il simbolo di un post-it giallo.

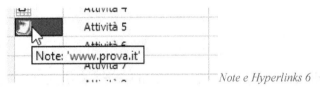

Note e Hyperlinks 6

Peraltro, l'indicazione del collegamento ad un sito Web non consente di aprire direttamente la pagina, occorrendo copiare e incollare il relativo indirizzo sulla barra degli indirizzi.

Aprendo, poi, la Finestra Informazioni Scheda Note, è possibile anche modificare il testo della nota o cancellarla.

In alternativa ProjectLibre consente di inserire Note direttamente sulla Tabella inserendo la colonna "Note".

Clicchiamo con il tasto destro del mouse alla sinistra della colonna dopo la quale vogliamo inserire la colonna.

Si apre la seguente Finestra dove, nella voce Campo inseriamo Note.

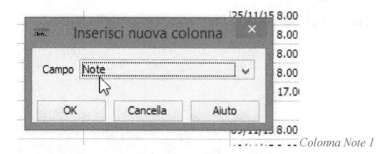

Colonna Note 1

Sulla tabella appare la colonna Note che mostra le eventuali note già inserite.

Note	
	2
	3
	5
	6
	7
	8
	9
	1
	1
	1
	1
	1
	1
	1
	1
.. Si tratta delle riunioni period...	

Colonna Note 2

Nelle celle della colonna, peraltro, possiamo inserire, modificare o cancellare note delle attività.

Inseriamo una nota a piacere

3		Affitto sala	3 giorni	2	
4		⊟ **Contatti con i fornitori**	*7 giorni*		
5		Noleggio tavolini	5 giorni	3	Si tratta di una prova
6		Acquisto festoni	1 giorno	5	

Colonna Note 3

Diamo Invio.

4		⊟ Contatti con i fornitori	*7 giorni*		
5	🗋	Noleggio tavolini	5 giorni	3	Si tratta di una prova
6		Acquisto festoni	1 giorno	5	

Colonna Note 4

Il simbolo della nota appare nella colonna Indicatori in concomitanza dell'attività alla quale è stata aggiunta.

Avvicinando il mouse al simbolo che ricorda un post-il giallo, vediamo apparire il testo della nota.

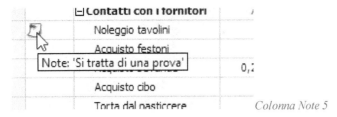

Colonna Note 5

Cliccando sull'attività due volte, si apre la Finestra Informazioni direttamente con la Scheda Note attivata, dove possiamo apportare le modifiche ritenute opportune, anche cancellando la nota stessa.

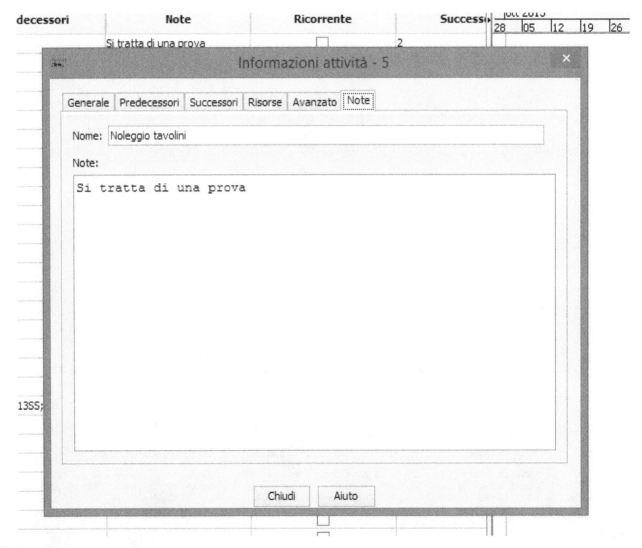

Colonna Note 6

Come detto prima, infine, tra le note del progetto e quelle delle attività sussiste una differenza.

Ed infatti, ProjectLibre consente di stampare le note del progetto, tramite il Menu Visualizza, Altre Viste, pulsante Report.

Note e Hyperlinks 7

Cliccando su Report appare il File di progetto in questione con il testo della nota prima scritta.

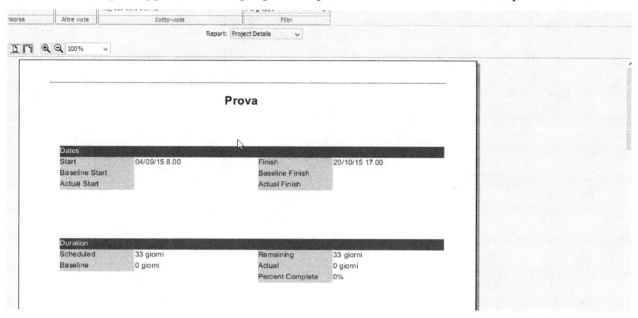

Note e Hyperlinks 8

Note e Hyperlinks 9

Non è possibile, invece, stampare le note relative alle singole attività. Si può solo stampare il progetto con l'indicazione del simbolo.

Non è possibile, poi, allegare file di testo o altri tipi, se non tramite l'indicazione del loro indirizzo sul pc, come visto per l'indicazione di una pagina Web.

Su Ubuntu

Su Ubuntu le note e gli Hyperlinks si inseriscono nello stesso modo.

Prima Parte

1) Crea un progetto nuovo e chiamalo Sviluppo software

2) Nell'apposita finestra indica, come Tipologia di progetto, il tema "Sviluppo di prodotto"

3) Inserisci le seguenti attività operando sulla tabella del Diagramma di Gantt:

    a. 1. Indagine di mercato

    b. 2. Sviluppo software

    c. 3. Implementazione nei computer del cliente

4) Cosa indica il simbolo"?" accanto al numero?

5) Imposta le seguenti durate alle attività di cui sopra, operando sulla tabella:

    a. Attività 1: 1w

    b. Attività 2: 1mo

    c. Attività 3: 1d

6) Inserisci una nuova attività tra l'attività 2 e 3 e chiamala "Test del software", durata 2d

7) Elimina la prima attività, "Indagine di mercato"

8) Dopo l'ultima attività, inserisci l'attività "Colloqui preliminari con il cliente", 2d

9) Sposta questa attività di modo che sia la prima

10) Che cosa si intende per attività di riepilogo?

11) Rendi l'attività "Test del software" sotto attività della precedente

12) Inserisci una nuova attività, dopo l'attività 2, e chiamala "Analisi di mercato"

13) Inserisci, dopo la nuova attività, altre due denominate "Colloqui con gli esperti", 1w e "Studi scientifici", 2w, e rendile sotto-attività dell'attività "Analisi di mercato"

14) Guardando l'immagine che segue, perché la durata dell'attività di riepilogo è determinata considerando solo la seconda sotto attività?

	⚙	Nome	Durata	Avvio	
1		⊟ Indagini di mercato	10 giorni	07/09/15 8.00	18/0
2		Colloqui con esperti	5 giorni	07/09/15 8.00	11/0
3		Studi scientifici	10 giorni	07/09/15 8.00	18/0

Seconda parte

15) Nozione di durata delle attività

16) Nozione di lavoro

17) Se per un'attività occorrono 4 giorni, di quanto sarà il lavoro?

18) Che cosa si intende per durata stimata o "*Estimated Time*"?

19) Che cosa indica il termine "durata trascorsa"?

20) Quali, tra queste lettere, indica la durata espressa in minuti?

    a. .mo

    b. .em

    c. .m

    d. .mi

21) Qual è l'orario predefinito in Project e dove si modifica?

22) Cambia la durata dell'attività 4, "Colloqui con gli esperti", portandola a 2w, operando sulla Tabella

23) Modifica la durata dell'attività 5 "Studi scientifici", portandola a 3w, operando tramite la finestra Informazioni Attività

24) Qual è la durata predefinita in ProjectLibre e dove si modifica?

25) Inserisci un'interruzione di 2d all'attività 4

26) Che cosa si intende per attività cardine in ProjectLibre?

27) Segna l'ultima attività come attività cardine operando sulla tabella

Terza parte

28) Che cosa si intende per attività predecessore e successore in Project?

29) Che cosa si intende per.

    a. Relazione Fine-Inizio

    b. Relazione Inizio-Inizio

    c. Relazione Inizio-Fine

    d. Relazione Fine-Fine

30) Collega tutte le attività con una relazione Fine-Inizio

31) Quale pulsante, presente nel Gruppo Programmazione, Scheda Attività, consente di collegare le attività?

    a.

    b.

    c.

    d.

32) Modifica il tipo di collegamento tra le due sotto attività in Inizio-Inizio

33) Elimina il collegamento tra l'attività 1 e 3 (attività di riepilogo) ed opera di modo che l'attività "Colloqui preliminari con il cliente" sia predecessore della prima sotto attività

34) Una relazione si può stabilire con un'attività di riepilogo?

35) Visualizza la colonna predecessori sulla Tabella del Diagramma di Gantt

36) Ripristina la relazione Fine-Inizio tra le due sotto attività agendo sul collegamento presente sul Diagramma di Gantt

37) Inserisci due nuove attività dopo l'attività "Studi scientifici" denominate "Analisi della concorrenza" e "Applicazione del software nel cloud", durata 1w per entrambe, ed imposta, per entrambe, un livello di struttura superiore

38) Collega queste due nuove attività con relazione Inizio-Inizio

39) Indica l'attività 5, "Studi scientifici" come predecessore dell'attività 6, "Analisi della concorrenza", tramite la colonna sulla Tabella

Quarta parte

40) Inserisci ritardo di 2d tra l'attività 4 "Colloqui con gli esperti" e l'attività 5 "Studi scientifici".

41) Inserisci un'anticipazione di 1d tra l'attività 4 e 5

42) In ProjectLibre, digitare 1w e 7d significa impostare la stessa durata?

43) Indicare i tipi di vincoli in ProjectLibre

44) Imposta il vincolo "Deve iniziare il"(data a scelta) all'attività 4, "Colloqui con gli esperti"

45) Se si sposta verso destra una barra sul Diagramma di Gantt, che tipo di vincolo viene impostato all'attività?

46) Perché, quando si impostano i vincolo semi-flessibili o rigidi, occorre prestare particolare attenzione ai conflitti di programmazione?

47) Nella finestra Informazioni, quale scheda occorre aprire per impostare un vincolo?

48) Tra un vincolo rigido ed una data di scadenza, quale è preferibile scegliere e perché?

49) Indica, sul Diagramma di Gantt, l'esistenza di una scadenza per l'attività considerata

50) Inserisci una nota all'attività 4 "Contattare l'Ing. Rossi"

51) Inserisci un collegamento (nota) all'attività 5 "Studi scientifici" al sito www.studiscientifici.it

52) Elimina il collegamento appena inserito.

53) Nascondi le sotto-attività operando sulla Tabella

54) Mostra le sotto-attività

Obiettivi del capitolo

In questo capitolo ci si concentrerà sulle risorse del progetto.

In particolare modo:

- Si indicheranno i tipi di risorsa, distinguendo tra risorse lavoro, materiali e costo;

- Si opererà con le risorse assegnandole alle attività;

- Si analizzerà la formula della programmazione, analizzando la correlazione esistente fra durata, lavoro e risorse;

- Si distinguerà tra costi fissi e variabili.

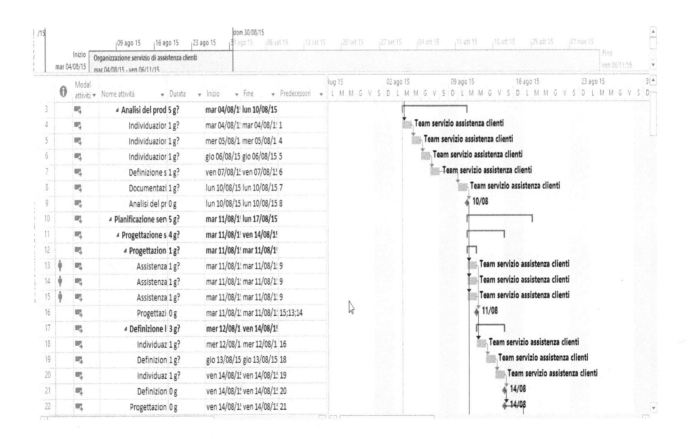

Capitolo 5: Le risorse e i costi[xiv]

Sezione 1: Le risorse del progetto

Nozione.

Per risorse del progetto ci si riferisce a tutte le persone, le attrezzature, i materiali ed i costi necessari per completare il progetto.

Nel dettaglio possiamo distinguere tre tipi di risorse:

- Le **risorse lavoro**, vale a dire le persone e le attrezzature che eseguono un lavoro;

- Le **risorse materiali**, beni di consumo necessari al progetto;

- Le **risorse costo**, per indicare un costo finanziario associato ad un'attività e del quale occorre tenere traccia a fini contabili, tipo i costi di rappresentanza.

Le risorse sono importanti non solamente perché svolgono il lavoro, consentendo quindi di realizzare il progetto, ma perché costano e, perciò, incidono sui costi del progetto.

Ecco dunque che un'applicazione di Project Management si rivela utile.

In primo luogo perché aiuta a tenere traccia dei costi legati alle risorse, in secondo luogo perché consente di identificare le risorse che non sono utilizzate o che sono sovrallocate, vale a dire utilizzate oltre la disponibilità delle stesse.

Venendo alle risorse lavoro, un elemento da considerare è la loro **disponibilità**, intesa come periodo di tempo in cui possono dedicarsi all'attività del progetto, disponibilità che si differenzia per le persone e le attrezzature.

Ed infatti, mentre le persone possono svolgere il lavoro (sono quindi disponibili), per 8 h al giorno, massimo 12 h, le attrezzature possono essere utilizzate ininterrottamente (ad esempio una stampante) nell'arco delle 24 ore.

A questi due tipi di risorse possono pertanto applicarsi due calendari diversi, Standard per le persone, 24 ore per le attrezzature.

Quanto alle persone, poi, la loro individuazione in Project può essere differente, vale a dire o si individuano nominativamente i soggetti coinvolti, ad esempio l'Ing. Mario Rossi, o si fa riferimento generico alla funzione svolta, ad esempio "Ingegnere", o per gruppi, ad esempio "operai", "pittori".

E' però importante che l'individuazione segua un criterio logico e, soprattutto, sia comprensibile per chi legge, soprattutto gli *stakeholders* quando si debbono comunicare gli sviluppi del progetto.

Delle risorse lavoro, poi, occorre indicare la disponibilità massima per l'esecuzione dell'attività, o Unità max che, per impostazione predefinita in Project è 100% se non è specificato altro.

L'indicazione **100%** vuol dire, per Project, che una determinata risorsa è disponibile a tempo pieno nel progetto.

Qui viene in evidenza uno dei vantaggi dell'utilizzare un'applicazione di Project Management in quanto ProjectLibre, nello specifico, avvisa con apposti indicatori quando l'attività è **sovrassegnata**, vale a dire quando si assegna un numero di attività superiori a quelle che la risorsa può svolgere.

In ogni modo, per le risorse individuate come gruppo, ad esempio "Operai", nella cella Unità max si può indicare anche 500% a significare 5 operai.

Delle risorse lavoro occorre soprattutto indicare le tariffe, vale a dire i costi per le stesse, che variano in quanto legati all'arco temporale in cui sono utilizzate le risorse. Si tratta di un elemento importante e di cui tener traccia da parte del Project Manager in quanto si possono tenere sotto controllo i costi del progetto, accertando l'eventuale superamento dei limiti di budget, potendo prontamente intervenire in caso di discostamenti da quanto preventivato.

Nello specifico, per le persone si possono indicare:

- **La tariffa Standard**, espressa in un importo per l'unità di tempo considerata (di default l'ora in Project salvo specifiche);

- **La tariffa Straordinaria**, vale a dire i costi legati all'utilizzo delle persone oltre il normale orario di lavoro;

- **I Costi per Uso** o **Costi/Uso**, un tot attribuito per ogni utilizzo della risorsa, ad esempio, per il noleggio del macchinario per arrotare i pavimenti. La voce Costi/Uso, può anche aggiungersi alle altre due tariffe.

Oltre alle risorse lavoro, si hanno le **risorse materiali** o beni consumabili, ad esempio, nel caso del nostro progetto di ristrutturazione di un appartamento, i pennelli, la vernice, i chiodi.

Queste risorse non svolgono un lavoro come le risorse lavoro, ma sono utilizzate nello svolgimento delle attività dalle risorse lavoro.

E' per questo che, a differenza delle risorse lavoro, non viene in considerazione né il campo Unità max né quello sulla tariffa Straordinaria.

Infine, si hanno le **Risorse costo**, il cui importo cambia nel corso del progetto in funzione dell'uso che se ne fa.

Come indicato in precedenza, si tratta di costi finanziari associati ad un'attività che, però, non hanno influenza sulla programmazione in quanto non svolgono alcun lavoro.

Servono solo per tenerne traccia nel progetto, soprattutto a fini contabili.

Come di tutti i costi, inoltre, Project ne calcola l'incidenza sui costi totali del progetto.

Si possono indicare, a titolo di esempio:

- Costi associati alle risorse lavoro, oltre a quelli relativi alle tariffe (ad esempio biglietti di viaggio);

- Spese di rappresentanza;

- Costi per corsi di formazione.

Peraltro in Project Libre, a differenza di altri programmi, non è possibile assegnare autonomamente le risorse costo. Queste sono ricomprese nell'ambito delle risorse materiali delle quali, a differenza delle risorse lavoro dove si possono distinguere le tariffe su base giornaliera o mensile o anche annuale, condividono la caratteristica di indicarsi l'importo solo nel momento in cui si assegna la risorsa ad un'attività, intendendosi per **assegnazione, l'abbinamento di una risorsa ad un'attività che esegue un lavoro** e, benché non sia necessario assegnare una risorsa ad un'attività in ProjectLibre, ciò non di meno è consigliabile farlo, beneficiando di uno dei punti di forza di un'applicazione di Project Managament.

Tramite l'assegnazione, infatti, siamo in grado di rispondere a domande del tipo:

- Chi deve lavorare e quando all'attività

- Qualcuna delle risorse è sovrassegnata rispetto alla disponibilità della stessa

- La risorsa è disponibile nel periodo preso in considerazione

- La risorsa è in grado di svolgere il proprio lavoro o può essere sostituita da altra risorsa più valida

Vediamo nel dettaglio il funzionamento.

Per visualizzare le risorse, occorre far clic sul Menu Risorsa e cliccare sul pulsante Risorse, Gruppo Viste.

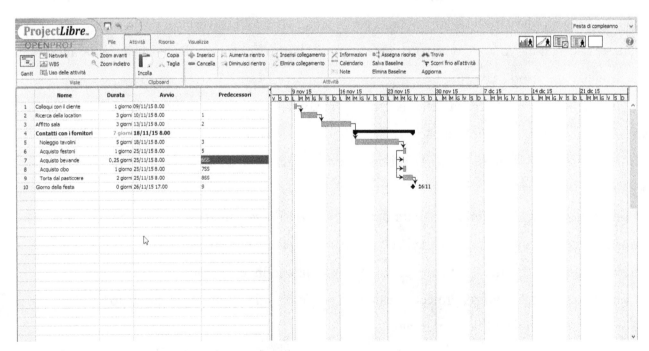

Figura 6

Risorse 2

Si apre la seguente finestra, che ricorda un foglio di calcolo.

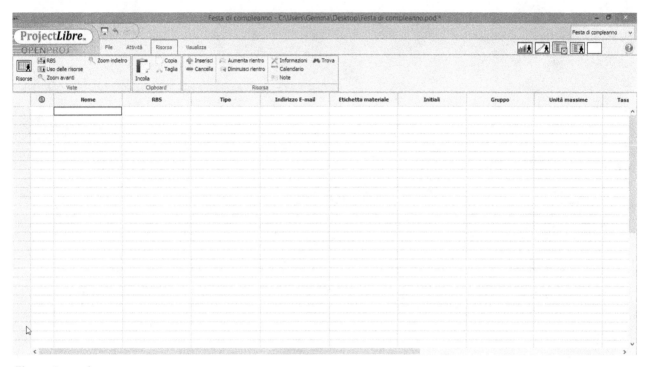

Elenco risorse 1

Per comodità espositiva l'immagine è suddivisa in 2, anche se non tutte le colonne saranno utilizzate.

Adesso analizziamo le intestazioni delle colonne della finestra Risorse.

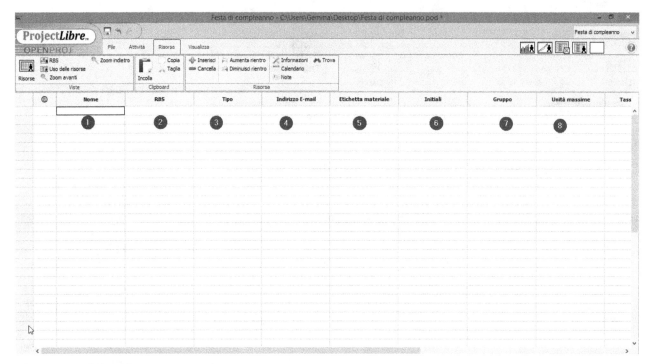

Elenco risorse 2 Dettaglio intestazioni colonne

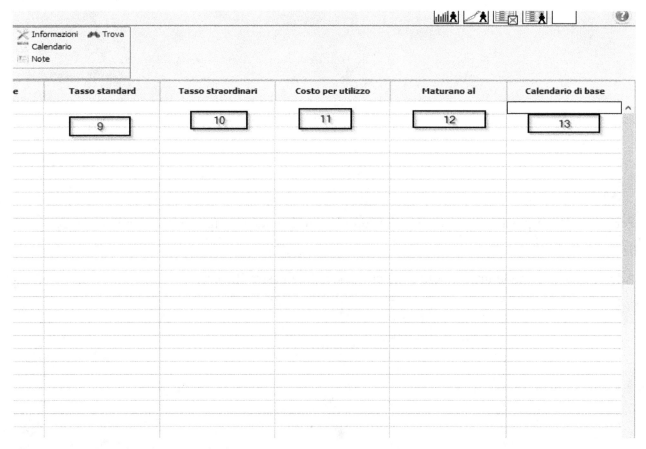

Elenco risorse 5 Dettaglio intestazioni colonne

Le intestazioni hanno riguardo:

- Il campo "i" sta per indicatori, con simboli contenenti diversi tipi di informazioni su un'attività o risorse (se ne sono visti degli esempi nei precedenti capitoli quando si sono aggiunte le note o hyperlink alle attività);

- Qui (1) si indica il nome della risorsa. Come detto, si può indicare il nome completo di una persona, le iniziali o il gruppo di appartenenza;

- Nella colonna RBS (2) il codice relativo alla Resource Breakdown Structure, liberamente creato che, però, non è richiesto in sede di esame

- Nella colonna Tipo (3) occorre specificare se si tratta di risorsa lavoro o materiale. Per impostazione definita, quando si scrive un nome nel campo "nome risorsa" e si preme invio, Project Libre considera la risorsa come risorsa lavoro, trattandosi delle risorse più importanti, quelle che svolgono il lavoro e, quindi, che consentono la realizzazione del progetto;

- La colonna indirizzo E-mail (4) della risorsa lavoro;

- La colonna Etichetta materiale (5) si riferisce alle risorse materiali, con indicazione del tipo o dell'unità di misura, ad esempio bottiglie, litri, kilogrammi

- Qui (6) si indicano le iniziali della risorsa. Se non si specifica nulla, Project prende la prima lettera del nome. Ad esempio, l'operaio Alberto è riportato come "A";

- L'eventuale gruppo di appartenenza di risorse (7) con le medesime caratteristiche tecniche in funzione del lavoro che debbono svolgere, ad esempio il gruppo edile, i pittori, i restauratori, i programmatori, camerieri;

- Qui (8) si indica l'Unità Massima di capacità della risorsa, vale a dire la quantità massima di disponibilità della stessa nello svolgere il lavoro, espressa in percentuale. Ad esempio, indicare 100%, equivale a dire che la risorsa è disponibile a tempo pieno o full time;

- Tasso Standard (9), costo che si sostiene per la risorsa. Di default ProjectLibre utilizza il costo orario, semplicemente scrivendo la cifra nella cella e premendo invio sulla tastiera. Si possono, però, specificare i costi per minuti, giornalieri, settimanali, mensili ed annuali. Ad esempio, digitando 200/d, ProjectLibre indica la tariffa standard della risorsa come €. 200,00 al giorno;

- La Tariffa Straordinaria (10), vale a dire il costo di utilizzo della risorsa per il tempo eccedente il normale orario di lavoro che, si ricorda, per Project è di 8 h giornaliere, dalle 9:00 alle 18:00 (con un'ora di pausa), per 5 giorni settimanali (dal lunedì al venerdì), per 20 giorni al mese. Per il calcolo, si segue la stessa metodologia della tariffa standard;

- Costo per Utilizzo (11), relativo ai costi aggiuntivi di una risorsa oltre la tariffa standard o in alternativa a questa. Ad esempio, il noleggio di un macchinario ha un costo di €.

300,00 a settimana al quale occorre aggiungere €. 300,00 per uso (il lubrificante), o la benzina per il furgone preso a noleggio per trasportare materiali alla discarica;

- Maturano al (12), campo che specifica come Project calcola costo per un'attività. Di default è in quote, vale a dire in proporzione al lavoro mano a mano che l'attività viene svolta. In alternativa si può optare per:

   a. All'Inizio, non appena l'attività ha inizio;

   b. Alla fine, quando l'attività è terminata, dovendosi, in questi due ultimi casi, considerarne la diversa incidenza sui tempi di calcolo dei totali dei costi per le risorse basati sulle tariffe;

   c. Prorated, vale a dire mano a mano che l'attività prosegue, per impostazione predefinita

- Il calendario (13) da applicare alla risorsa, tra Standard, 24 ore e Turno di notte o un calendario appositamente creato per la risorsa, come si è visto in precedenza.

Vediamo ora all'ora ProjectLibre.

Come per le attività, le risorse si possono inserire in diversi modi.

1) O digitando il nome nella colonna Nome risorsa,

Inserisci Risorse 1

2) Oppure, cliccano il tasto inserisci presente nel Menu Risorsa, Gruppo Risorsa.

Inserisci Risorse 2

Iniziamo, pertanto, ad inserire i vari tipi di risorse.

Cominciamo da quelle Lavoro digitando un nome a piacere nella cella della prima riga e diamo invio.

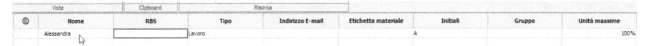

	Nome	RBS	Tipo	Indirizzo E-mail	Etichetta materiale	Iniziali	Gruppo	Unità massime
	Alessandra		Lavoro			A		100%

Inserisci Risorse 3

ProjectLibre fa apparire subito il Tipo Lavoro, le Iniziali, l'Unità Massima, Maturano al Prorated ed il Calendario Standard, calendario del progetto salvo che non si effettuino le opportune modifiche.

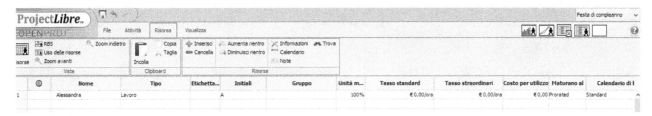

Inserisci Risorse 4

Una volta inserita una risorsa, come per le attività possiamo aprire la Finestra Informazioni, facendo doppio clic nella cella della risorsa interessata o cliccando sul pulsante Informazioni, Gruppo risorsa Menu Risorsa. Si apre la finestra Informazioni risorsa dove possiamo indicare il Nome della nostra risorsa, i costi, le note su questa risorsa e i campi personalizzati.

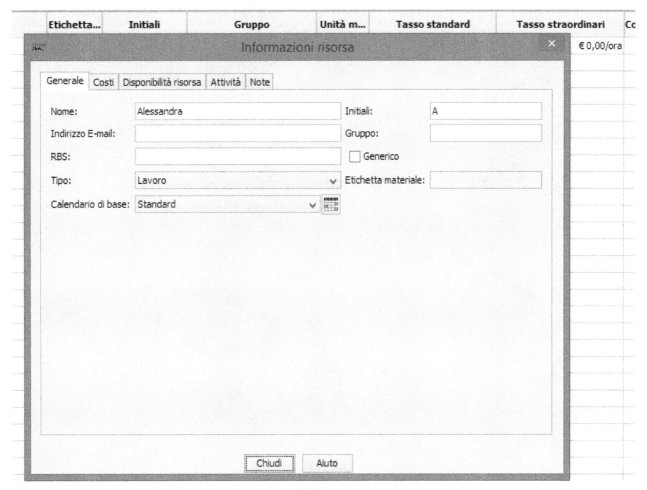

Informazione risorsa 1

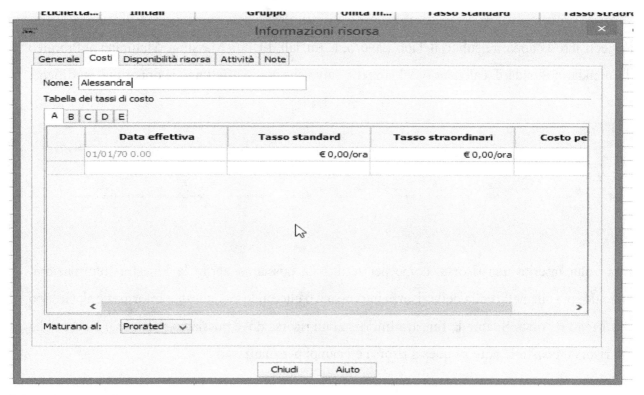

Informazione risorsa 2

Informazione risorsa 3

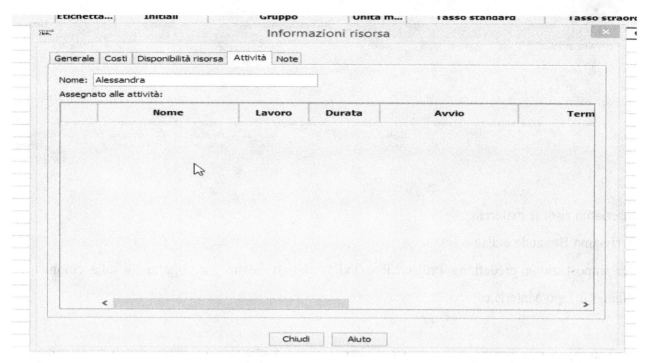

Informazione risorsa 4

Come per le attività, poi, possiamo inserire delle note.

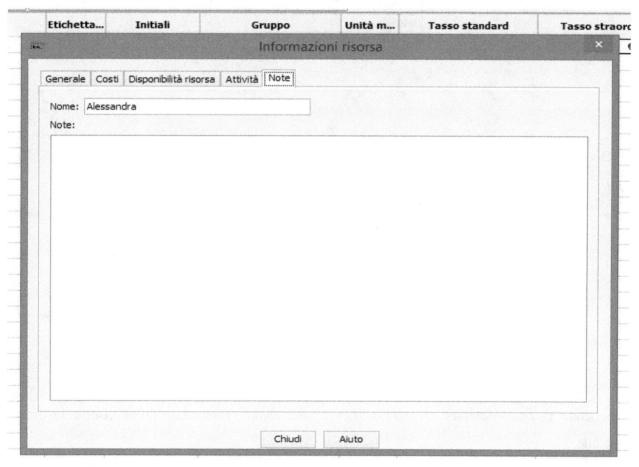

Informazioni risorsa 5

Aggiungiamo altre risorse con tariffe a piacere.

ⓜ	Nome	Tipo	Etichetta materiale	Initiali	Gruppo
	Alessandra	Lavoro		A	Cameriera
	Saro	Lavoro		S	Barman

Inserisci Risorse 5

Tipo	Etichetta materiale	Initiali	Gruppo	Unità massime	Tasso standard	Tasso straordinari	Costo per utilizzo	M
Lavoro		A	Cameriera	100%	€ 300,00/giorno	€ 500,00/giorno	€ 0,00	Prorated
Lavoro		S	Barman	100%	€ 300,00/giorno	€ 500,00/giorno	€ 0,00	Prorated

Inserisci Risorse 6

Inseriamo risorse materiali.

Scriviamo Bevande e diamo Invio.

Per impostazione predefinita ProjectLibre indica il tipo lavoro ma, operando sulla colonna, scegliamo il Tipo Materiale.

ⓜ	Nome	Tipo	Etichetta...	Initia
	Alessandra	Lavoro		A
	Saro	Lavoro		S
	Bevande	Lavoro		B
		Materiale		
		Lavoro		

Scelta Tipo Risorsa 1

		Viste		Clipboard		Risorsa	
	ⓜ	Nome	Tipo	Etichetta...	Initiali	Gruppo	
1		Alessandra	Lavoro		A		
2		Saro	Lavoro		S		
3		Bevande	Materiale		B		

Scelta Tipo Risorsa 2

Scegliendo il Tipo Materiale, possiamo scrivere nel campo Etichetta, con le risorse lavoro impossibile.

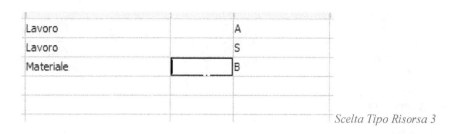

Lavoro		A
Lavoro		S
Materiale		B

Scelta Tipo Risorsa 3

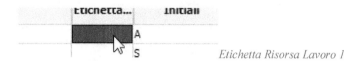

Etichetta Risorsa Lavoro 1

Inoltre, quando andiamo ad indicare l'importo, ProjectLibre non indica una cifra per unità di tempo, ma solo la somma scritta, questo perché per le risorse materiali l'importo complessivo è dato dal prodotto della somma indicata per le quantità che si indicheranno in sede di assegnazione, ad esempio 10 bottiglie.

Scriviamo "2,00" e diamo invio.

Unità m...	Tasso standard	Tasso st
100%	€ 300,00/giorno	
100%	€ 300,00/giorno	
	2,00	

Importo risorsa materiale 1

Indichiamo altri dati a scelta:

- Spumante, risorsa materiale, 8,00 Euro;

- Torta, risorsa materiale, 300,00 Euro;

- Affitto sala e Noleggio tavolini, risorsa materiale, senza indicare nulla in quanto queste voci saranno poi modificate in costi;

- Il Responsabile del progetto, risorsa lavoro, 1.500,00 Euro mensili (scrivere "mo", abbreviazione dell'inglese *month*).

Il progetto dovrebbe avere l'aspetto di cui all'immagine che segue.

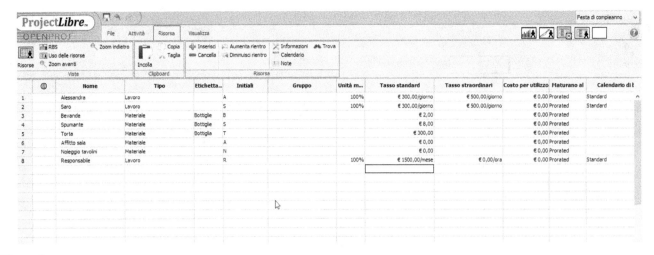

Risorse 3

Come per le attività, anche con le risorse possiamo personalizzare i dati tramite le Visualizzazioni.

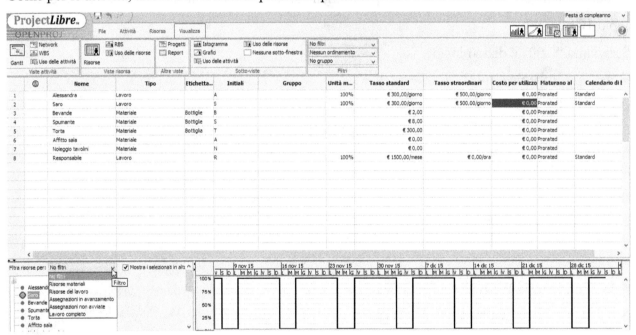

Sotto-viste Risorse 1

L'immagine precedente, ad esempio, si ottiene cliccando sul pulsante Istogramma, presente nella barra in alto a destra o, Menu Visualizza, Gruppo sotto-viste.

Cliccando sul pulsante sotto-vista Grafici, si ottiene l'immagine seguente.

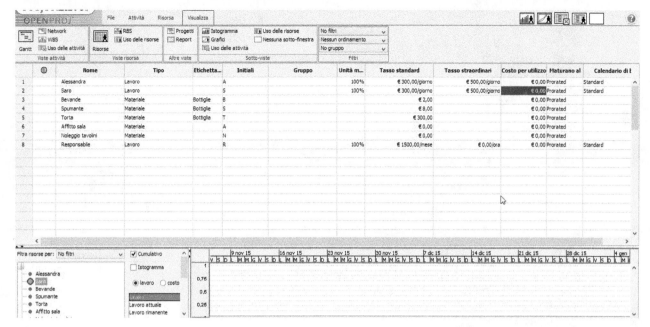

Sotto-viste Risorse 2

Anche alle risorse possiamo applicare filtri.

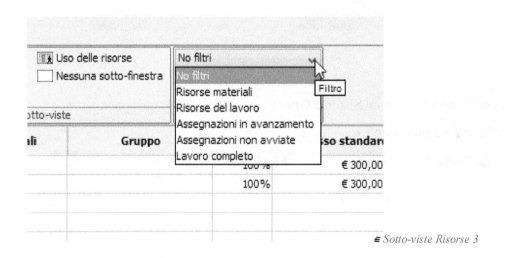

⊯ *Sotto-viste Risorse 3*

O, sulla Tabella, inserire colonne.

Inserimento colonna 1

E personalizzare le sotto-viste.

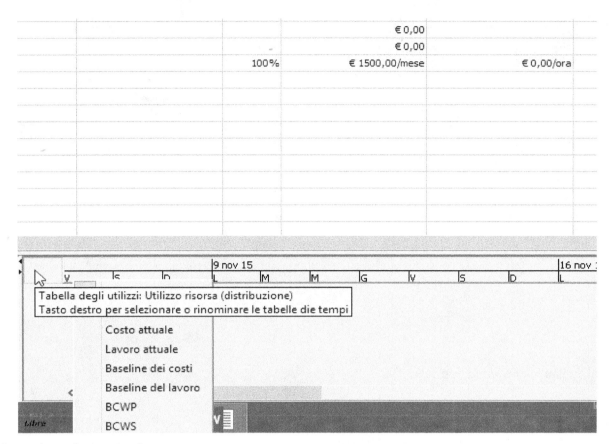

Personalizzare le sotto-viste 1

Su Ubuntu

Seguono le immagini dell'uso dell'applicativo sul Sistema Operativo Ubuntu per le cui spiegazioni si rimanda a quanto indicato nelle pagine precedenti.

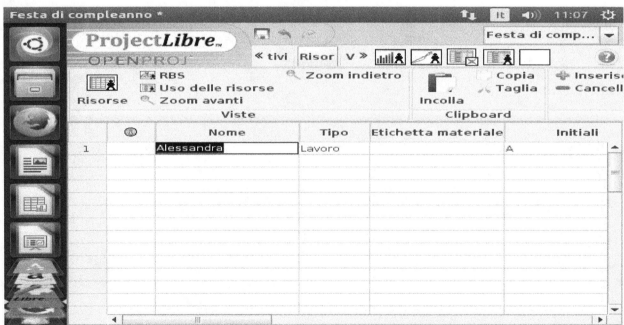

Inserisci Risorse 7

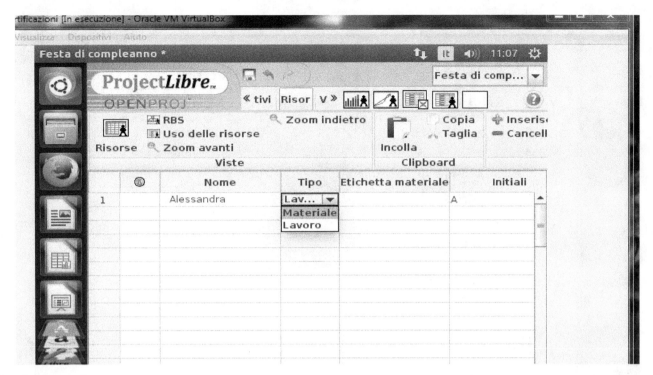

Inserisci Risorse 8

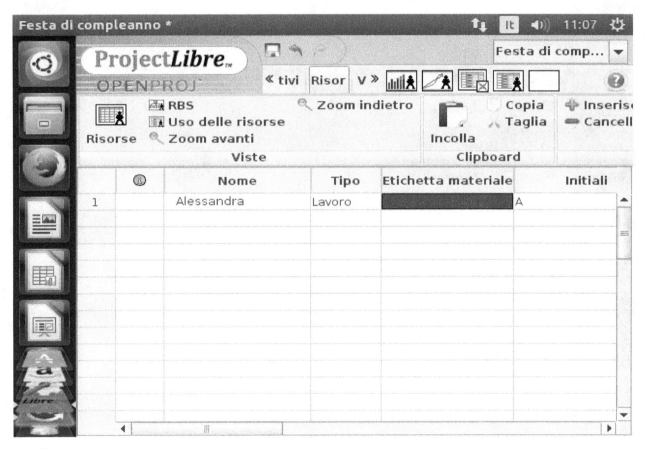

Inserisci Risorse 9

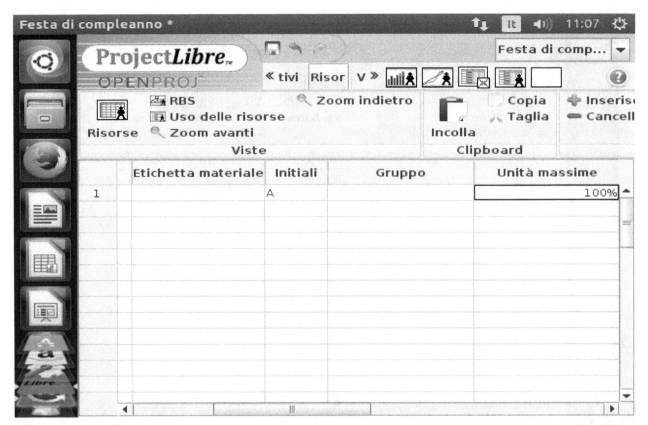

Inserisci Risorse 10

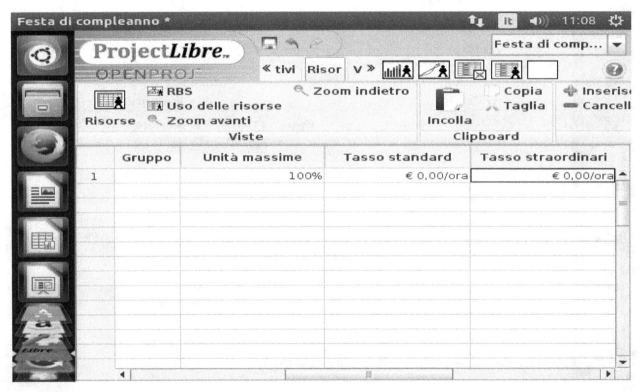

Inserisci Risorse 11

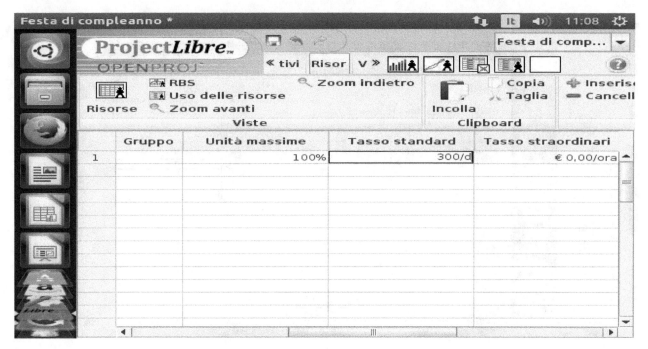

Inserisci Risorse 12

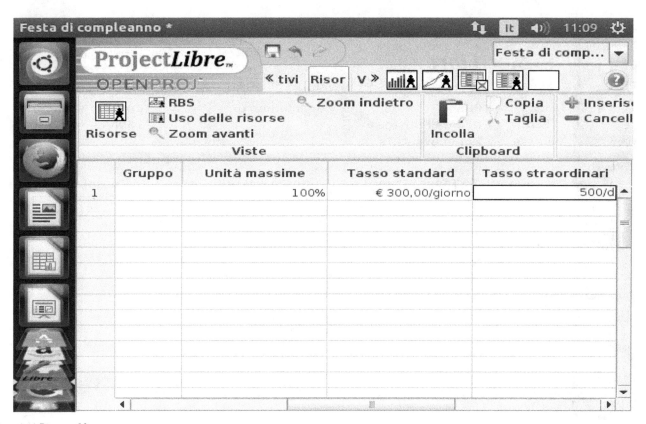

Inserisci Risorse 13

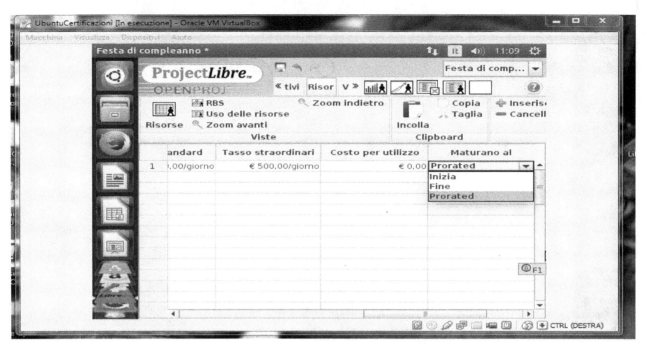

Inserisci Risorse 14

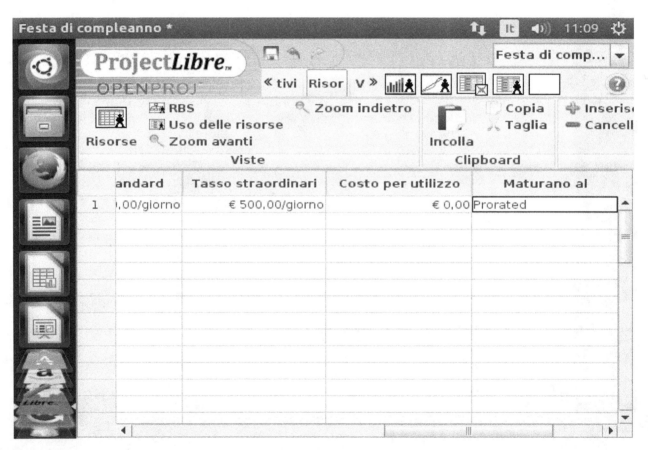

Le risorse 1

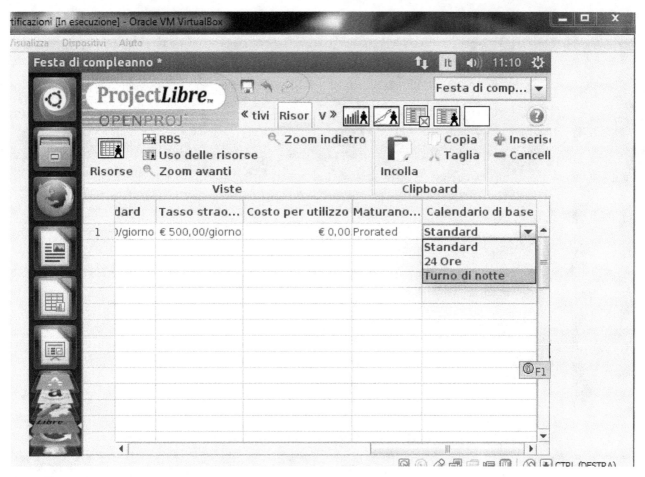

Le risorse 2

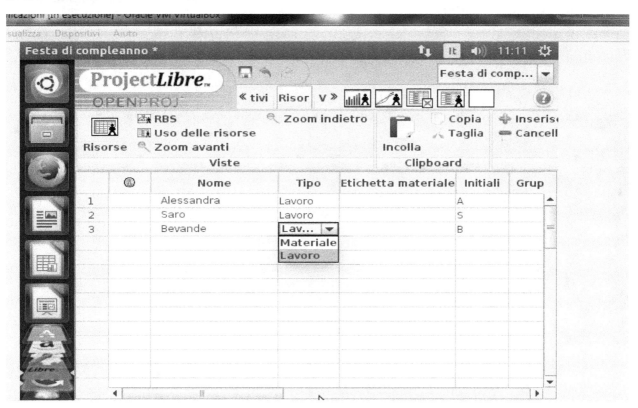

Le risorse 3

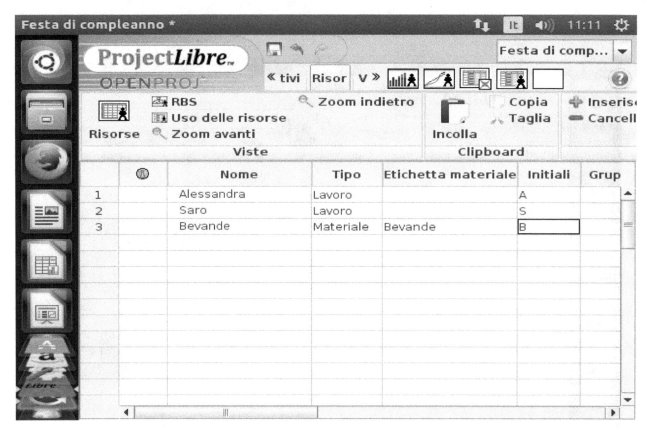

Le risorse 4

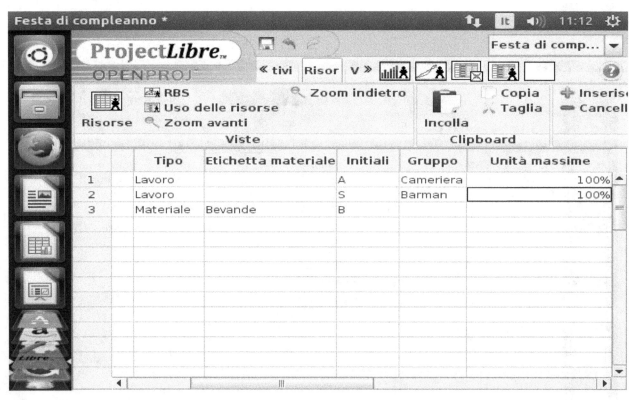

Le risorse 5

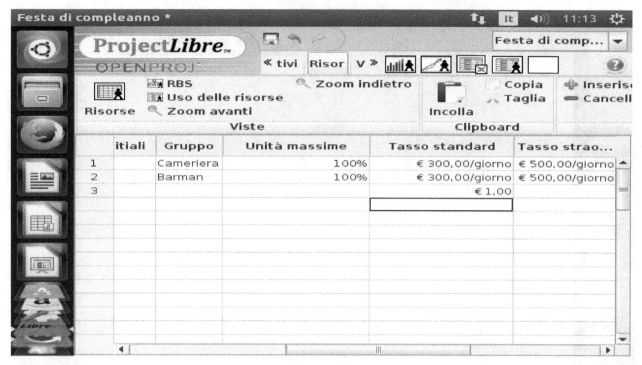

Le risorse 6

Le risorse 7

Le risorse 8

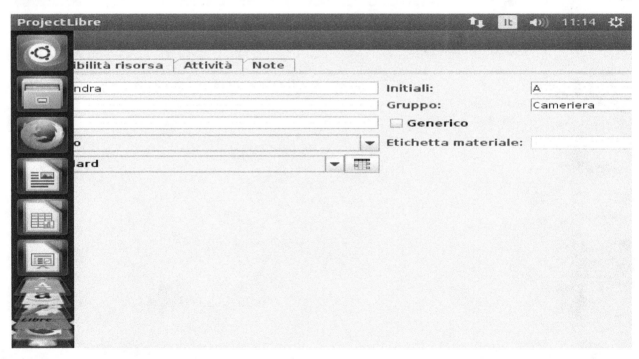

Le risorse 9

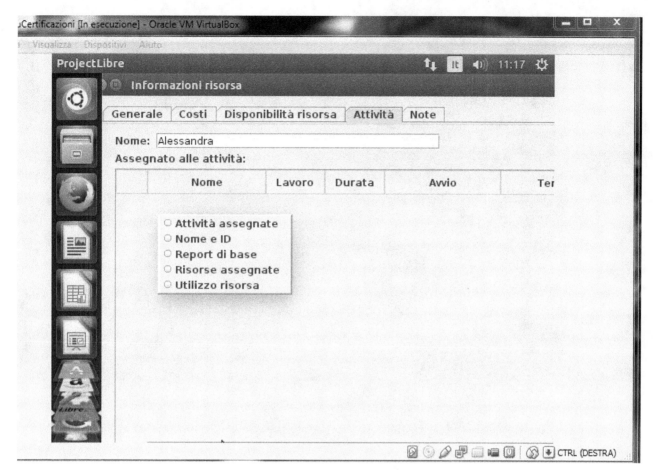

Le risorse 10

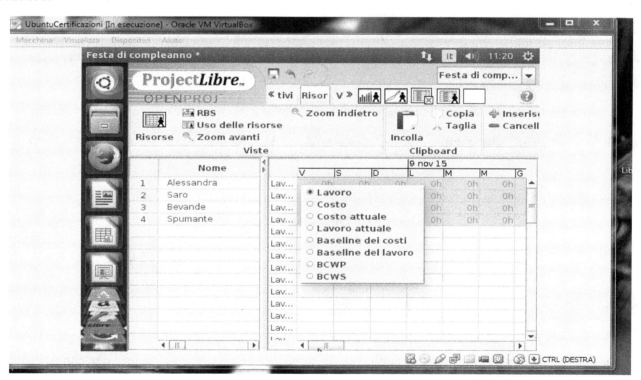

Personalizza dati risorse 1

Personalizza dati risorse 2

La formula di programmazione.

Creata un'attività, fin quando non le si assegna[xv] una risorsa non si ha alcun lavoro associato in quanto il lavoro indica la quantità di tempo che impiega una risorsa per portare a termine un'attività. Ad esempio, qualora si abbia una risorsa impiegata a tempo pieno, la quantità di tempo indicata dal lavoro corrisponde a quella indicata come durata.

Ne deriva, pertanto, che tra la durata delle attività, il lavoro e le risorse, vi è una relazione chiamata **"Formula della programmazione"**, termine che indica come le modifiche di un elemento incidono sugli altri.

La formula utilizzata da Project è la seguente:

$$\text{Lavoro} = \text{Durata} \times \text{Unità.}$$

Da cui si ricava che:

Durata = Lavoro / Unità

Unità = Lavoro / Durata

Analizziamoli nel dettaglio:

- Il lavoro, inteso come quantitativo di tempo che impiega una risorsa per compiere un'attività;

- La Durata, come arco temporale che va dalla data di inizio di un'attività alla data di fine;

- Unità intesa come capacità lavorativa di una risorsa assegnata ad un'attività, full time o part time, ad esempio l'operaio che lavora part time quindi al 50%.

Per calcolare come la modifica di un elemento incide sugli altri due, occorre considerare che, non appena si assegnano risorse alle attività, ProjectLibre applica due sistemi per controllare la programmazione:

- Una distinzione basata sui Tipi di attività;
- La programmazione basata sulle risorse, o "Impegno guidato", secondo la terminologia di ProjectLibre, o *effort-driven scheduling*, attivata per impostazione predefinita.

Quanto ai tipi possiamo distinguere:

- Ad Unità fisse, in cui non si modificano la percentuali del lavoro delle risorse impiegate (il 50% indicato prima dell'operaio che lavora part time);
- A Lavoro fisso, in cui ProjectLibre non modifica il quantitativo di lavoro programmato;
- A Durata fissa, dove non cambia il tempo programmato.

Per **programmazione basata sulle risorse**, invece, con l'aggiunta di più risorse ad un'attività ci sarà da svolgere meno lavoro per ciascuna risorsa, sebbene il lavoro totale non si modificherà.

Vediamo nel dettaglio ciascuno di questi casi, considerando che, quando si assegna una risorsa ad un'attività, per impostazione predefinita, l'Unità di assegnazione è al 100%, salvo che non si specifichi diversamente (il 50% del nostro operaio che lavora part time).

Quanto alla programmazione basata sulle risorse, come detto, per impostazione predefinita è attivata in ProjectLibre che parla, in proposito, di "Impegno Guidato".

Questo tipo di programmazione consente al Project Manager di rispondere alla domanda: "Se una risorsa è in grado di svolgere un'attività in 80 h, due risorse possono farlo in 40h ciascuna, riducendosi anche la durata?".

Quando questo tipo di programmazione è attivato, si verifica che:

- Se l'attività assegnata è di tipo **A Unità fisse**, l'aggiunta di risorse riduce la durata, con vantaggi nei tempi del progetto;
- Se l'attività assegnata è di tipo **A Durata fissa**, assegnando risorse aggiuntive si riducono le unità di lavoro assegnato alle singole risorse, vale a dire se prima dell'assegnazione l'attività lavora al 100%, dopo, con due risorse, si ha il 50%. Da valutare dal Project manager se ha bisogno di liberare una risorsa dal carico di lavoro per occuparle su altro in contemporanea;

- Se l'attività, infine, è **A lavoro fisso**, l'assegnazione di risorse riduce la durata dell'attività.

Nel caso, invece, di attività la cui programmazione non è basata sulle risorse, il discorso è diverso.

A) Si ha un'attività ad unità fisse, con una risorsa impiegata a tempo pieno (100%) per 8 h al giorno. L'attività ha durata di 10 giorni e 80 ore di lavoro (8h x 10g x 100% di disponibilità, secondo la formula di programmazione).

Se si aggiunge una risorsa, pure a tempo pieno perché, come detto, l'attività è a unità fissa e qui al 100%, le 80 h di lavoro saranno svolte in 5 giorni, invece di dieci, per cui, **se aumentano le risorse, ad unità fisse, diminuisce la durata**.

Se, invece, si hanno a disposizione solo 8 giorni ed una sola risorsa, diminuirà il lavoro svolto dalla stessa, nella specie 64 h (8h x 8g x 100% di disponibilità dalla risorsa, sempre perché ad unità fissa), per cui, **al diminuire della durata, ad unità fisse, diminuisce il lavoro** della risorsa.

Se, invece, aumenta il lavoro, ad esempio 100 h sempre con una sola risorsa, aumenterà la durata che impiega l'unica risorsa a completare il lavoro per cui, ad **unità fisse, aumentando il lavoro aumenterà la durata per svolgere il lavoro**.

B) Impostiamo la stessa attività a lavoro fisso, vale a dire un tipo di attività dove si può utilizzare solo la quantità di lavoro specificata, qui 80 h dell'esempio di prima.

Se aumentiamo le risorse, portandole a due, rimangono 80 h (perché a lavoro fisso) ma in 5 giorni, per cui, a **lavoro fisso, aumentando le risorse, diminuisce la durata**.

Se, invece, la durata è di soli 8 giorni invece di 10, per completare l'attività sempre in 80 h, occorre aumentare le risorse, per cui **se diminuisce la durata, nell'attività a lavoro fisso, aumentano le risorse**.

C) Impostiamo, infine, la stessa attività a durata fissa, vale a dire che l'attività deve essere portata a compimento entro il termine specificato, nell'esempio 10 giorni.

Se aggiungiamo una risorsa, il quantitativo di lavoro della prima risorsa, inizialmente di 80 h, viene rimodulato in 40 h per risorsa nel corso dei 10 giorni per cui, a **durata fissa, aumentano le risorse, diminuisce il lavoro di ciascuna**.

Se, invece, aumentano le ore di lavoro, sarà necessario aumentare le risorse, per cui, a durata fissa, **se aumenta il lavoro, si dovranno aumentare le risorse**.

Questi concetti, indubbiamente complessi, risultano più chiari vedendo ProjectLibre in funzione.

Riprendiamo il nostro progetto "Festa di compleanno".

Personalizziamo la tabella aggiungendo due colonne, "Tipo Unità e Basata sulle risorse".

Figura 7

Per fare ciò scegliamo, tra i campi, le voci Testo 1 e Testo 2 per la seconda colonna.

Clicchiamo, poi, sempre con il tasto destro sopra le intestazioni e rinominiamole come "Tipo Unità" e "Basata sulle risorse".

Ovviamente nelle celle poste sotto le colonne in questione possiamo mettere i dati che vogliamo non contenendo, a differenza delle altre colonne impostate dal sistema, dei valori tra ii quali scegliere.

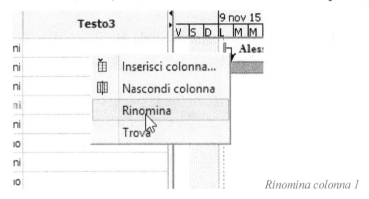

Rinomina colonna 1

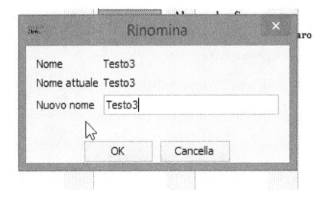

Rinomina colonna 2

Alla fine il nostro progetto si presenta così, pronto ad accogliere dei valori.

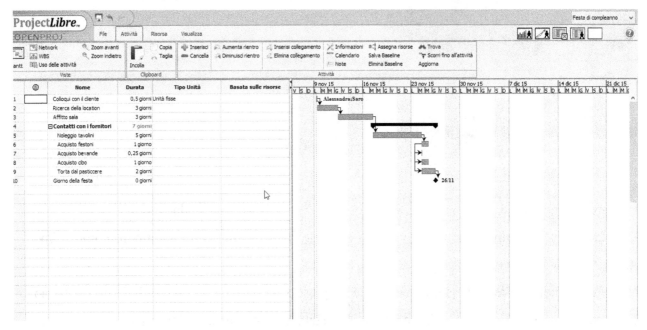

Figure 5

Alla prima attività, "Colloqui con il cliente", assegnano due risorse, tramite il pulsante Assegna risorse, Gruppo Attività, Menu Attività oppure tramite la finestra Ingformazioni attività, Scheda Risorsa.

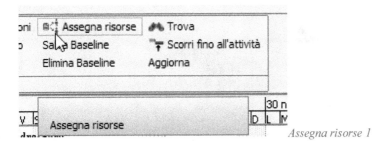

Assegna risorse 1

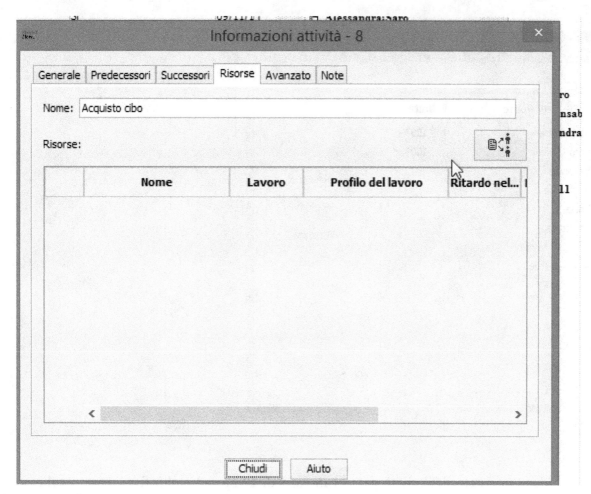

Assegna risorse 2

Si apre la seguente Finestra dove possiamo assegnare le risorse.

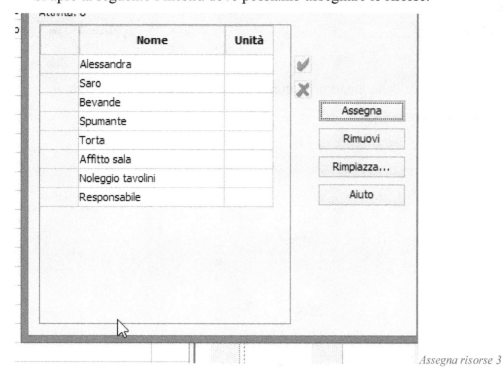

Assegna risorse 3

Assegnamo due risorse, Alessandra e Saro.

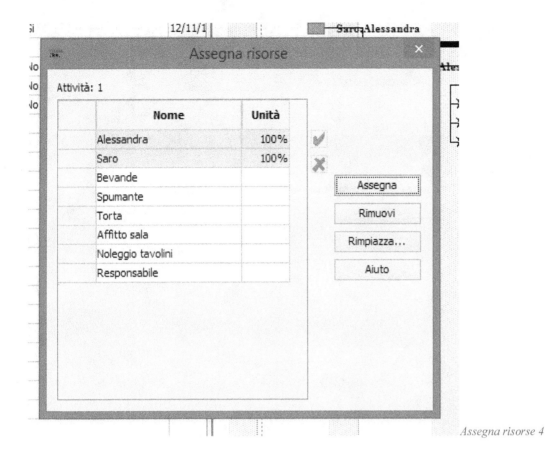

Assegna risorse 4

ProjectLibre riduce la durata dell'atività per cui in caso di lavoro ad Unità fisse, basato sulle risorse, se aumentano le risorse si riduce la durata.

Ciò risulta anche sul Diagramma di Gantt dove la barra è ora più corta.

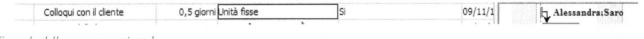

Formula della programmazione 1

Se, invece, alla seconda attività,"Ricerca della location" a durata fissa, assegnano delle risorse, il comportamento di ProjectLibre è il seguente.

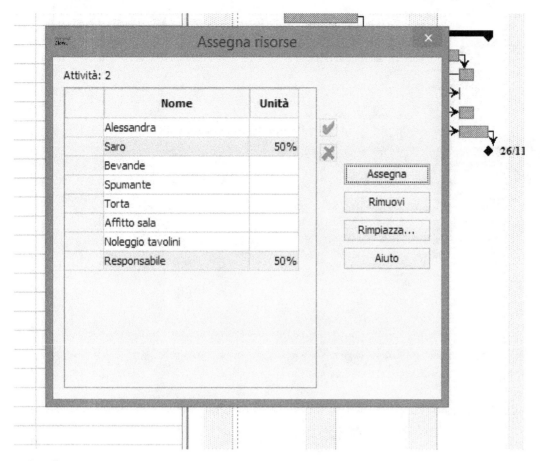

Formula della programmazione 2

Vale ad dire, a durata fissa, all'aumentare delle risorse si riduce il lavoro per entrambe le risorse che, dal 100% lavoro al 50%.

Formula della programmazione 3

Alla terza attività "Affitto sala", impostiamo, sempre tramite la finestra Informazioni, Scheda Avanzato, il Tipo "A lavoro fisso".

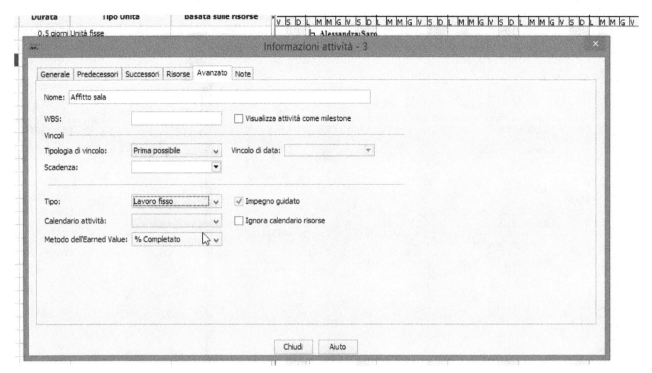

Formula della programmazione 4

Vediamo ora il comportamento di ProjectLibre all'aumentare delle risorse.

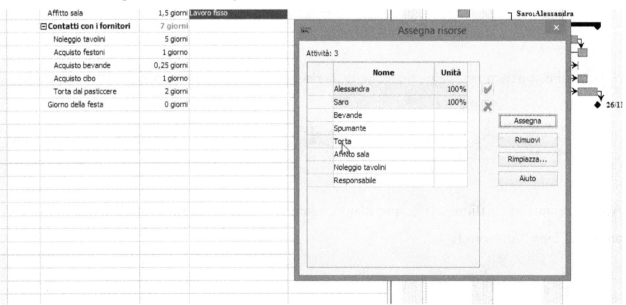

Formula della programmazione 5

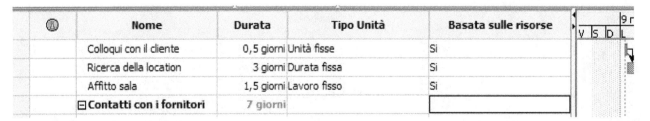

ⓐ	Nome	Durata	Tipo Unità	Basata sulle risorse
	Colloqui con il cliente	0,5 giorni	Unità fisse	Sì
	Ricerca della location	3 giorni	Durata fissa	Sì
	Affitto sala	1,5 giorni	Lavoro fisso	Sì
	⊟ Contatti con i fornitori	7 giorni		

Formula della programmazione 6

Si riduce la durata.

Consideriamo, ora, tre attività alle quali togliamo la programmazione basata sulle risorse, tramite la Finiiestra Informazioni Attività, Scheda Avanzato, togliendo il segno di spunta alla voce "Impegno guidato".

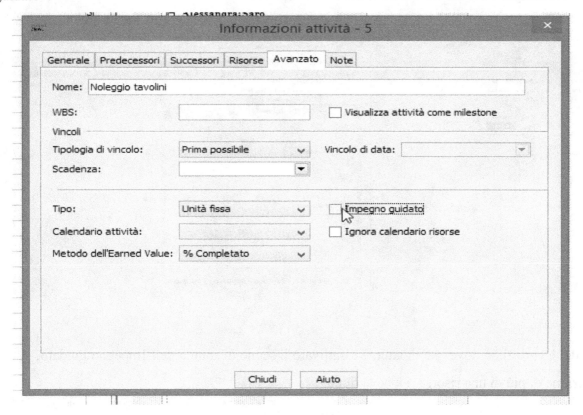

Formula della programmazione 7

Se all'attività "Noleggio tavolini"assegnamo due risorse, aumenta il lavoro, vale a dire ciascuna delle risorse lavorerà per il tot di ore prestabilito.

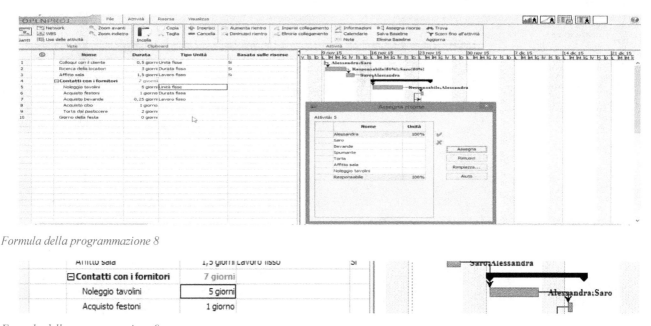

Formula della programmazione 8

Affitto sala	1,5 giorni Lavoro fisso	SI	Saro;Alessandra
⊟Contatti con i fornitori	**7 giorni**		
Noleggio tavolini	5 giorni		Alessandra;Saro
Acquisto festoni	1 giorno		

Formula della programmazione 9

Trattandosi di attività con programmazione non basata sulle risorse e ad Unità fisse, all'aumentare delle risorse aumenta il lavoro.

Lo stesso succede per l'attività !Acquisto festoni" adurata fissa.

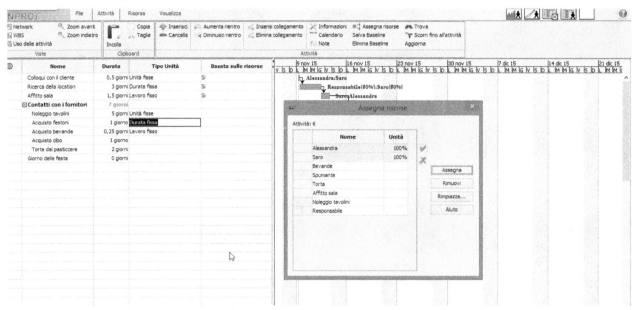

Formula della programmazione 10

Nel caso del lavoro fisso dove, per default, è disattivato il segno di spunta dell'Impegno guidato, l'assegnazione di più di una risorsa riduce la durata.

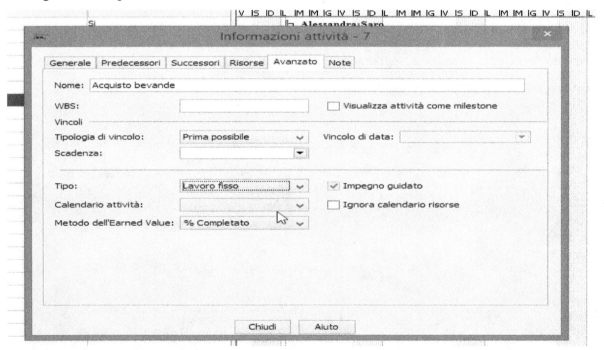

Formula della programmazione 11

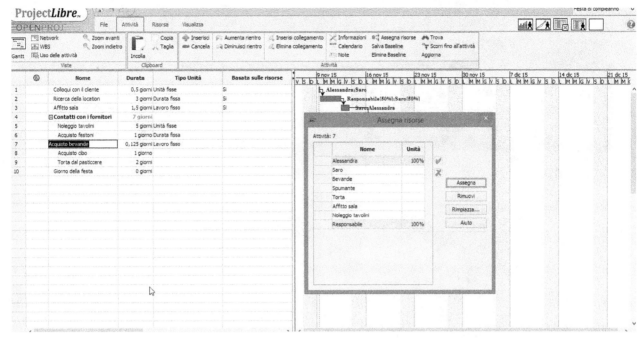

Figure 6

La differenza, pertanto, rispetto alla programmazione basata sulle risorse, è che ProjectLibre, quando aumentano le risorse, salvo che nel Lavoro fisso, non riduuce la durata dell'attività.

Sta nel Project Manager valutare se ciò sia conveniente oppure no.

Ed infatti, come sottolineato, la programmazione basata sulle risorse risponde alla domanda "Se un'attività è svolta in un tot numero di ore da una risorsa, la stessa attività può essere svolta da due risorse?".

La risposta affermativa non deve essere solo legata alla durata (due risorse svolgono il lavoro in minor tempo rispetto a una), ma anche nell'ottica di un coordinamento del lavoro, in funzione dell'attività che si debbono svolgere.

Le risorse, infatti, potrebbero intralciarsi l'un l'altra se troppe con conseguenti riflessi negativi sul lavoro.

Dipende, pertanto, dall'attenta valutazione del Manager di progetto decidere quando applicare la programmazione basata sulle risorse.

Nota

Lo stesso risultato avrebbe potuto essere ottenuto inserendo, nella Tabella, la colonna "Impegno guidato", e "Ignora calendario delle risorse", come da esempio che segue.

Inserisci colonna Impegno Guidato 1

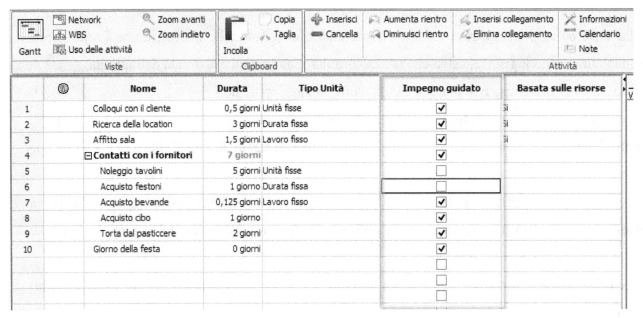

Inserisci colonna Impegno Guidato 2

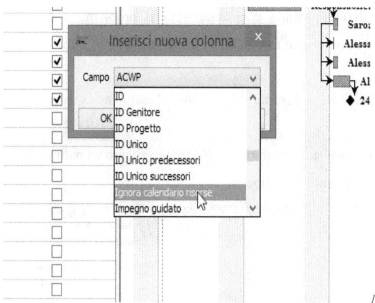

Inserisci colonna Impegno Guidato 3

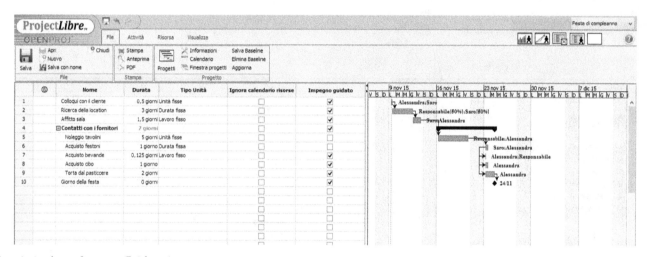

Inserisci colonna Impegno Guidato 4

E mettere o togliere il segno di spunta in corrispondenza dell'attività di interesse.

Come anche sottolineato nel paragrafo sui calendari del progetto, con il calendario delle risorse, indicare a ProjectLibre che non se ne deve tener conto, ha la sua importanza nel momento in cui si stabiliscono calendari per le attività che non debbono venir modificati dall'assegnazine o rimozione delle risorse.

Come si può notare, infatti, nel nostro file di progetto appare questa colonna dove, togliendo il segno di spunta, pure si può modificare il comportamenteo di ProjectLibre in punto di programmazione basata sulle risorse.

Trattandosi di un argomento un po' ostico, si è ritenuto preferibile procedere con una dimostrazione pratica della tematica operando passo a passo.

Ritorniamo al nostro progetto sulla festa di compleanno e consideriamo il problema della sovrallocazione delle risorse, vale a dire delle risorse che sono assegnate a più attività rispetto a quelle che sono in grado di porre in essere.

Consideriamo la risorsa "Alessandra" che, ai fini della presente spiegazione, abbiamo assegnato a tutte le attività.

Se clicchiamo, ora, sul pulsante per aprire la sotto-vista Istogramma o Grafico, vediamo un pallino verde accanto al nome della risorsa Alessandra, in quanto sovrallocata.

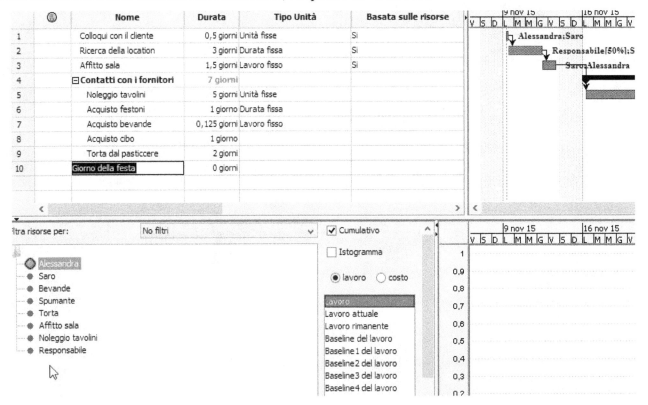

Sotto-vista Istogramma 3

   *Risorsa sovrallocata 3*

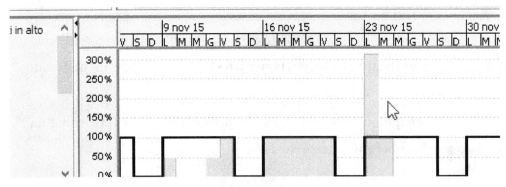

Sotto-vista Grafico 1

Anche aprendo la Vista Uso risorse, ci accorgiamo che la povera "Alessandra" lavora 89 ore al progetto.

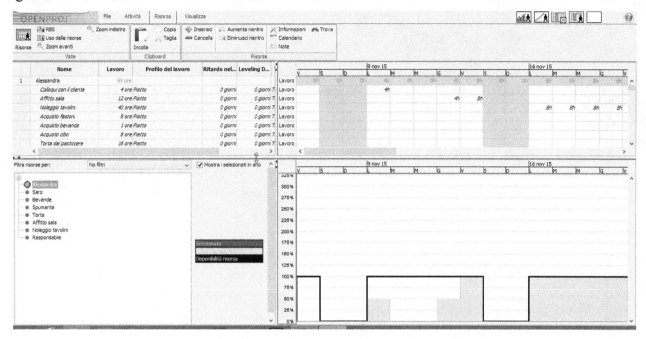

Risorsa sovrassegnata 1

Per livellare la risorsa occorre procedere manualmente in ProjectLibre, intervenendo nel campo unità della risorsa, riducendo le ore per le quali lavora, o togliendo alcune attività alle quali è assegnata.

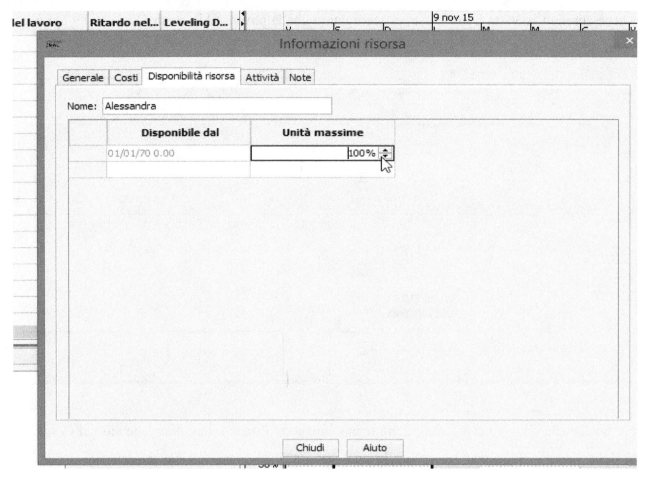

Livella risorsa 1

Su Ubuntu

Su Ubuntu ProjectLibre opera nello stesso modo, come da immagini che seguono.

Assegna risorse 5

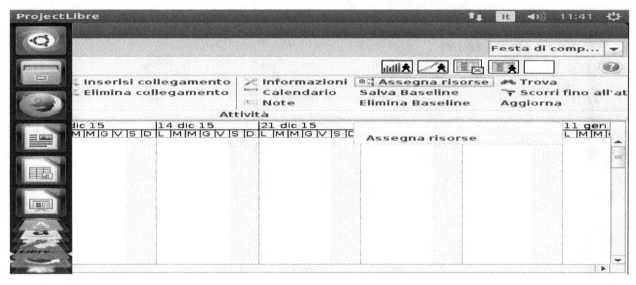

Assegna risorse 6

Assegna risorse 7

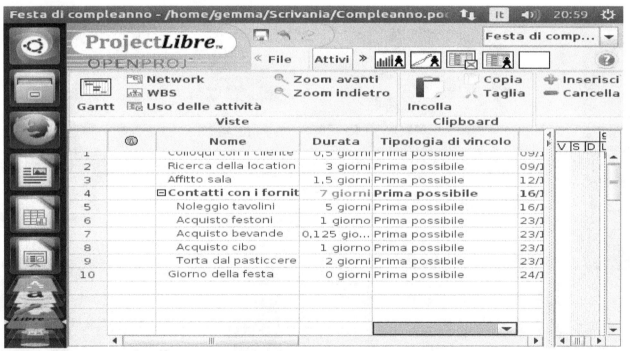

Formula della programmazione 12

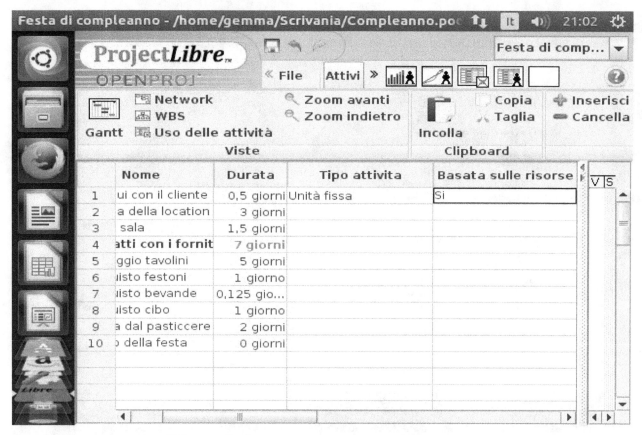

Formula della programmazione 13 Basata sulle risorse

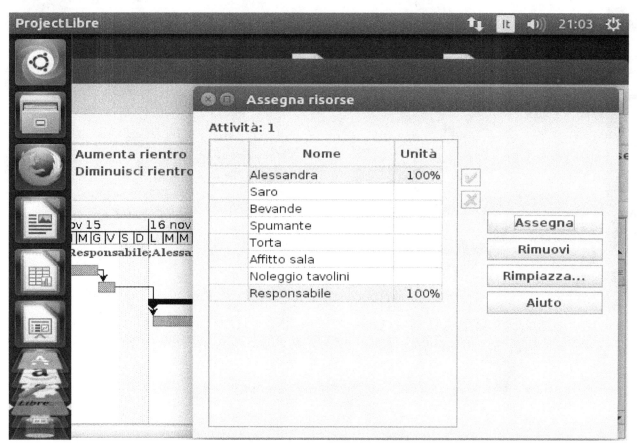

Formula della programmazione 14 Basata sulle risorse

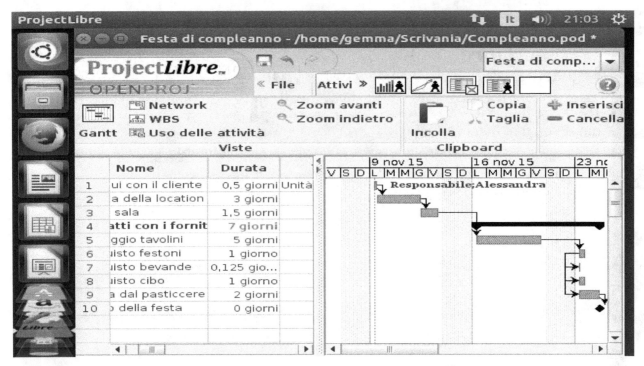

Formula della programmazione 15 Basata sulle risorse

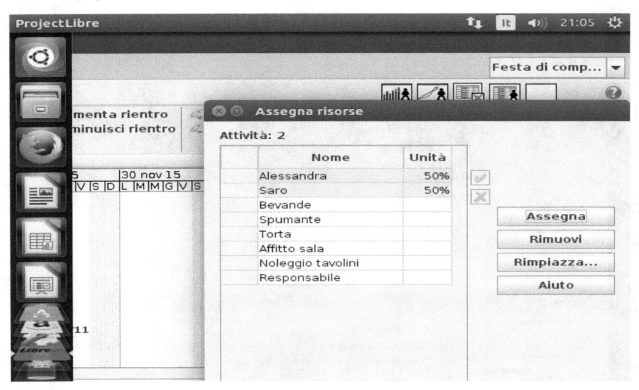

Formula della programmazione 16 Basata sulle risorse

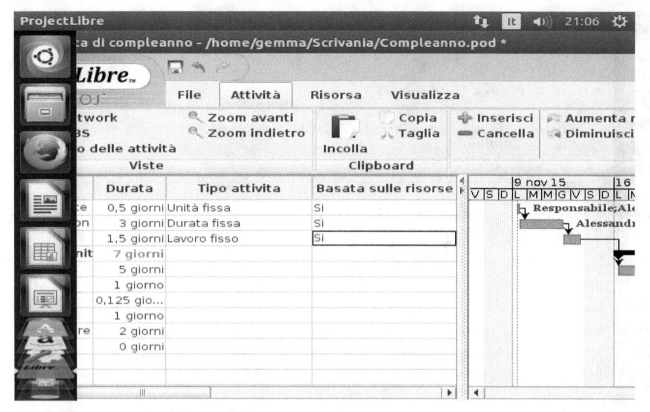

Formula della programmazione 17 Basata sulle risorse

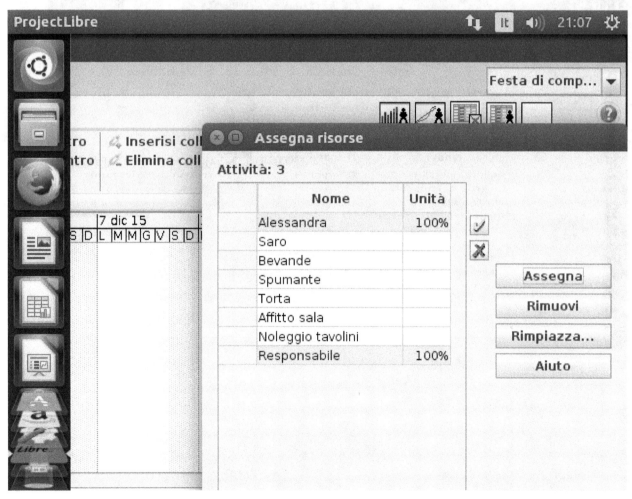

Formula della programmazione 18 Basata sulle risorse

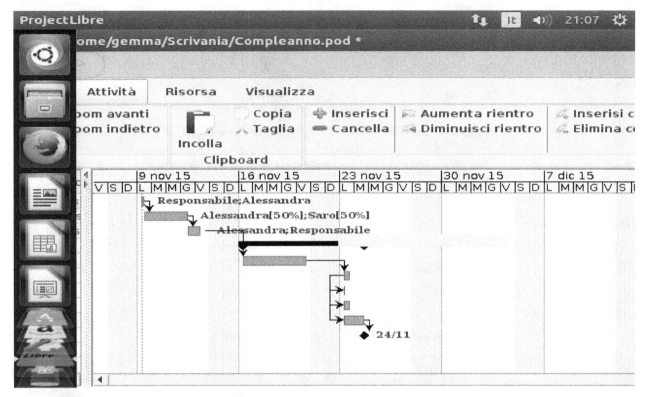

Formula della programmazione 19 Basata sulle risorse

Formula della programmazione 20 Basata sulle risorse

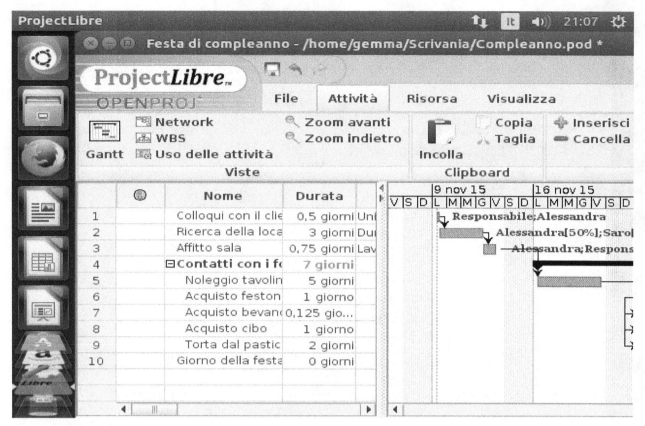

Formula della programmazione 21

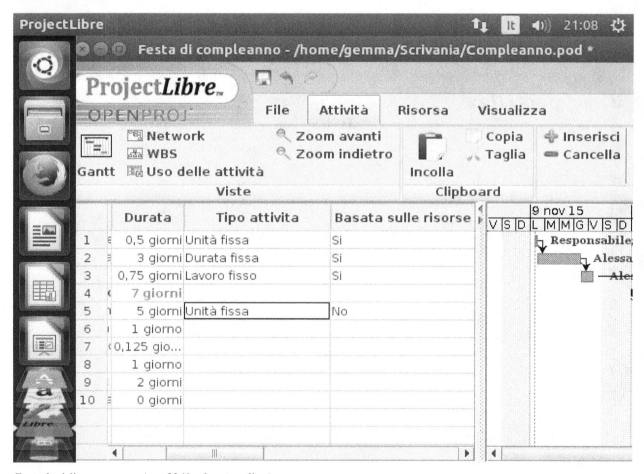

Formula della programmazione 22 Non basata sulle risorse

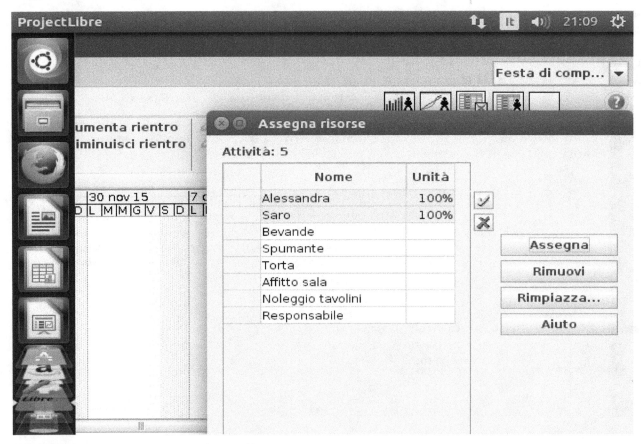

Formula della programmazione 23 Non basata sulle risorse

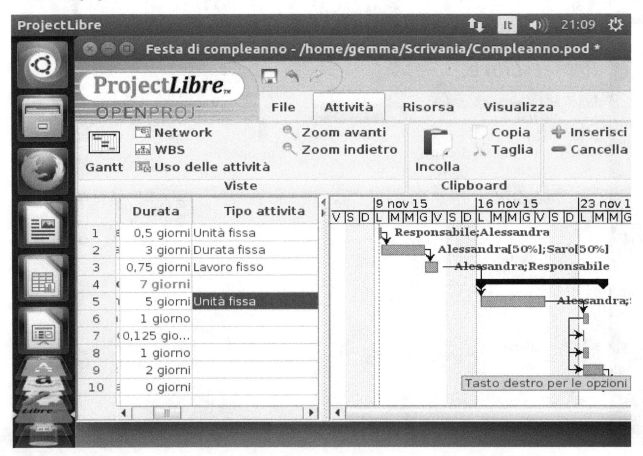

Formula della programmazione 24 Non basata sulle risorse

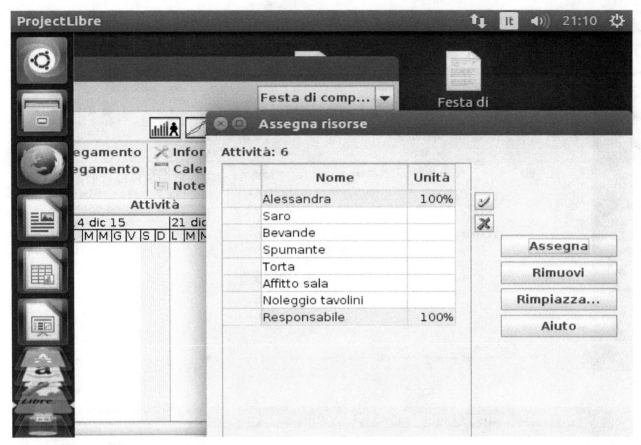

Formula della programmazione 25 Non basata sulle risorse

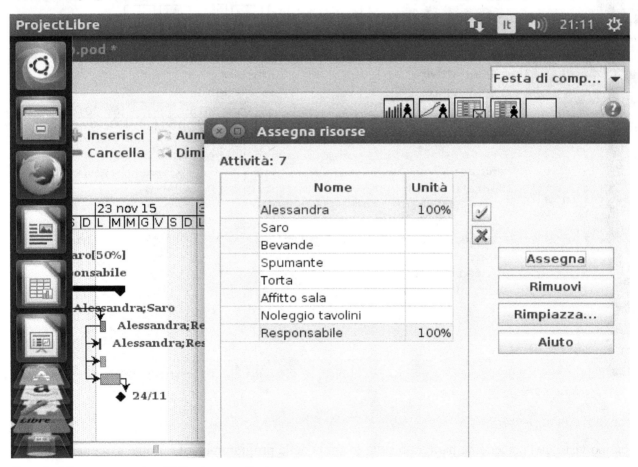

Formula della programmazione 26 Non basata sulle risorse

Formula della programmazione 27 Non basata sulle risorse

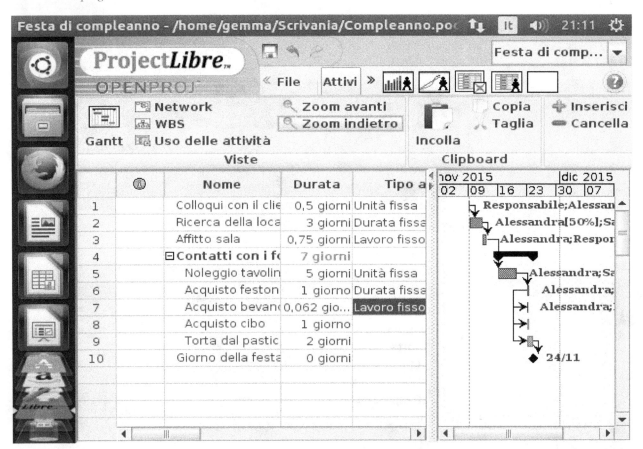

Formula della programmazione 28 Non basata sulle risorse

Operazioni con le risorse.

Abbiamo visto, nel precedente paragrafo sulla formula della programmazione, come assegnare le risorse alle attività.

Riprendiamo, adesso, il nostro progetto sulla festa di compleanno, riportando i valori originari in ProjectLibre, vale a dire ripristinando l'impegno guidato per le tre attività alle quali avevamo tolto, ed assegnando le risorse come indicato nelle immagine che seguono.

Siamo diventati bravi, infatti, e non occorrono altre spiegazioni.

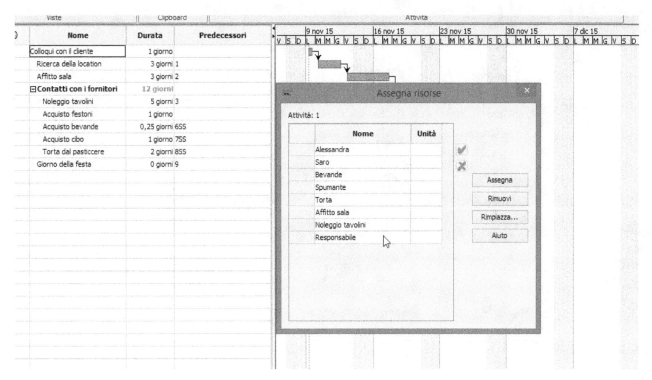

Assegna risorse 8

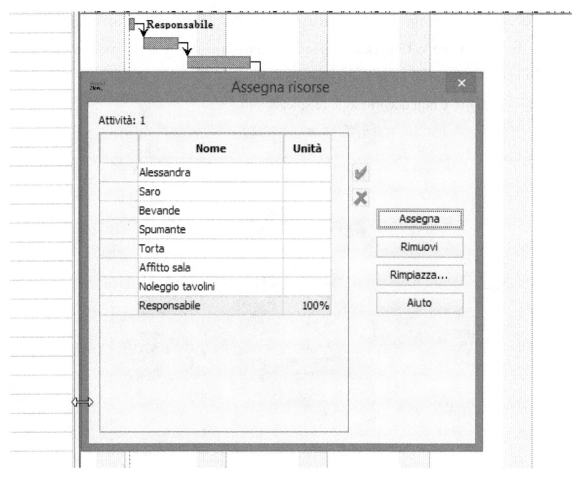

Assegna risorse 9

Solo il giorno della festa assegniamo tutte le attività.

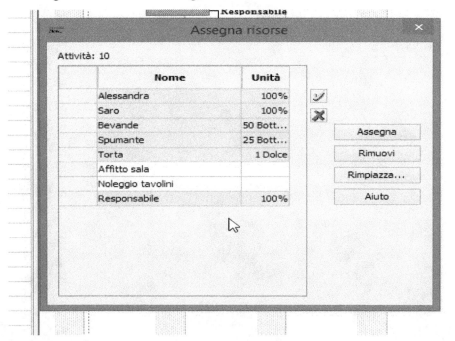

Assegna risorse 10

Peraltro, quando andiamo ad assegnare le risorse materiali, come le bevande e lo spumante, indichiamo un numero (50 e 25, come nell'esempio di cui all'immagine precedente), di modo che ProjectLibre calcoli in automatico l'importo del costo.

Occorre ricordare, infatti, che per le bevande avevamo indicato l'importo unitario di €. 2,00; di €. 8,00 per lo spumante.

Aggiungiamo, poi, nella Visualizzazione Risorse, i dati relativi ai costi del Noleggio tavolini e Affitto Sala, indicando, per ognuna delle risorse, l'importo di €. 800,00.

idirizzo E-mail	Etichetta materiale	Initiali	Gruppo	Unità massime	Tasso standard	Tasso straordinari	Costo per utilizzo	Maturano al
		A		100%	€ 300,00/giorno	€ 500,00/giorno	€ 0,00	Prorated
		S		100%	€ 300,00/giorno	€ 500,00/giorno	€ 0,00	Prorated
	Bottiglie	B			€ 2,00		€ 0,00	Prorated
	Bottiglie	S			€ 8,00		€ 0,00	Prorated
	Dolce	T			€ 300,00		€ 0,00	Prorated
		A			€ 0,00		€ 800,00	Inizia
		N			€ 0,00		€ 800,00	Inizia
		R		100%	€ 1500,00/mese	€ 0,00/ora	€ 0,00	Prorated

Le risorse 11

In sede di assegnazione risorsa, appare il numero "1" come quantità in quanto consideriamo l'importo come un costo.

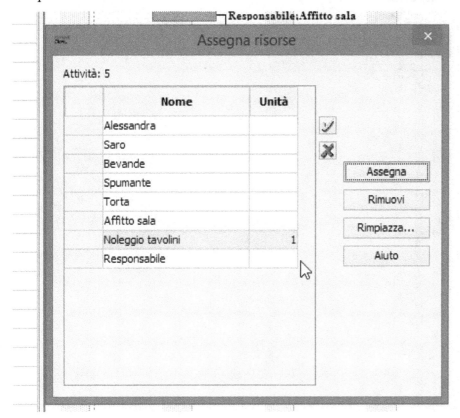

Assegna risorse 11

In sede di costi fissi, poi, indicheremo altri costi legati alle attività.

Tramite la stessa finestra Assegna Risorse, poi, possiamo operare le opportune modifiche, ad esempio sostituendo una risorsa ad un'altra (ProjectLibre parla di "Rimpiazza") o eliminando una risorsa assegnata.

Ad esempio, selezioniamo le attività dalla 5 alla 9 e clicchiamo sul pulsante assegna Risorsa.

Assegniamo prima la risorsa "Responsabile", poi clicchiamo su "Rimpiazza".

Sostituisci risorsa 1

Si apre la seguente Finestra dove possiamo scegliere la risorsa con la quale sostituire il Responsabile del progetto, in questo caso la risorsa "Saro".

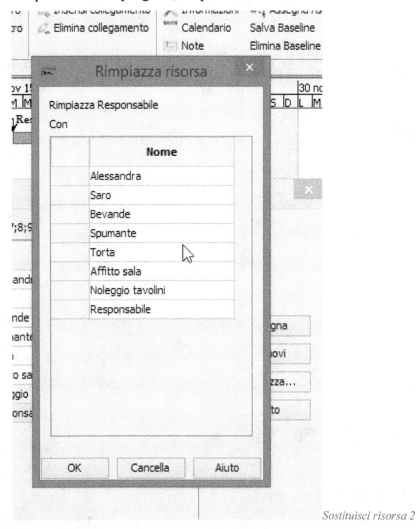

Sostituisci risorsa 2

Diamo ok.

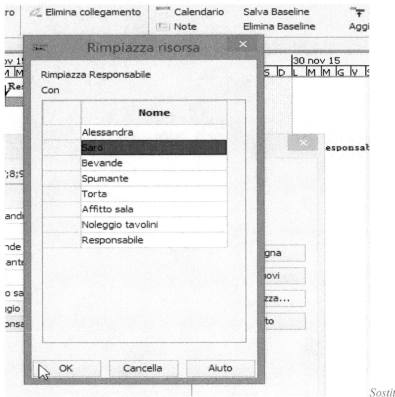

Sostituisci risorsa 3

La risorsa "Saro" risulta ora assegnata alle attività in questione.

Sostituisci risorsa 4

Con la risorsa "Saro" sempre selezionata, clicchiamo ora su "Rimuovi".

Rimuovi risorsa 1

La risorsa è rimossa.

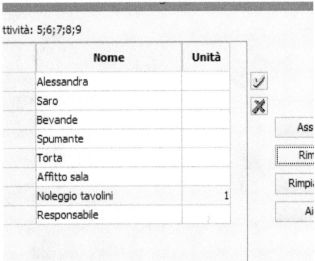

Rimuovi risorsa 2

Assegniamo ora nuovamente la risorsa "Responsabile" e chiudiamo la finestra.

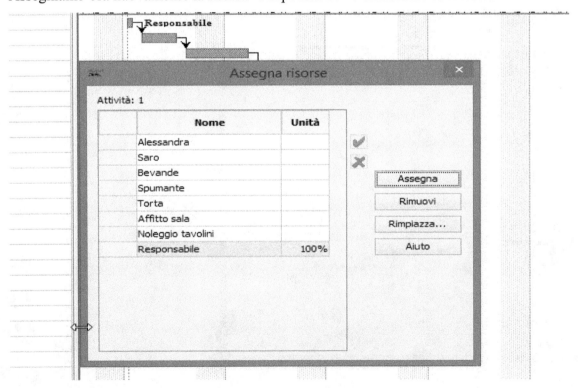

Rimuovi risorsa 3

Le risorse, poi, si possono inserire manualmente scrivendo in un'apposita colonna "Nome risorsa" inserita operando tramite tasto destro del mouse sulla tabella del progetto in Visualizzazione Diagramma di Gantt.

Inseriamo, pertanto, la colonna in questione.

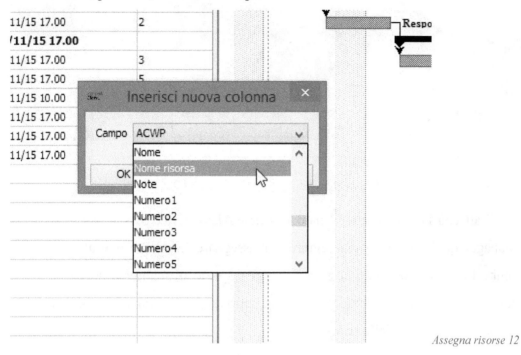

Assegna risorse 12

Vediamo la colonna "Nome risorsa" sulla tabella con i nomi già presenti avendoli inseriti prima.

Assegna risorse 13

Per provare, inseriamo un'attività chiamata a piacere indicando, nella cella della risorsa, i nomi delle risorse.

7		Acquisto bevande	0,25 giorni	25/11/15 8.00	Responsabile	25/11/15 10.00
8		Acquisto cibo	1 giorno	25/11/15 8.00	Responsabile	25/11/15 17.00
9		Torta dal pasticcere	2 giorni	25/11/15 8.00	Responsabile	26/11/15 17.00
10		Giorno della festa	0 giorni	26/11/15 17.00	Alessandra;Saro;Bevande[5...	26/11/15 17.00
11		Prova	1 giorno?	09/11/15 8.00	Alessandra;Saro	09/11/15 17.00

Risorse assegnate 1

Diamo Invio.

| 10 | | Giorno della festa | 0 giorni | 26/11/15 17.00 | Alessandra;Saro;Bevande[5... | 26/11/15 17.00 | |
| 11 | | Prova | 0,5 giorni? | 09/11/15 8.00 | Alessandra;Saro | 09/11/15 13.00 | Alessandra;Saro |

Risorse assegnate 2

Come possiamo vedere, all'attività 11 sono ora assegnate le risorse Alessandra e Saro.

Dipende dal Project Manager quale metodologia seguire per assegnare le risorse alle attività. Naturalmente, operare tramite l'apposito pulsante consente maggior spazio di manovra, specie in punto di specificazione del quantitativo delle risorse materiali e, soprattutto, una rapidità d'azione non dovendosi scrivere manualmente i nomi delle risorse.

Rimandando al prossimo paragrafo l'esame dei costi fissi e variabili, vediamo, ora, le altre operazioni che si possono compiere sulle risorse.

Apriamo la Visualizzazione risorse e nascondiamo alcune colonne non utili.

L'aspetto della Finestra dovrebbe essere così.

Modifica calendario della risorsa 1

Le risorse sono in verde in quanto tutte assegnate.

Una prima modifica che possiamo apportare è quella di modificare il calendario di base, optando per uno di quelli messi a disposizione da ProjectLibre tra 24h e Turno di notte.

Il Calendario Standard, come si ricorderà, è impostato per default e corrisponde al Calendario del progetto (8h al giorno, dal Lunedì al Venerdì per 20 giorni al mese).

Oppure, possiamo creare un Calendario per la risorsa.

Vediamo come.

Selezioniamo la risorsa in questione, ad esempio il Responsabile del Progetto.

Apriamo la finestra "Calendario", nel Gruppo Risorsa, Menu Risorsa.

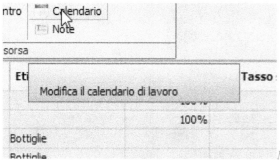

Modifica calendario della risorsa 2

Si apre la Finestra "Modifica Calendario di Lavoro" per le varie risorse, ma noi occupiamoci del Responsabile.

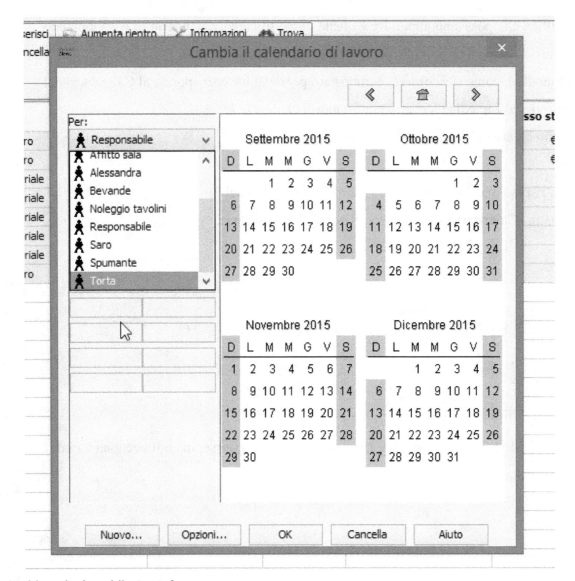

Modifica calendario della risorsa 3

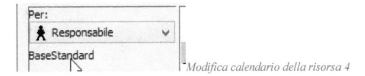

Modifica calendario della risorsa 4

Come visto in occasione del Calendario del Progetto, clicchiamo su "Nuovo".

Si apre la seguente Finestra dove possiamo sia creare un nuovo calendario che copiare quello attivo.

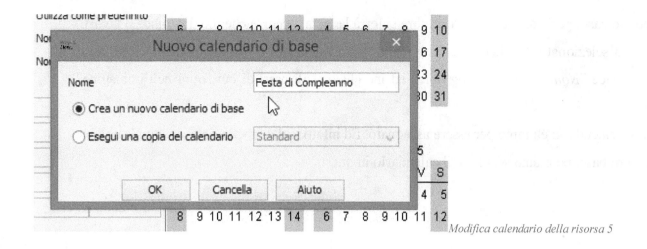

Modifica calendario della risorsa 5

Chiamiamolo "Festa di compleanno" e clicchiamo su ok.

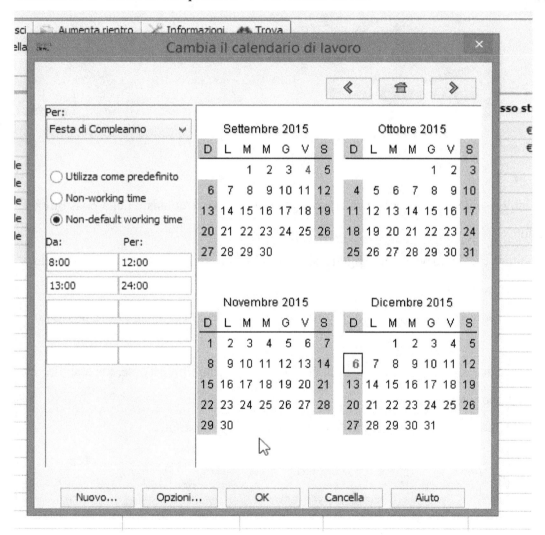

Modifica calendario della risorsa 6

Selezioniamo, ora, sulla finestra, il 6 dicembre che, essendo di Domenica, per ProjectLibre è in grigio in quanto giornata non lavorativa.

Nel nostro caso, però, dato che il 6 dicembre si terrà la festa, occorre che il 6 dicembre si lavori.

Una volta selezionato il 6 dicembre (che risulta ora evidenziato in rosso), poniamo il segno di spunta alla voce "Non-default working time" ed indichiamo gli orari di cui sopra nell'immagine", dando poi ok.

IL nuovo calendario è pronto per essere assegnato. Ed infatti, sulla tabella risorse, sotto la colonna Calendario di base, possiamo scegliere il calendario in questione.

Modifica calendario della risorsa 7

Modifica calendario della risorsa 8

Altra operazione interessante che ProjectLibre ci consente con le risorse consiste nella possibilità di ritardarne l'utilizzo.

Ed infatti, può capitare che le attività del progetto siano tali per le quali non è necessario che le risorse siano contemporaneamente presenti.

Ad esempio, nella ristrutturazione di una casa, il pittore interviene dopo che il muratore ha rasato il muro.

E, anziché considerare due attività, ad una stessa si possono si assegnare più risorse, ma stabilire i tempi in cui queste debbono intervenire.

In Visualizzazione Diagramma di Gantt aprire la sotto-vista Uso delle attività.

Figure 7

La finestra si presenta divisa in due.

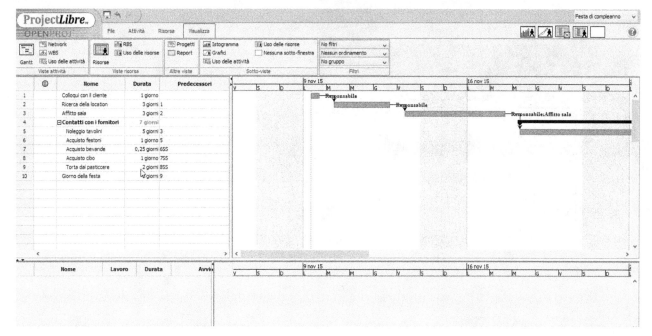

Figure 8

Selezioniamo l'attività "Noleggio tavolini". Nella sotto-vista appaiono le risorse assegnate all'attività.

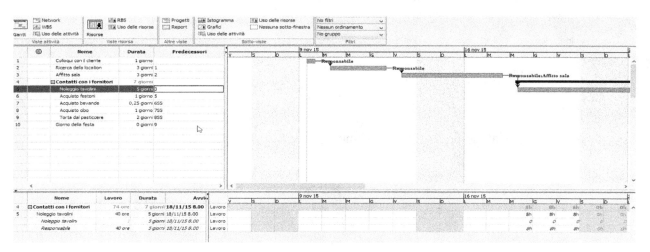

Figure 9

Qui, con il tasto destro del mouse, inseriamo una colonna.

Nome	Lavoro	Durata	Avvi
con i fornitori	74 ore	7 giorni 18/11/15 8.00	Lavoro
o tavolini	40 ore	5 giorni 18/11/	⊞ Inserisci colonna...
gio tavolini	1	5 giorni 18/11,	⊞ Nascondi colonna
nsabile	40 ore	5 giorni 18/11,	Trova

Figure 10

Scegliamo la colonna "Ritardo nell'assegnazione".

Figure 11

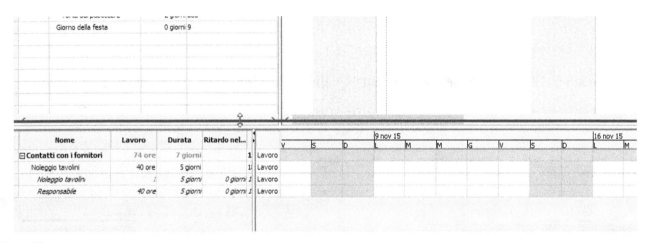

Figure 12

Spostiamo in alto e a lato le linee di separazione tra le sotto-viste per avere una visuale migliore.

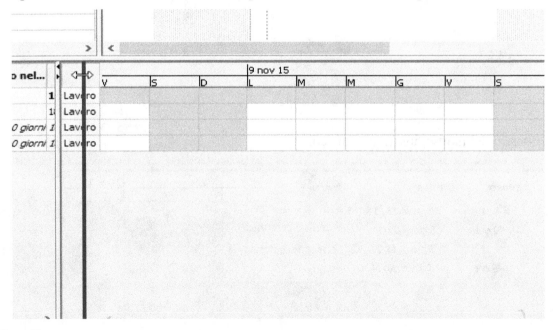

Figure 13

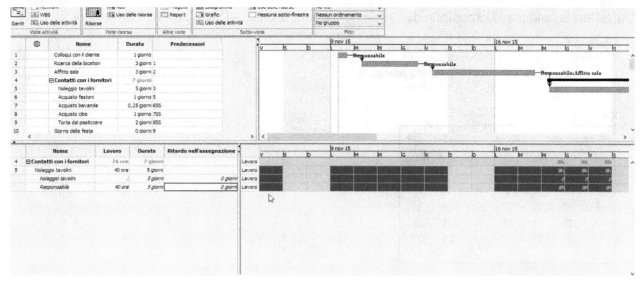

Figure 14

Nella cella "Ritardo nell'assegnazione", indichiamo "2d" e diamo invio.

ProjectLibre consente, poi, di stabilire periodi diversi di disponibilità delle risorse, vale adire indicare i giorni in cui le risorse sono assenti (per permessi, malattie, corsi d'aggiornamento).

Non si tratta, in questo caso, della disponibilità in termini di ore al giorno in cui la risorsa può lavorare che, come visto, si specifica nel Campo Tabella Risorse nella colonna Unità Massima.

Qui ci si riferisce, infatti, ai giorni o periodi in cui la risorsa non è disponibile.

Si procede, per le opportune modifiche, nella Finestra Informazioni risorsa, Scheda "Disponibilità Risorsa".

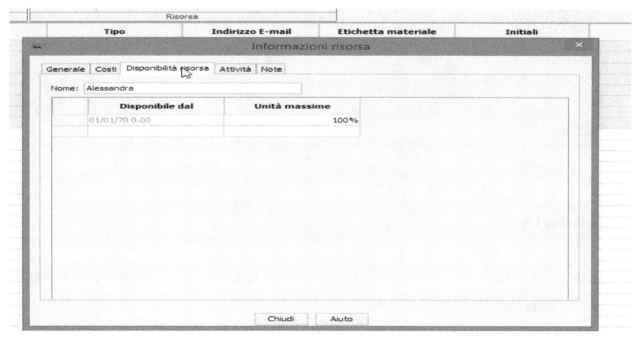

Disponibilità risorsa 1

Qui, sotto la colonna "Disponibile dal", selezioniamo una data, ad esempio il 27 novembre.

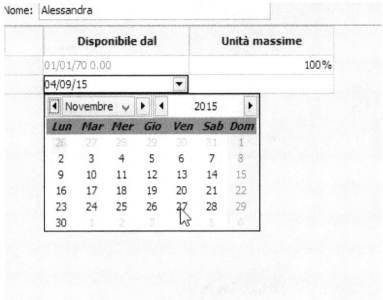

Disponibilità risorsa 2

La risorsa, sarà ora disponibile dal 27 novembre.

Disponibilità risorsa 3

Clicchiamo su Chiudi.

Proviamo, infine, ad assegnare una risorsa ad una Summary task o attività di riepilogo, nel nostro caso la risorsa Responsabile all'attività Contatti con i fornitori".

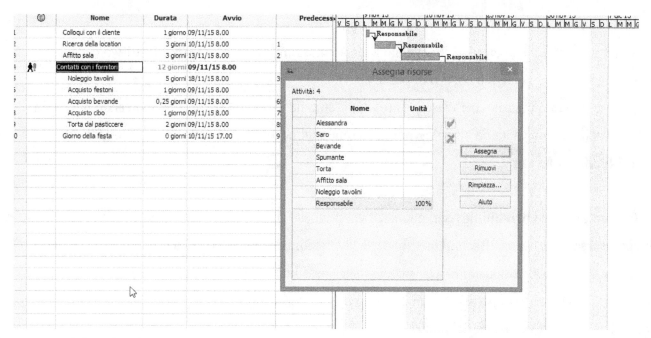

Risorse e attività di riepilogo 1

Sotto la colonna indicatori appare il simbolo di un omino nero con un punto esclamativo rosso.

Questo perché le risorse non si assegnano alle attività di riepilogo, ma alle sotto-attività dalle quale sono formate.

		Ricerca della location	3 giorni	10/11/15 8.00	1
		Affitto sala	3 giorni	13/11/15 8.00	2
🏃		Contatti con i fornitori	7 giorni	**18/11/15 8.00**	
		Noleggio tavolini	5 giorni	18/11/15 8.00	3
		Questa attività parente ha assegnato risorse direttamente a:Responsabile			
		Acquisto festoni	1 giorno	25/11/15 8.00	5
		Acquisto bevande	0,25 giorni	25/11/15 8.00	6SS
		Acquisto cibo	1 giorno	25/11/15 8.00	7SS

Risorse e attività di riepilogo 2

Eliminiamo la risorsa dalla Summary task e salviamo il progetto.

Sezione 2: I costi

I costi fissi e variabili.

Si sono analizzati, nella precedente sezione, le risorse costo, tuttavia potrebbe verificarsi la necessità di tenere traccia di **costi che rimangono costanti indipendentemente dalla durata dell'attività o dalla quantità di lavoro svolto dalla risorsa e che sono sostenuti una sola volta.**

Si parla, in questi casi, di **costi fissi.**

Ne sono esempio:

- I costi relativi al permesso di costruire;
- Il biglietto aereo per far venire una delle risorse (che deve dipingere la parete), bloccata per uno sciopero dei treni (qui il costo si sostiene una volta sola).

Si tratta di costi che in ProjectLibre vengono attribuiti tramite la tabella Costo. Il software, peraltro, non consente di applicare più costi fissi per le attività.

Si deve pertanto indicare, per ciascuna attività, la somma totale del costo fisso indicando poi, nella nota della relativa attività, le singole voci che compongono l'importo (ad esempio 300,00 per una voce 140,00 per un'altra).

Quanto ai **costi variabili**, invece, può verificarsi il caso in cui le tariffe Standard e Straordinarie di una risorsa, non siano sufficienti in virtù delle lavorazioni che questa risorsa è chiamata a svolgere, vuoi per il livello di competenza che occorre sia posseduto (nel caso delle persone), o perché si richiedono materiali con particolari qualità oppure perché si registrano variazioni delle tariffe per accordi sindacali o variazioni dei prezzi in particolari periodi dell'anno.

Vediamo ProjectLibre all'opera.

Assegnare e modificare i costi fissi e variabili.

Per quanto si riferisce ai costi fissi, a differenza delle altre risorse, questi si inseriscono, in primo luogo, facendo clic con il tasto destro del mouse sul rettangolo di intersezione della tabella.

		Nome	Durata	Avvio
		Tabella dei task: Default		'15 8.00
		Tasto destro per selezionare o rinominare le tabelle die tempi		'15 8.00
3		Affitto sala	3 giorni	13/11/15 8.00
4		⊟ Contatti con i fornitori	7 giorni	18/11/15 8.00

Costi fissi 1

Qui cliccare sulla voce Costo.

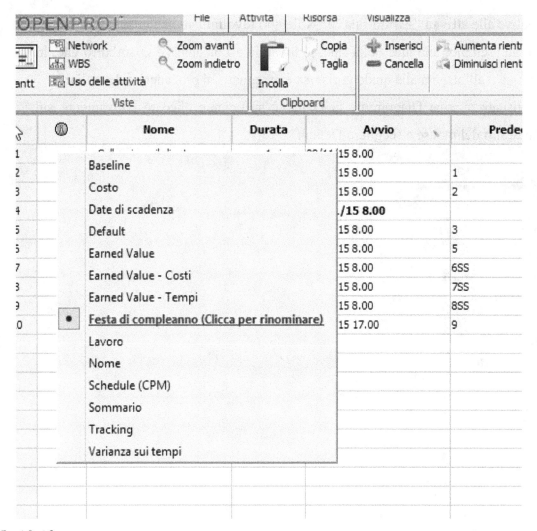

Costi fissi 2

La visualizzazione si modifica mostrando i costi del progetto.

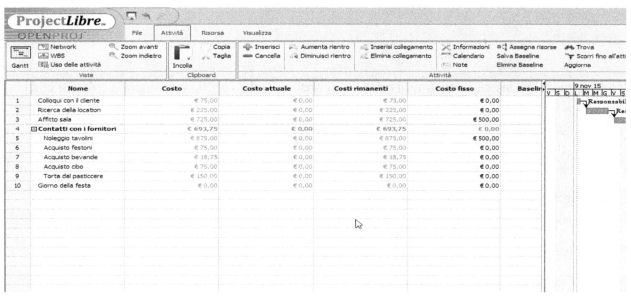

Costi fissi 3

Qui, nelle celle relative alle attività "Affitto sala" e "Noleggio tavolini", indichiamo costi fissi per 500,00 l'una, relativi, ad esempio, alla luce della sala, le tovaglie e i bicchieri e quant'altro che, in nota o alla relativa risorsa o all'attività alla quale la risorsa è assegnata, si procederà a dettagliar.

Per ritornare alla visualizzazione Diagramma di Gantt, è sufficiente cliccare nuovamente sul rettangolo con il tasto destro del mouse e scegliere Default.

Costi fissi 4

Un altro modo pe inserire i costi fissi è quello di operare sulla Tabella inserendo la colonna costi fissi.

Vediamo come.

Clicchiamo con il tasto destro del mouse sopra l'intestazione della colonna alla sinistra della quale vogliamo inserire la colonna di interesse.

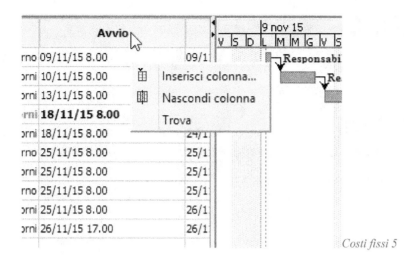

Costi fissi 5

Clicchiamo su "Inserisci colonna" e optiamo per la colonna Costo fisso.

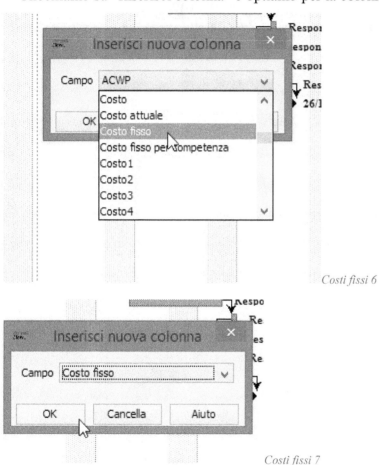

Costi fissi 6

Costi fissi 7

Clicchiamo su ok. Ora, sulla tabella, è presente la colonna Costo fisso dove possiamo operare gli inserimenti necessari.

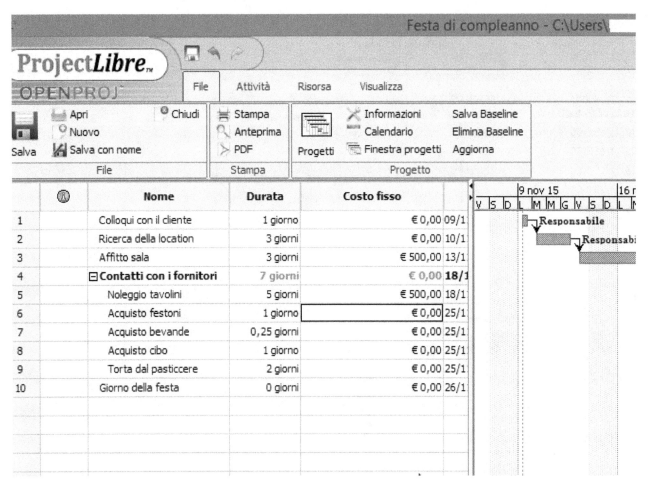

Costi fissi 8

Ad esempio, possiamo inserire costi fissi per € 300,00 all'attività "Acquisto festoni" indicando poi nelle note dell'attività il dettaglio di questi costi.

Durata	Costo fisso	
1 giorno	€ 0,00	09/1
3 giorni	€ 0,00	10/1
3 giorni	€ 500,00	13/1
7 giorni	€ 0,00	18/1
5 giorni	€ 500,00	18/1
1 giorno	300,00	25/1
0,25 giorni	€ 0,00	25/1
1 giorno	€ 0,00	25/1
2 giorni	€ 0,00	1/1
0 giorni	€ 0,00	26/1

Costi fissi 9

Per avere un'indicazione dei costi totali del progetto, è sufficiente cliccare su Informazioni Progetto, Gruppo Progetto, Menu File.

Qui, attivare la Scheda Statistiche.

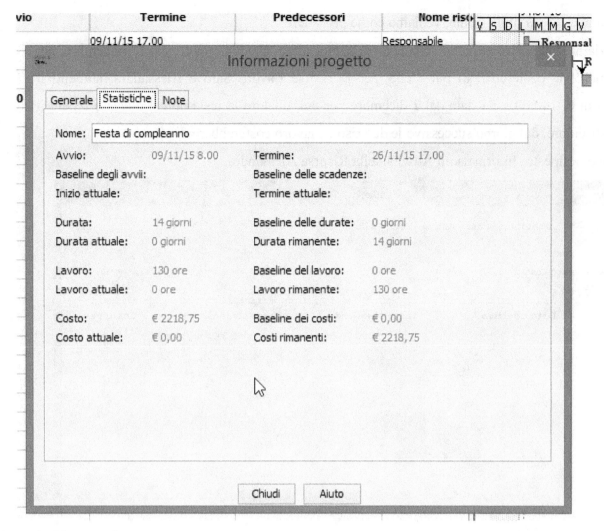

Informazioni progetto

Generale | Statistiche | Note

Nome: Festa di compleanno

Avvio:	09/11/15 8.00	Termine:	26/11/15 17.00
Baseline degli avvii:		Baseline delle scadenze:	
Inizio attuale:		Termine attuale:	
Durata:	14 giorni	Baseline delle durate:	0 giorni
Durata attuale:	0 giorni	Durata rimanente:	14 giorni
Lavoro:	130 ore	Baseline del lavoro:	0 ore
Lavoro attuale:	0 ore	Lavoro rimanente:	130 ore
Costo:	€ 2218,75	Baseline dei costi:	€ 0,00
Costo attuale:	€ 0,00	Costi rimanenti:	€ 2218,75

Chiudi   Aiuto

Statistiche del progetto 1

Analogamente, in sede di Report, Menu Visualizza, possiamo vedere i costi del progetto.

Work			
Scheduled	130 ore	Remaining	130 ore
Baseline	0 ore	Actual	0 ore

Costs			
Scheduled	€ 2218,75	Remaining	€ 2218,75
Baseline	€ 0,00	Actual	€ 0,00
		Variance	€ 0,00

Notes

Quanto ai costi variabili, infine, vediamo come procedere.

Ipotizziamo, nel nostro progetto sulla festa di compleanno, che le bevande, dal 12 novembre, per aumenti nell'Iva, costeranno di più e che, per le risorse Lavoro Saro e Alessandra, aumenti il compenso di €. 100,00 a far data dal 7 dicembre per cui, qualora la festa non si dovesse tenere il giorno 6 dicembre, dal giorno successivo le due risorse lavoro costerebbero di più.

Apriamo la finestra Informazioni Attività della Risorsa Alessandra.

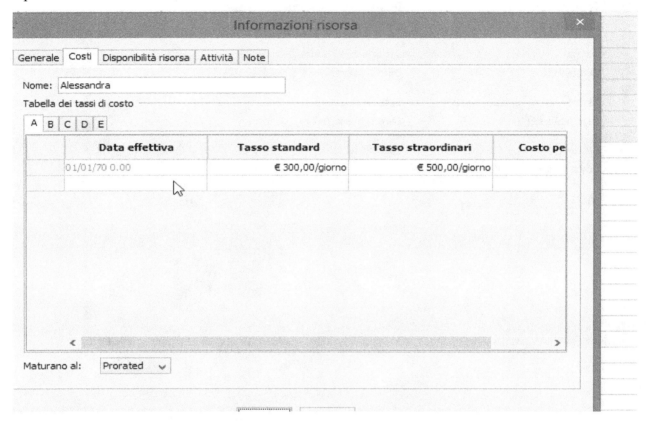

Costi variabili 1

Sotto la colonna data effettiva, nella relativa cella indichiamo la data del 7 dicembre 2015.

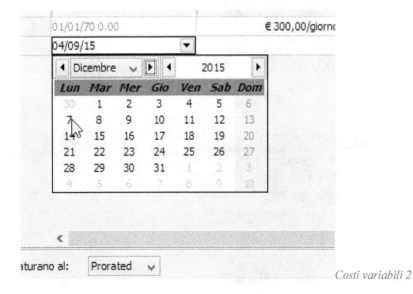

Costi variabili 2

Nonché i relativi importi aumentati di €. 100,00.

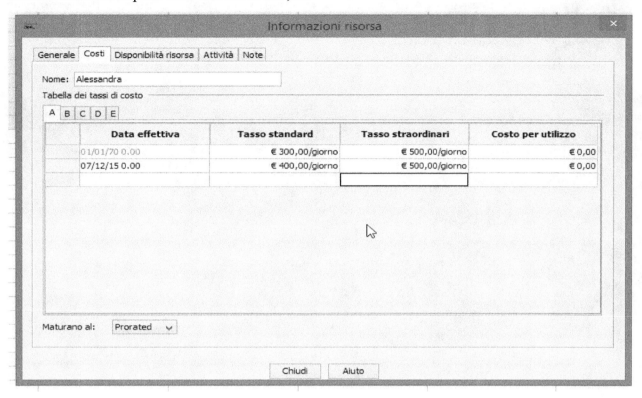

Costi variabili 3

Lo stesso facciamo per Saro.

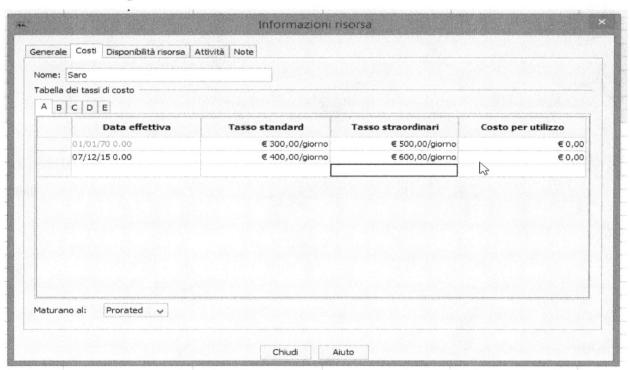

Costi variabili 4

Procediamo, poi, a modificare gli importi delle bevande e dello Spumante dal 12 novembre.

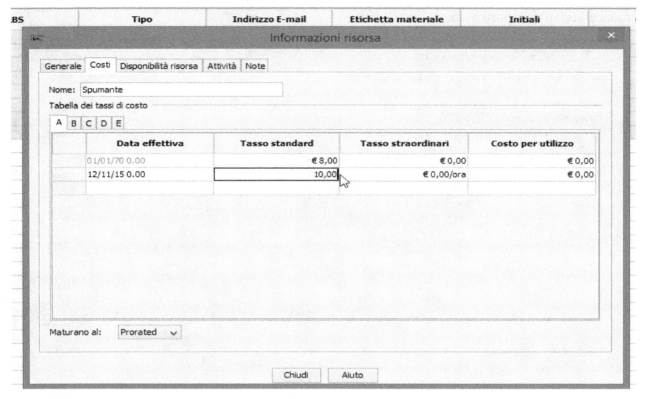

Costi variabili 5

Come si può vedere dall'area all'interno del rettangolo rosso della successiva figura, inoltre, ProjectLibre consente di specificare sino a 5 tariffe diverse per tipo di risorsa.

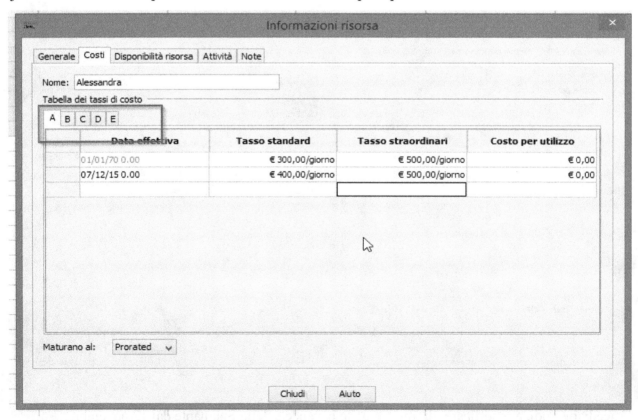

Costi variabili 6

	Data effettiva	Tasso standard	Tasso straordinari	Costo per utilizzo
	01/01/70 0.00	€ 0,00/ora	€ 0,00/ora	€ 0,00

Costi variabili 7

A B C D E

	Data effettiva	Tasso standard	Tasso straordinari	Costo per utilizzo
	01/01/70 0.00	€ 0,00/ora	€ 0,00/ora	€ 0,00

Costi variabili 8

Tabella dei tassi di costo

A B C D E

	Data effettiva	Tasso standard	Tasso straordinari	Costo per utilizzo
	01/01/70 0.00	€ 0,00/ora	€ 0,00/ora	€ 0,00

Costi variabili 9

A B C D E

	Data effettiva	Tasso standard	Tasso straordinari	Costo per utilizzo
	01/01/70 0.00	€ 0,00/ora	€ 0,00/ora	€ 0,00

Costi variabili 10

Qualora, peraltro, si fossero stabiliti differenti tassi di costo di cui alle immagini sopra (Tabella A, B, C, D e E), per applicarli è sufficiente aprire la sotto-vista Uso risorse, sia in Visualizzazione Gantt che Risorse.

Qui, sotto la colonna Tabella dei tassi di Costo, scegliere quello desiderato.

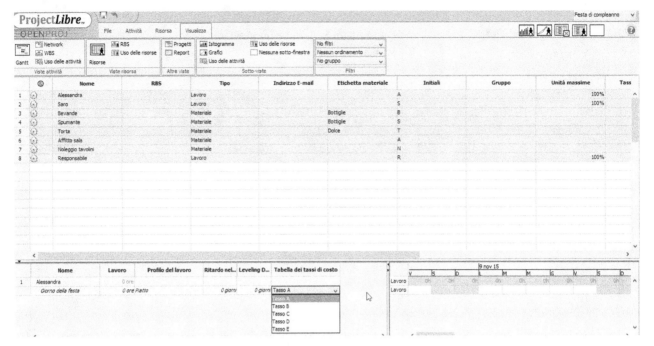

Costi variabili 11

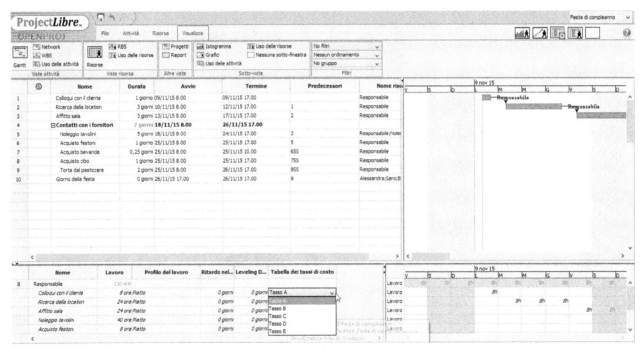

Costi variabili 12

Ultima annotazione relativa alla voce Costo per Utilizzo.

Infatti, oltre a poterli inserire nella Visualizzazione Risorse, nella relativa colonna, come visto prima, gli stessi possono essere inseriti anche in Informazioni risorsa.

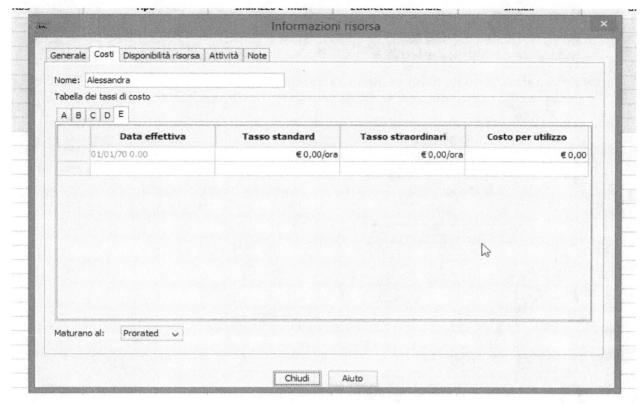

Costi per Utilizzo 1

Su Ubuntu

Anche su Ubuntu, per impostare differenti Calendari per le risorse o differenti tassi di costo, si agisce nello stesso modo.

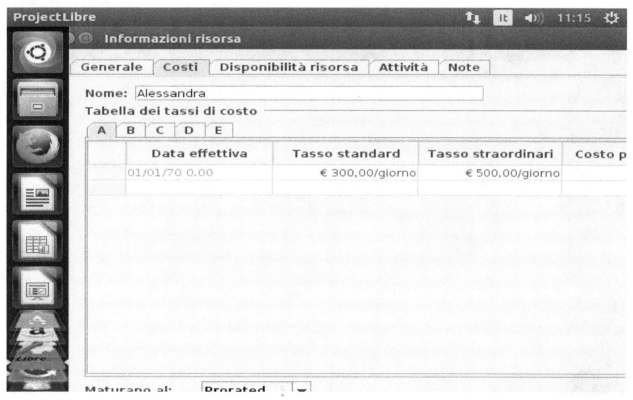

Costi per Utilizzo 2

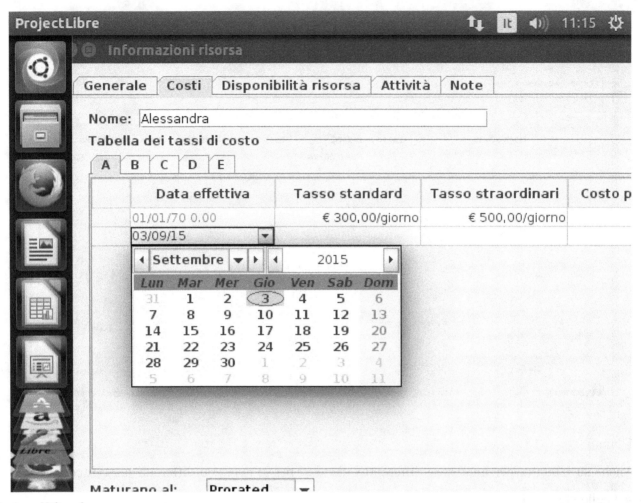

Costi per Utilizzo 3

Costi per Utilizzo 4

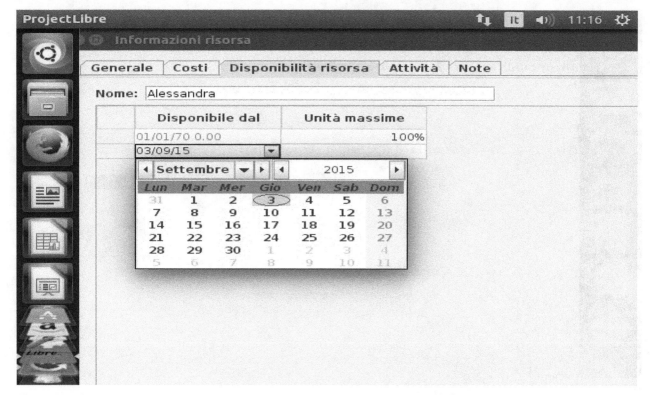

Costi per Utilizzo 5

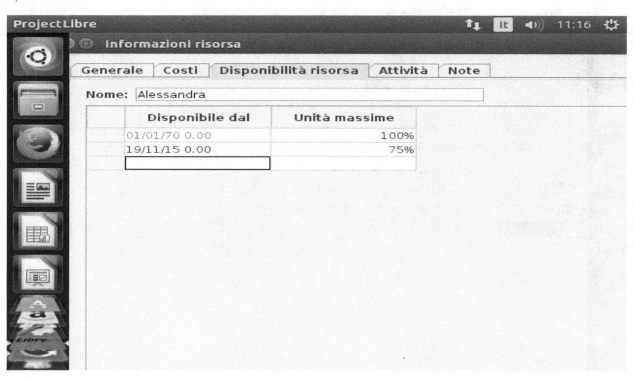

Costi per Utilizzo 6

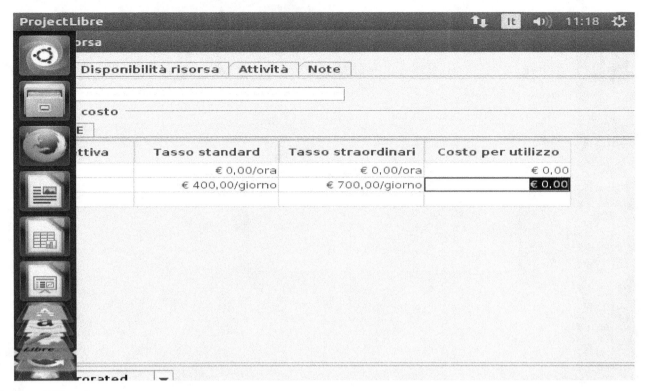

Costi per Utilizzo 7

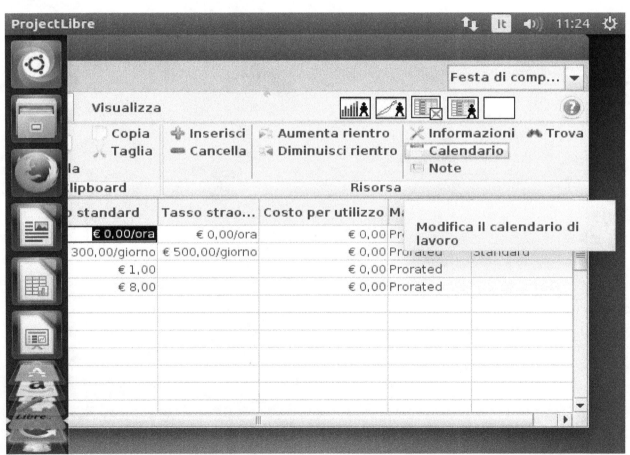

Modifica Calendario di Lavoro per la risorsa 1

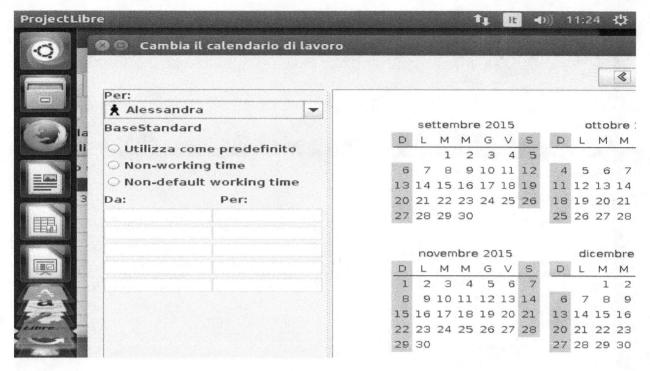

Modifica Calendario di Lavoro per la risorsa 2

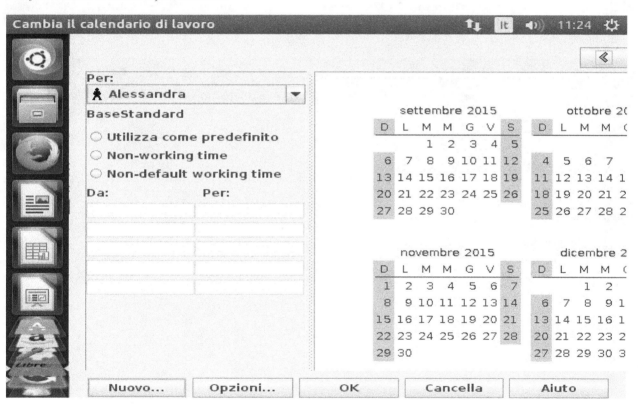

Modifica Calendario di Lavoro per la risorsa 3

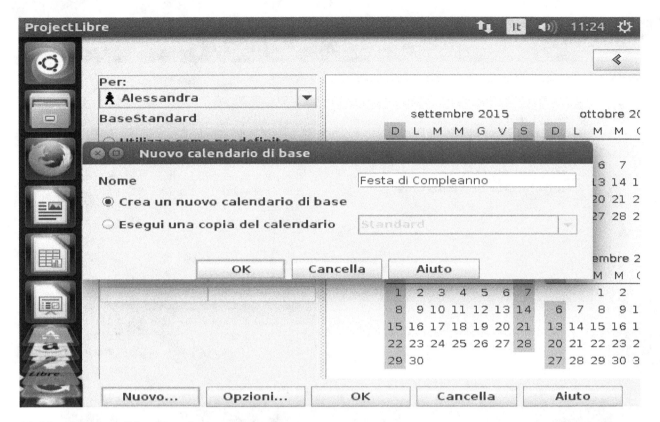

Modifica Calendario di Lavoro per la risorsa 4

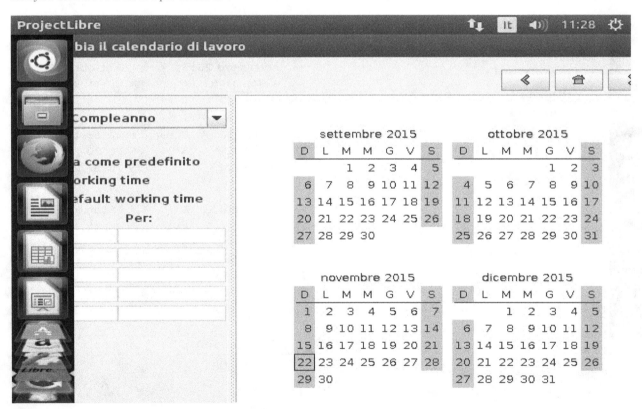

Modifica Calendario di Lavoro per la risorsa 5

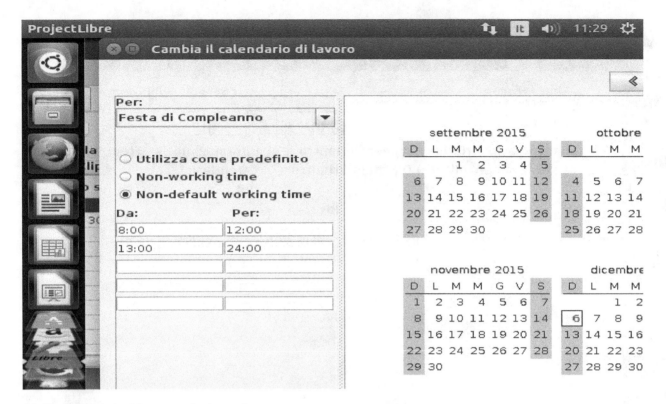

Modifica Calendario di Lavoro per la risorsa 6

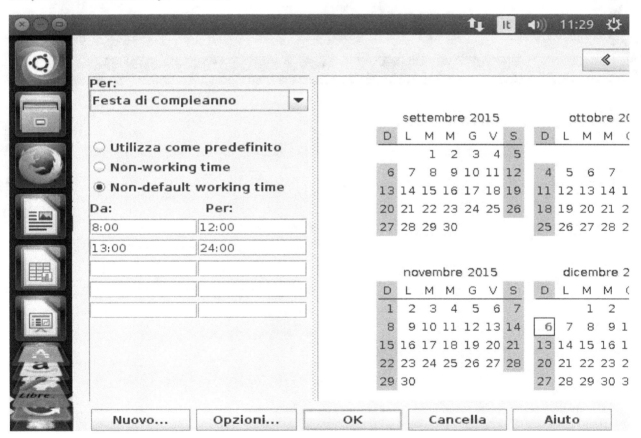

Modifica Calendario di Lavoro per la risorsa 7

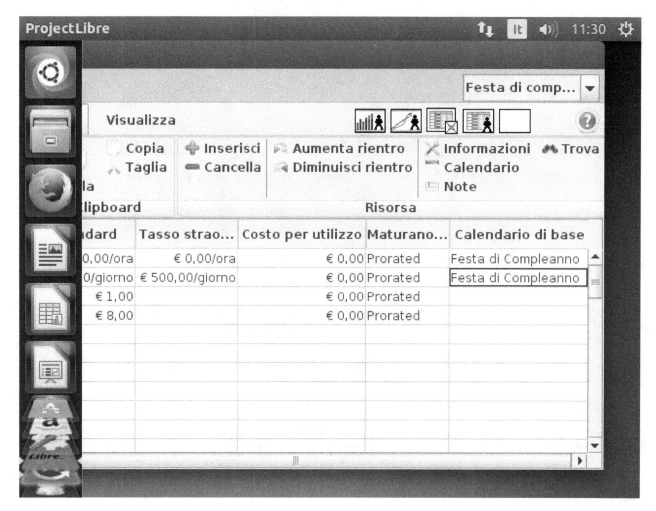

Modifica Calendario di Lavoro per la risorsa 8

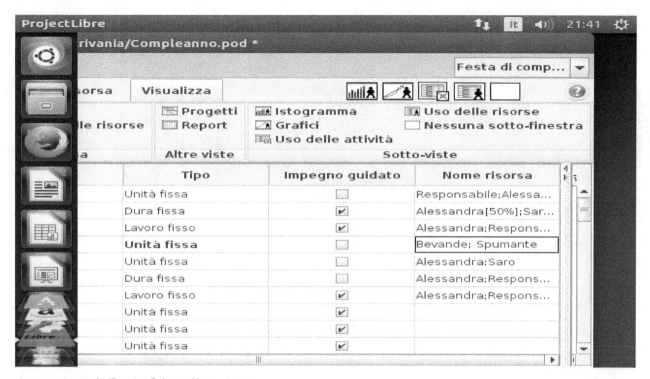

Assegna risorse 14 Tramite Colonna Nome risorsa

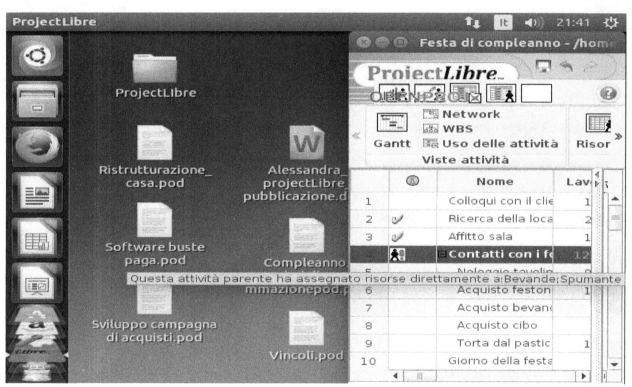

Assegna risorse 15 alla Summary Task o Attività Sommario che, per ProjectLibre, è segnalato come errore

1) Le risorse in ProjectLibre: tipi e definizione

2) Apri l'elenco risorse (relativamente al progetto del precedente capitolo), ed inserisci le seguenti risorse:

     a. Pc per prove, risorsa materiale, €. 1.000,00

     b. Ing. Bianchi, risorsa lavoro, €. 2.000,00 al mese

     c. Ing. Rossi, risorsa lavoro, €. 2.000,00 al mese

     d. Biglietto viaggio treno, €. 55,00

3) Assegna le risorse in questione a tutte le attività, tranne il pc alla prima attività

4) Che cosa si intende per "assegnazione di una risorsa"?

5) Che cosa si intende per Costi per Uso o Costi/Uso?

6) Apri la finestra Informazioni risorsa relativamente alla risorsa Ing. Rossi e modifica la Tariffa Standard prevedendo un aumento di €. 200,00 della Tariffa standard a partire da una data a scelta

7) Per impostazione predefinita, Project che Unità massima di lavoro attribuisce alle risorse?

8) Che cosa si intende per formula della programmazione?

9) La programmazione delle attività, in Project, è basata sulle risorse?

10) Che cosa si intende per attività:

     a. Ad Unità fisse

     b. A Durata fissa   c. A lavoro fisso

11) Cosa succede se, ad un'attività ad unità fisse, si aumentano le risorse?

12) Se l'attività è programmata sulle risorse ed è a lavoro fisso, cosa succede se aumentano le risorse?

13) Come si può agire in caso di risorsa sovrassegnata?

14) Creare altre due risorse lavoro, Ing. Verde e Ing. Neri, Tariffa standard €. 2.000,00 ed assegnali alle attività tramite il pulsante Assegna risorsa.

15) Assegna le risorse costo per €. 55,00 agli Ing. Bianchi e Neri

16) Inserisci costi fissi per €. 300,00 all'attività "Studi scientifici"

17) Nozione di costi variabili

18) Visualizza i costi totali del progetto

Obiettivi del capitolo

Questo capitolo si concentra sui controlli del progetto attraverso:

- L'individuazione del percorso critico;

- Le previsioni o baseline;

- L'analisi dello stato di avanzamento del progetto, anche attraverso la riprogrammazione delle attività non completate o completate parzialmente;

- Le operazioni di ordinamento sulle colonne costituenti la tabella del progetto.

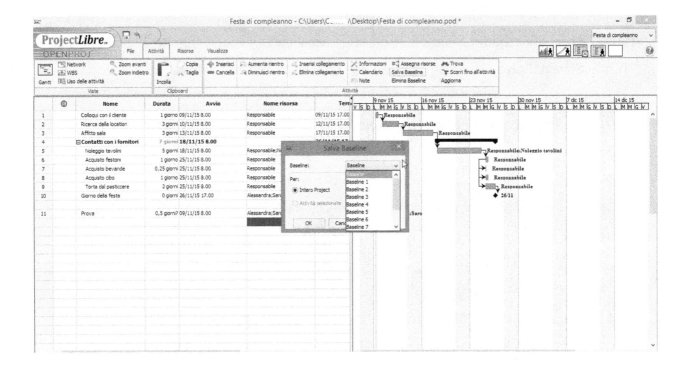

Capitolo 6: La fase di esecuzione e controllo

Individuazione del percorso critico.

Una volta che il progetto è iniziato, è importante che il Project Manager controlli sistematicamente che tutto vada come programmato, per intervenire qualora ostacoli, imprevisti, ritardi, minaccino di non raggiungere, o raggiungere in ritardo, gli obiettivi di progetto.

In altre parole, il Manager di progetto deve costantemente accertare che tutto proceda seconda la "Tabella di marcia" stabilita all'inizio della fase di pianificazione.

Gli ostacoli a cui si può trovar di fronte il Project Manager sono:

- Merce difettosa;
- Persone che lasciano le attività prima di portarle a termine;
- Scioperi;
- Fattori naturali (allagamenti, incendi);
- Modifiche nelle leggi che richiedono requisiti ulteriori.

Il Project Manager, certamente, non può prevedere tutto, ma è chiaro che con una buona preparazione e programmazione riesce a far fronte alla maggior parte dei rischi, che occorre considerare come parte integrante di tutti i progetti; si potrebbe parlare di una sorta di costo fisso.

A titolo di esempio, si possono calcolare più risorse di quelle necessarie, per sostituire quelle persone che lasciano il progetto.

Per quanto si riferisce alle risorse materiali, poi, sarebbe consigliabile far acquistare più merce a titolo di scorte sia per fronteggiare eventuali scioperi nei trasporti che danneggiamenti alle merci stesse per disastri naturali (magari facendo sistemare le scorte in luoghi diversi).

Centrale, poi, è la costante comunicazione con i soggetti interessati al piano di progetto, tramite riunioni periodiche, rapporti aggiornati.

Chi, meglio dei soggetti interessati o *stakeholders*, ha diritto ad essere interpellata in caso di ostacoli?

Vediamo come con ProjectLibre.

Le prime due azioni che occorre fare sono:

- Individuare le attività critiche
- Impostare una previsione del progetto o Baseline.

Analizziamo in questo paragrafo le attività critiche mentre, per quanto si riferisce alla Baseline, si rimanda al prossimo paragrafo.

Per **attività critiche** ci si riferisce a quelle **attività il cui ritardo comporta uno slittamento di altre attività e dell'intero progetto**, attività che, per loro natura, sono poste su quello che viene definito il **percorso critico del progetto**, vale a dire **tutte quelle attività fra di loro collegate il cui ritardo determina la mancata realizzazione del progetto nei tempi previsti**.

In ProjectLibre le attività critiche sono rappresentate, sul Diagramma di Gantt, da barre di colore rosso mentre, per quanto si riferisce alle attività non critiche, queste sono di colore blu.

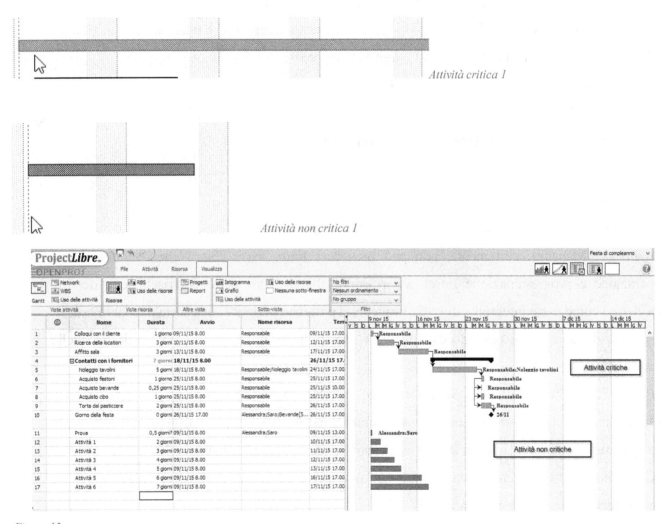

Attività critica 1

Attività non critica 1

Figure 15

In ProjectLibre, come si sarà notato nella elaborazione del progetto condotta sino a questo momento, tutte le attività collegate tra loro sono critiche.

Questo perché per ProjectLibre ogni ritardo nell'attività del progetto comporta il ritardo dell'intero progetto.

E' sufficiente, infatti, collegare le attività dalla 11 alla 17 (qui indicate semplicemente per spiegare il concetto di attività critiche), per notare il comportamento di ProjectLibre.

Selezioniamo e colleghiamo tra loro queste ultime attività.

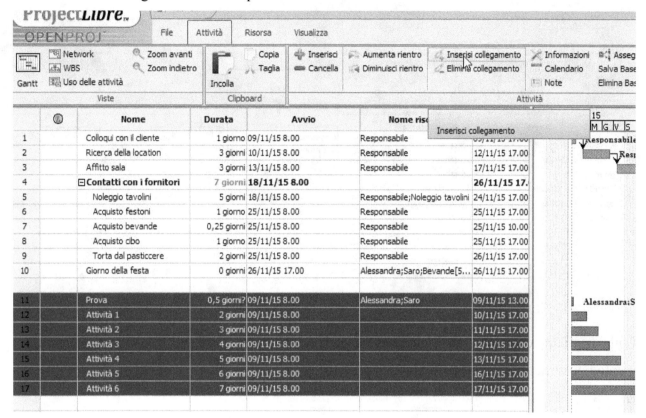

Attività critiche 2

Il collegamento, come si può notare dall'immagine che segue, determina che le ultime attività sono diventate critiche, le precedenti sino all'attività 10 "Giorno della festa" non più in quanto, a differenza delle ultime, terminano prima e, per ProjectLibre, ciò significa che non sono più critiche.

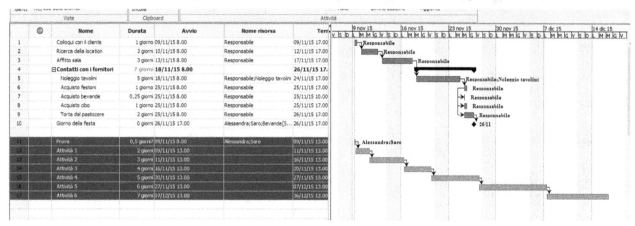

Attività critiche 3

Eliminiamo il collegamento tra le attività dalla 11 alla 17.

Tornando alle attività critiche, in ProjectLibre si individuano in due modi:

1) Nella Menu Visualizza, Gruppo filtri, clicchiamo sulla punta rivolta verso il basso e selezioniamo Attività critiche.

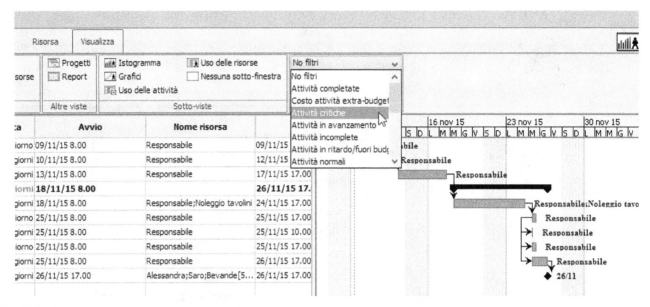

Attività critiche 4

Come possiamo notare dall'immagine che segue, le attività dalla 11 alla 17 non sono più presenti in quanto non critiche (sono nascoste).

Attività critiche 5

Cliccando, infatti, sempre nel Gruppo Filtri e scegliendo l'opzione "No filtri", le attività non critiche riappaiono.

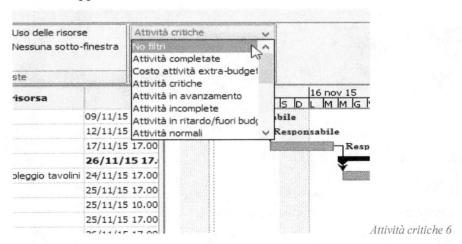

Attività critiche 6

2) Un altro modo per analizzare le attività critiche è quello di inserire la Colonna "Critiche" nella Tabella Vista di Gantt.

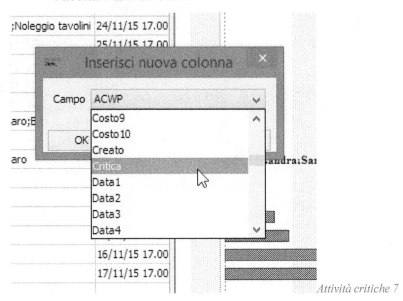

Attività critiche 7

Inseriamo la colonna Critica.

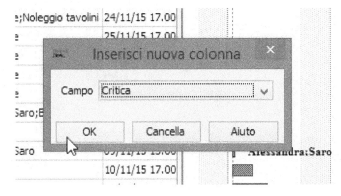

Attività critiche 8

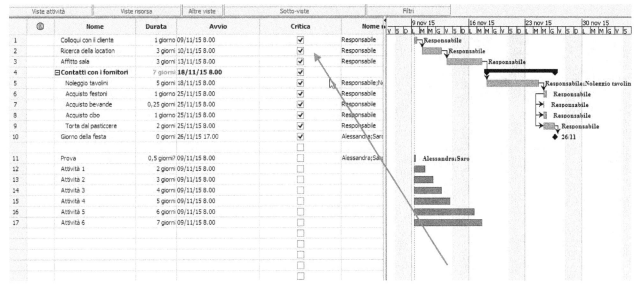

Attività critiche 9

Sulla Tabella, come risulta dall'immagine qui sopra, è presente la colonna "Critica" dove, per le attività sul percorso critico, è presente un quadratino con un segno di spunta mentre, per quanto si riferisce alle attività dalla 11 alla 17, il segno di spunta non c'è.

Queste attività, infatti, hanno **un margine di flessibilità** che permette loro di essere **compiute anche oltre la data di scadenza**.

Peraltro, ProjectLibre consente di evidenziale anche sul Diagramma di Gantt le attività con margine di flessibilità.

A tal proposito occorre cliccare con il tasto destro del mouse sul Diagramma di Gantt e, alla voce Stili Barra, cliccare "Slittamento complessivo".

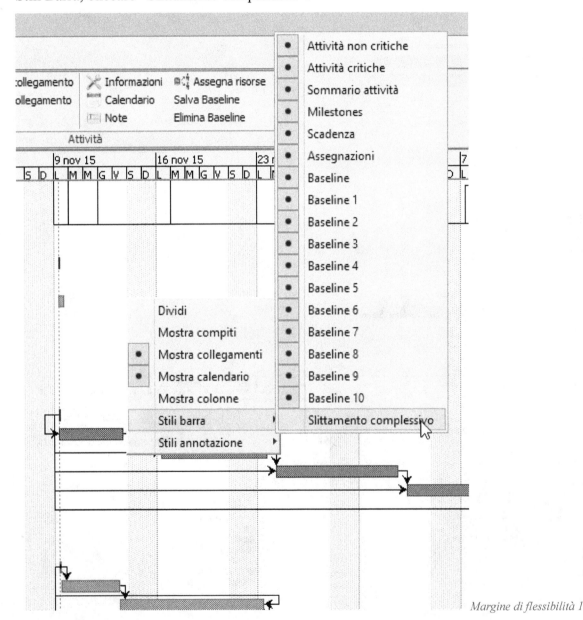

Margine di flessibilità 1

Sul Diagramma di Gantt appaiono delle righe blu in concomitanza delle attività del Diagramma ma non alle barre rosse.

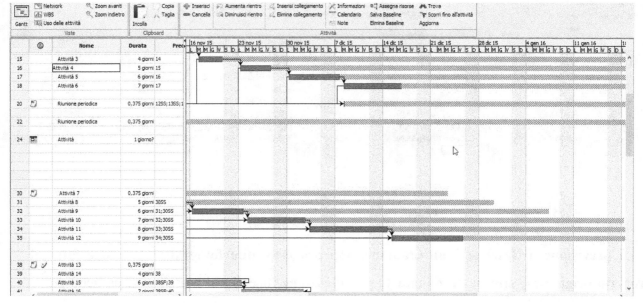

Margine di flessibilità 2

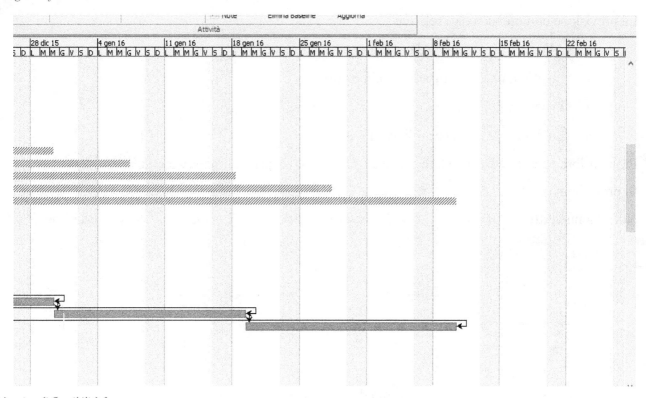

Margine di flessibilità 3

Ciò perché le attività con le barre in blu possono essere ritardata, quelle con le barre rosse no.

Peraltro, il ritardo o margine di flessibilità è consentito sino alla data di ultimazione dell'attività con durata maggiore.

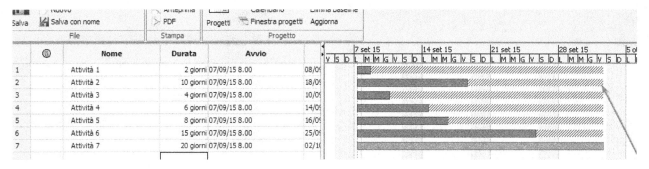

Margine di flessibilità 4

Il controllo del progetto: la previsione o Baseline.

La **previsione** o **Baseline** è **un'istantanea del progetto, una fotografia che viene fatta al progetto originario, appena terminata la pianificazione**, tale che il Manager di progetto possa controllare gli **eventuali scostamenti del progetto reale da quanto pianificato**.

La previsione comprende i dati relativi:

- Alla data di inizio e la data di fine programmate;
- Le attività e le assegnazioni delle risorse;
- I costi pianificati.
- Le durate, le scadenze, gli avvii e il lavoro.

ProjectLibre consente di impostare sino a 11 previsioni (la prima più le successive 10).

Si procede in questo modo.

Nel Menu Attività. Gruppo Attività, occorre cliccare sul pulsante "Salva Baseline".

Salva Baseline 1

Si apre la Finestra Baseline dove possiamo decidere se salvare la Baseline per l'intero progetto o per una o più attività selezionate.

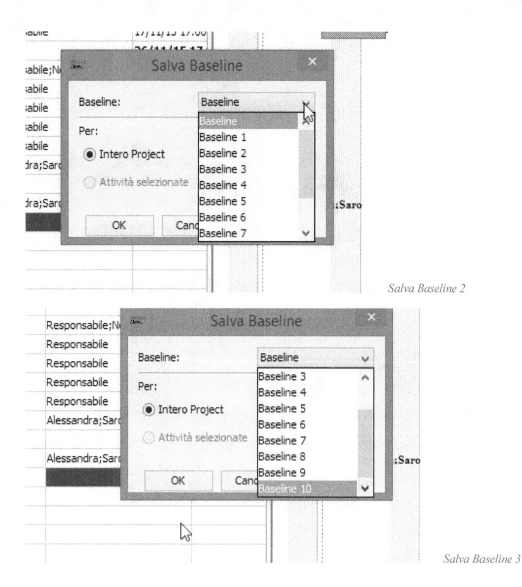

Salva Baseline 2

Salva Baseline 3

Clicchiamo ok e, sul Diagramma di Gantt, sotto le barre relative alle attività, appaiono delle barre di color grigio relative alla Baseline salvata.

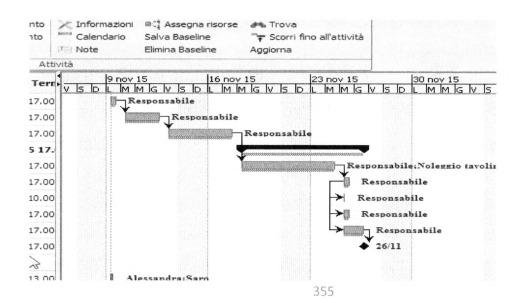

	Prova	0,5 giorni? 09/11/15 8.00	☐	Alessandra;Sarc
1	Attività 1	2 giorni 09/11/15 8.00	☐	
2	Attività 2	3 giorni 09/11/15 8.00	☐	
3	Attività 3	4 giorni 09/11/15 8.00	☐	
4	Attività 4	5 giorni 09/11/15 8.00	☐	
5	Attività 5	6 giorni 09/11/15 8.00	☐	
6	Attività 6	7 giorni 09/11/15 8.00	☐	

Salva Baseline 5

Per analizzare eventuali scostamenti rispetto alla previsione appena salvata, operiamo alcune modifiche alla durata delle attività.

Ad esempio, portiamo la durata dell'attività 5 "Noleggio tavolini" a 10 giorni (scrivere 10d) e a 5 giorni (5d), la durata dell'attività 9 "Torta dal pasticcere".

3	Affitto sala	3 giorni 13/11/15 8.00	☑	Re
4	⊟ **Contatti con i fornitori**	*7 giorni* **18/11/15 8.00**	☑	
5	Noleggio tavolini	10d 18/11/15 8.00	☑	Re
6	Acquisto festoni	1 giorno 25/11/15 8.00	☑	Re
7	Acquisto bevande	0,25 giorni 25/11/15 8.00	☑	Re
8	Acquisto cibo	1 giorno 25/11/15 8.00	☑	Re

Operazioni sulle attività Baseline 1

	Acquisto bevande	0,25 giorni 02/12/15 8.00	☑
	Acquisto cibo	1 giorno 02/12/15 8.00	☑
	Torta dal pasticcere	5d 02/12/15 8.00	☑
	Giorno della festa	0 giorni 03/12/15 17.00	☑
			☐
	Prova	0,5 giorni? 09/11/15 8.00	☐

Operazioni sulle attività Baseline 2

Come possiamo vedere sul Diagramma di Gantt, non si ha più parallelismo tra le barre rosse e quelle della previsione o Baseline in quanto il progetto ha subito delle modifiche.

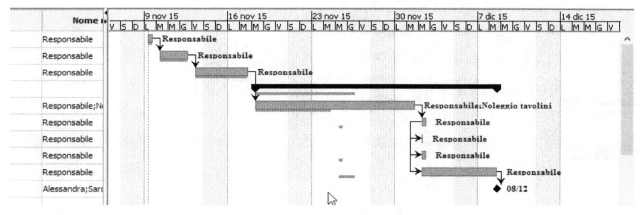

Operazioni sulle attività Baseline 3

La barra di color rosso si è allungata essendo aumentata la durata mentre quella di color grigio della previsione no.

Ciò offre la possibilità di notare visivamente lo scostamento del progetto dalla sua previsione originaria permettendo, al Manager di Progetto di rendersi conto della necessità di intervenire adottando i provvedimenti del caso.

Per nascondere la Baseline, poi, si può operare tramite il Tasto destro del mouse sul Diagramma di Gantt e, in Stili barra, scegliere la prima Baseline.

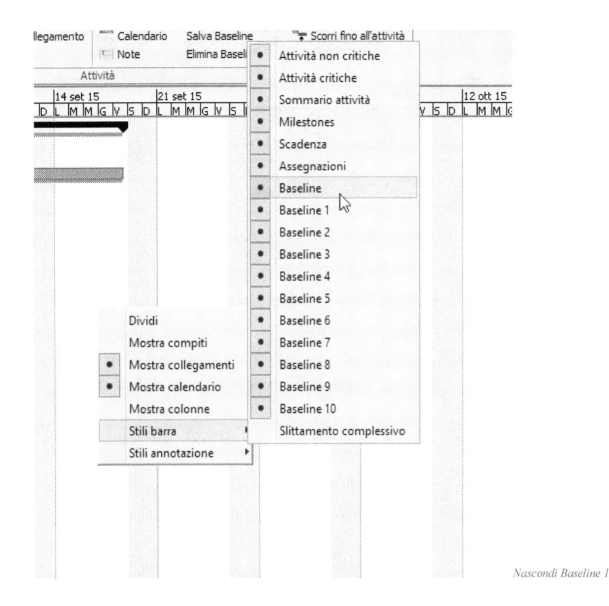

Nascondi Baseline 1

Le barre di colore grigio vengono nascoste.

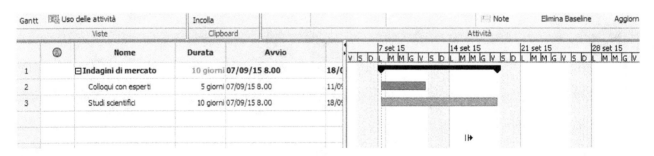

Nascondi Baseline 2

Cliccando nuovamente su questa finestra, le barre riappaiono.

Per eliminare la Baseline salvata, invece, occorre operare tramite il tasto "Elimina Baseline" presente sempre nel Gruppo Progetto, Menu File.

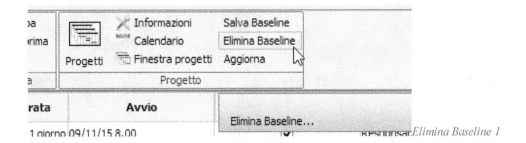

Elimina Baseline 1

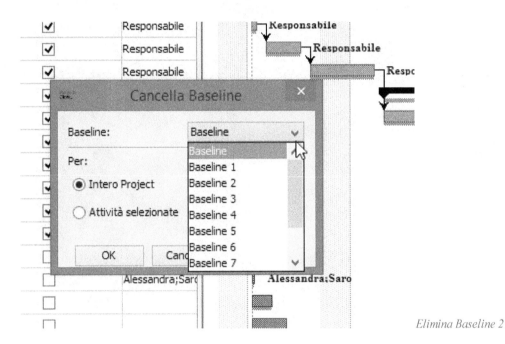

Elimina Baseline 2

Gli stessi comandi, Salva e Elimina Baseline, sono pure presenti nel Menu Attività, Gruppo Attività.

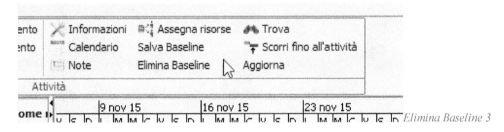

Elimina Baseline 3

Salva Baseline 6

ProjectLibre consente anche di inserire la colonna Baseline sulla Tabella, scegliendo fra le varie previsioni (lavori, costi, avvio e durate), di cui si indicano alcune immagini.

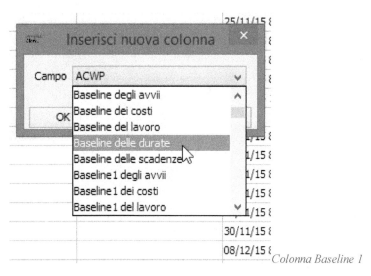

Colonna Baseline 1

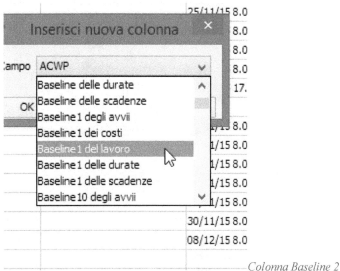

Colonna Baseline 2

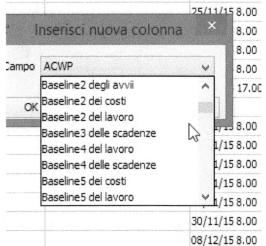

Colonna Baseline 3

360

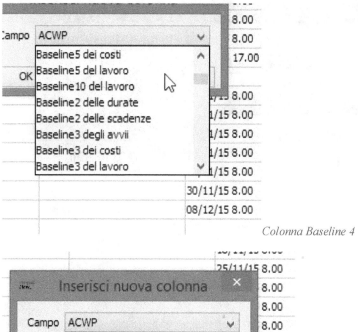

Colonna Baseline 4

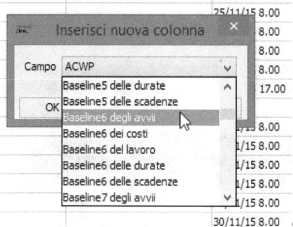

Colonna Baseline 5

Rispetto ad altri software di progettazione, può sembrare che ProjectLibre sia semplice in rapporto alle previsioni.

Non è così e ciò risulterà più chiaro dopo aver analizzato la tematica relativa all'aggiornamento del progetto.

Ed infatti, una volta indicate le percentuali di completamento delle attività ed aggiornato il progetto nel suo complesso, i dati relativi alla Baseline potranno essere esaminati sotto diversi aspetti.

Su Ubuntu.

Su Ubuntu, i passaggi da compiere per salvare le Baseline e visualizzare il percorso critico sono gli stessi, come risulta dalle immagini che seguono.

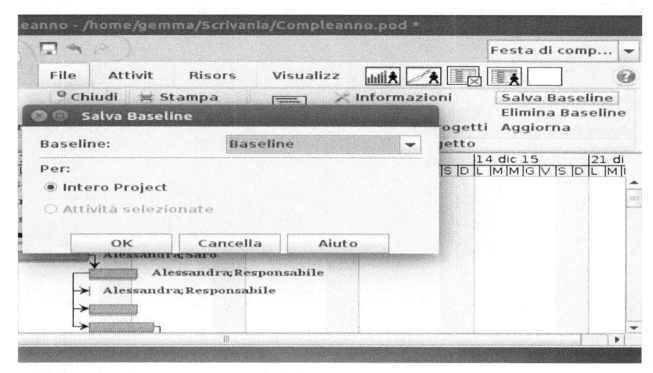

Salva Baseline 7

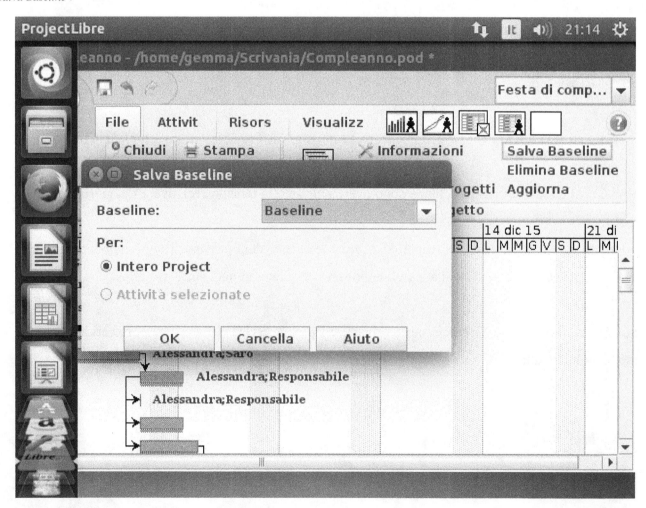

Salva Baseline 8

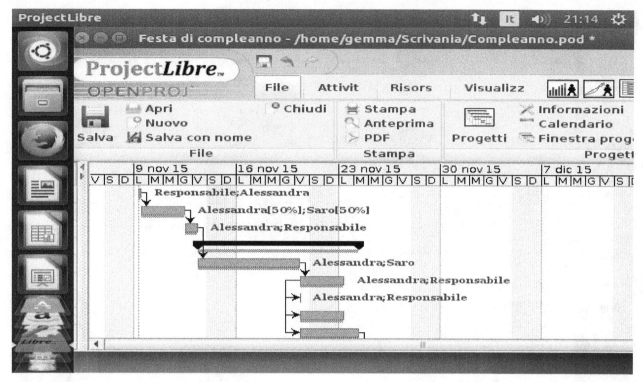

Salva Baseline 9

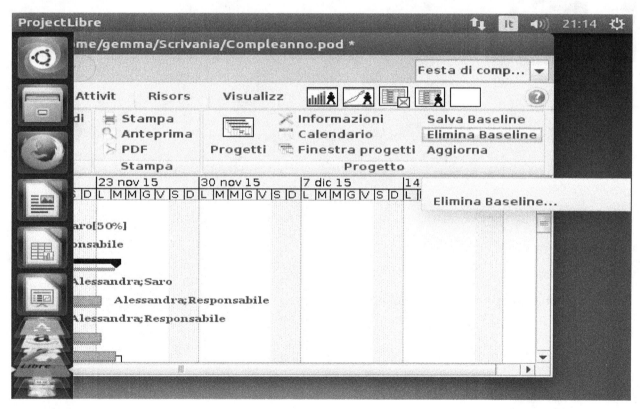

Salva Baseline 10

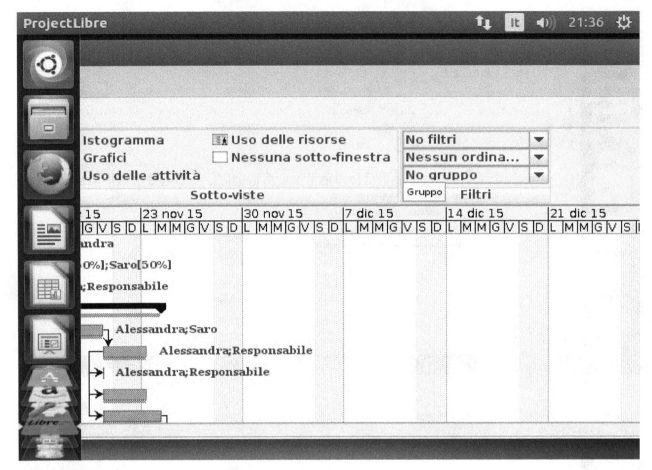

Salva Baseline 11

Analisi ed azioni sullo stato di avanzamento del progetto.

Una volta che il progetto si è avviato, e mano a mano che procede, occorre informare ProjectLibre dei progressi delle attività.

Occupiamoci di indicare le attività completate e, di quelle non completate, indicare lo stato di avanzamento.

Abbiamo diverse possibilità.

1) Selezioniamo una o più delle attività che ci interessano ad esempio la prima, "Colloqui con il cliente".

Apriamo, poi, la Scheda Informazioni dell'attività in questione.

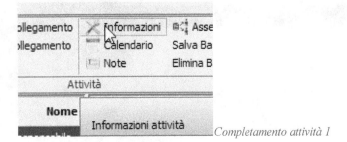
Completamento attività 1

Qui operiamo nella voce "Percentuale di completamento" indicando la percentuale di completamento.

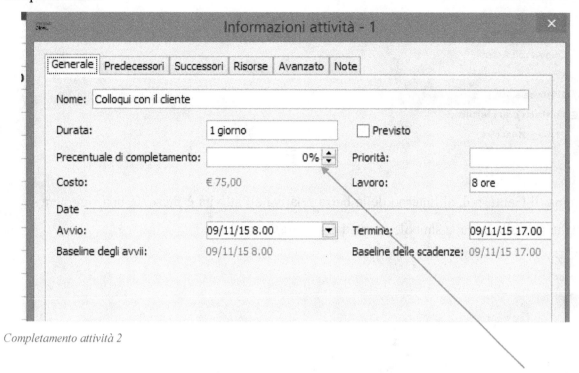

Completamento attività 2

Scegliamo, ad esempio, il 100%, per indicare che le attività sono state completate o operando tramite i pulsanti freccia, o scrivendo direttamente la percentuale.

Completamento attività 3

Poi clicchiamo su Chiudi.

Come possiamo notare sulla Tabella, prima del nome dell'attività, è apparso un simbolo verde (per il completamento totale dell'attività).

Completamento attività 4

Sul Diagramma di Gantt, poi, all'interno della barra relativa all'attività è presente una riga nera per l'intera lunghezza della barra, a simboleggiare il completamento.

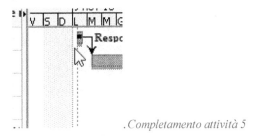

.Completamento attività 5

Oltre a selezionare una o più attività, possiamo operare tramite il pulsante "Aggiorna attività" presente nel Menu attività, Gruppo Attività, dopo aver selezionato l'attività o le attività di interesse.

2	Ricerca della location	3 giorni	10/11/15 8.00	☑	Responsabile
	Affitto sala	3 giorni	13/11/15 8.00	☑	Responsabile
4	⊟ Contatti con i fornitori	15 giorni	18/11/15 8.00	☑	

Figure 16

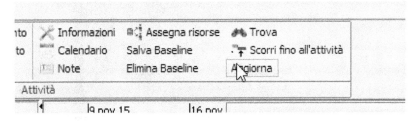

Completamento attività 6

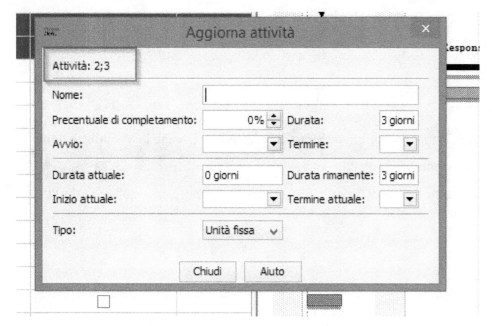

Completamento attività 7

Come si nota dall'immagine di cui sopra, nel rettangolo rosso sono indicate le attività selezionate, qui, le Attività 2 e 3.

Indichiamo, poi, come percentuale di completamento il 50%.

Completamento attività 8

E clicchiamo su Chiudi.

Come si può notare dalla Tabella, nessun simbolo è apparso accanto alle due attività, in quanto non sono state completate al 100%.

2		Ricerca della location
3		Affitto sala
4		⊟ **Contatti con i fornitori**

Completamento attività 9

Altro modo per indicare la percentuale di completamento di un'attività è tramite la Visualizzazione "Tracking" sullo svolgersi del progetto.

E' sufficiente cliccare con il tasto destro del mouse sul rettangolo posto prima del simbolo "I", indicatori.

	ⓘ	Nome	Durata	A
1	✓	Colloqui con il cliente	1 giorno	09/11/15 8.0
2		Baseline	giorni	10/11/15 8.0
3		Costo	giorni	13/11/15 8.0
4		Date di scadenza	**iorni**	**18/11/15 8**
5		Default	giorni	18/11/15 8.0
6	●	Default* (Clicca per rinominare)	jiorno	02/12/15 8.0
7		Earned Value	giorni	02/12/15 8.0
8		Earned Value - Costi	jiorno	02/12/15 8.0
9		Earned Value - Tempi	giorni	02/12/15 8.0
10		Festa di compleanno	giorni	08/12/15 17.
		Lavoro		
		Nome		
12		Schedule (CPM)	jiorni?	09/11/15 8.0
13		Sommario	giorni	09/11/15 8.0
14		Tracking	giorni	09/11/15 8.0
15		Varianza sui tempi	giorni	09/11/15 8.0
16		Attività 4	5 giorni	09/11/15 8.0
17		Attività 5	6 giorni	09/11/15 8.0

Completamento attività 10

Qui cliccare su "Tracking".

1	✓	Baseline	giorr
2		Costo	gior
3		Date di scadenza	gior
4	•	**Default (Clicca per rinominare)**	gior
5		Default*	gior
6		Earned Value	giorr
7		Earned Value - Costi	gior
8		Earned Value - Tempi	giorr
9		Festa di compleanno	gior
.0		Lavoro	gior
		Nome	
.2		Schedule (CPM)	giorr
.3		Sommario	gior
.4		Tracking	gior
.5		Varianza sui tempi	gior
.6		Attività 4	5 gior

Completamento attività 11

Sulla nostra tabella appare la colonna "Percentuale di completamento".

	Termine attuale	Precentuale di completa...	Percentu
	09/11/15 17.00	100%	
		50%	
		50%	
		0%	
		0%	
		0%	
		0%	
		0%	
		0%	
		0%	
		0%	
		0%	
		0%	
		0%	
		0%	
		0%	
		0%	

Completamento attività 12

369

Qui, nella cella dell'attività che interessa aggiornare, indichiamo il valore, ad esempio il 25% per l'attività 5, "Noleggio tavolini".

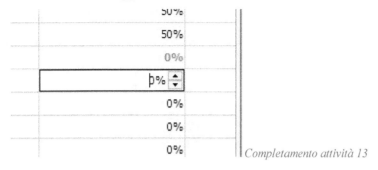

Completamento attività 13

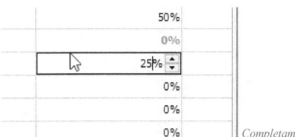

Completamento attività 14

Diamo invio e notiamo anche l'aggiornamento relativo alla percentuale di completamento dell'attività riepilogo di cui fa parte l'attività 5.

Ed infatti, l'attività 4 "Contatti con i fornitori", di è aggiornata al 18% stante l'aggiornamento dell'attività 4.

4	⊟ Contatti con i fornitori	18/11/15 8.00			18%
5	□ᴀᵗ	ₙₐₗₑₘₘᵢₐ ₜₐᵥₒₗᵢₙᵢ	₁₈/₁₁/₁₅ ₈.₀₀		₂₅%

Completamento attività 15 Summary task o Attività di riepilogo

Occorre ricordare, infatti, che la durata così come il completamento delle attività riepilogo o Summary Task, è in funzione delle attività di cui sono composte.

La colonna "Percentuale di completamento" può essere inserita non solo tramite la Tabella Tracking ma anche direttamente sulla tabella Vista Gantt tramite il tasto destro del mouse sull'intestazione di colonna alla sinistra della quale vogliamo inserire la colonna, come fatte in altre occasioni.

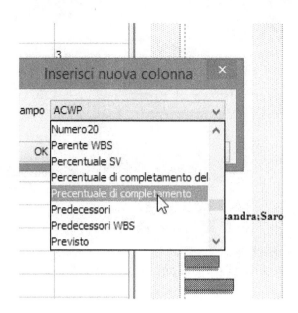

Completamento attività 16

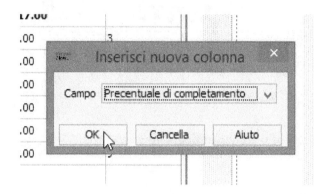

Completamento attività 17

			Viste		Clipboard			Attivi
			Nome	Durata	Avvio	Precentuale di completa...	Term
1	✓		Colloqui con il cliente	1 giorno	09/11/15 8.00	100%	09/11/15 17.00
2			Ricerca della location	3 giorni	10/11/15 8.00	50%	12/11/15 17.00
3			Affitto sala	3 giorni	13/11/15 8.00	50%	17/11/15 17.00
4			⊟ Contatti con i fornitori	15 giorni	18/11/15 8.00	18%	08/12/15 17.
5			Noleggio tavolini	10 giorni	18/11/15 8.00	25%	01/12/15 17.00
6			Acquisto festoni	1 giorno	02/12/15 8.00	0%	02/12/15 17.00
7			Acquisto bevande	0,25 giorni	02/12/15 8.00	0%	02/12/15 10.00
8			Acquisto cibo	1 giorno	02/12/15 8.00	0%	02/12/15 17.00
9			Torta dal pasticcere	5 giorni	02/12/15 8.00	0%	08/12/15 17.00
10			Giorno della festa	0 giorni	08/12/15 17.00	0%	08/12/15 17.00
12			Prova	0,5 giorni?	09/11/15 8.00	0%	09/11/15 13.00
13			Attività 1	2 giorni	09/11/15 8.00	0%	10/11/15 17.00
14			Attività 2	3 giorni	09/11/15 8.00	0%	11/11/15 17.00
15			Attività 3	4 giorni	09/11/15 8.00	0%	12/11/15 17.00
16			Attività 4	5 giorni	09/11/15 8.00	0%	13/11/15 17.00
17			Attività 5	6 giorni	09/11/15 8.00	0%	16/11/15 17.00
18			Attività 6	7 giorni	09/11/15 8.00	0%	17/11/15 17.00

Completamento attività 18

Proviamo ad aggiornare l'attività 6 "Acquisto festoni" al 20%.

4	⊟ Contatti con i fornitori	15 giorni	18/11/15 8.00	18%	08/12/15 17.
5	Noleggio tavolini	10 giorni	18/11/15 8.00	25%	01/12/15 17.00
6	Acquisto festoni	1 giorno	02/12/15 8.00	20%	02/12/15 17.00
7	Acquisto bevande	0,25 giorni	02/12/15 8.00	0%	02/12/15 10.00
8	Acquisto cibo	1 giorno	02/12/15 8.00	0%	02/12/15 17.00
9	Torta dal pasticcere	5 giorni	02/12/15 8.00	0%	08/12/15 17.00

Completamento attività 19

Diamo Invio sulla tastiera.

Per effetto dell'aggiornamento della sotto-attività 6, la Summary Task 4 è ora aggiornata al 19%.

| 4 | ⊟ Contatti con i fornitori | 15 giorni | 18/11/15 8.00 | 19% | 08/12/15 17. |
| 5 | Noleggio tavolini | 10 giorni | 18/11/15 8.00 | 25% | 01/12/15 17.00 |

Completamento attività 20

Aggiornare l'avanzamento di un'attività.

Per aggiornare l'avanzamento di un'attività come sopra detto, oltre ad indicare le percentuali di completamento (0%, 25%, 50%, 75%, 100%), possiamo operare tramite la finestra Aggiorna progetto, al quale si accede tramite il Menu File, Gruppo Progetto.

Aggiorna Progetto 1

Peraltro, tramite il pulsante Aggiorna Progetto (evidenziato in rosso), abbiamo diverse possibilità.

Aprendo la relativa finestra, infatti, ProjectLibre ci consente non solo di aggiornare l'intero progetto o solo alcune attività, ma anche di inserire una data precisa alla quale vogliamo controllare l'aggiornamento o Data Stato, nella terminologia del Project management, in quanto è in un determinato momento che si hanno dei dati precisi.

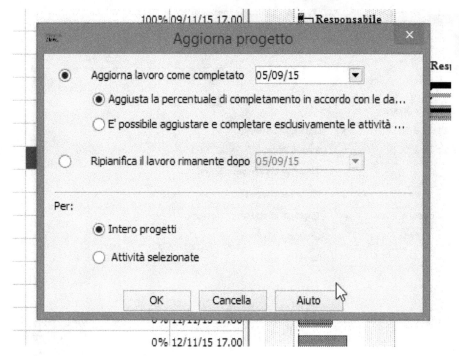

Aggiorna Progetto 2

Procediamo, pertanto, con la Data Stato.

Occorre però impostare la data nella Finestra Informazioni Progetto, indicata in blu nella prima figura.

Apriamo pertanto la Finestra Informazioni Progetto e, nella Scheda Generale, indichiamo come Data Stato il 20 novembre (ProjectLibre parla di Status Date).

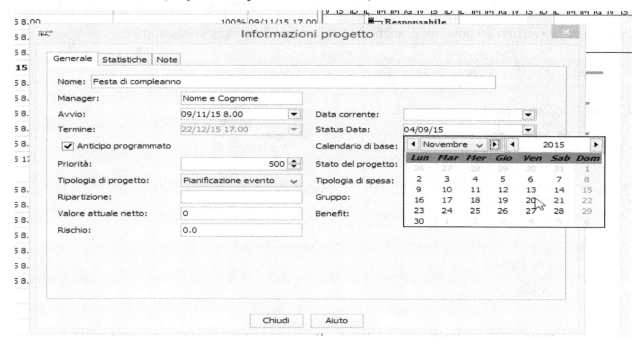

Aggiorna Progetto 3

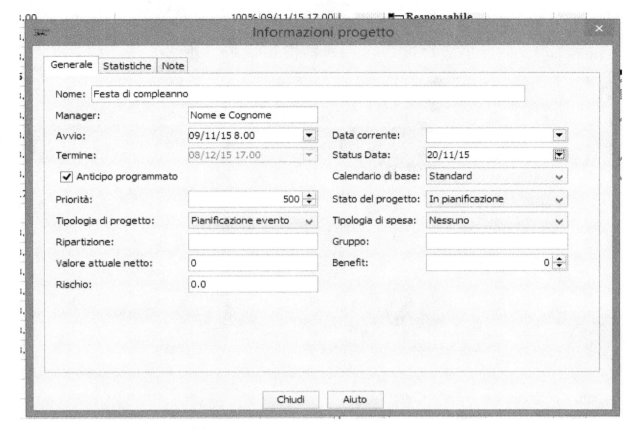

Aggiorna Progetto 4 Data Stato

Clicchiamo poi su Chiudi.

Riapriamo la Finestra Aggiorna progetto e, accanto alla dicitura "Aggiorna progetto come completato al" scriviamo 20 novembre, anche aiutandoci con il calendario che appare.

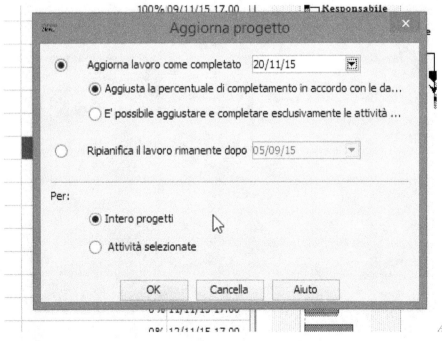

Aggiorna Progetto 5

Clicchiamo su Ok.

Come possiamo notare, accanto alle attività sino al 20 novembre è apparso il segno di completamento e, sul Diagramma di Gantt, la riga nera all'interno delle barre relative alle attività completate.

	⊕	Nome
1	✓	Colloqui con il cliente
2	✓	Ricerca della location
3	✓	Affitto sala
4		⊟ **Contatti con i fornitori**
5		Noleggio tavolini
6		Acquisto festoni
7		Acquisto bevande
8		Acquisto cibo
9		Torta dal pasticcere
10		Giorno della festa
11	✓	Prova
12	✓	Attività 1
13	✓	Attività 2
14	✓	Attività 3
15	✓	Attività 4
16	✓	Attività 5
17	✓	Attività 6

Aggiorna Progetto 6

Aggiorna Progetto 7

ATTENZIONE!

Fare attenzione in sede di esame alla domanda se richiesto di aggiornare una determinata attività indicando la percentuale, o se si chiede di aggiornare l'intero progetto, per il quale occorre operare tramite la Finestra Aggiorna progetto.

Ordinamento e selezione di un'attività.

Quando il progetto è composto di molteplici attività, per visualizzare rapidamente quella di interessa si può operare tramite il pulsante Scorri sino all'Attività. Gruppo Attività, Menu Attività.

Ad esempio, interessa vedere l'attività 10 sul Diagramma di Gantt, "Giorno della Festa".

Selezioniamola e clicchiamo il Tasto "Scorri sino all'Attività".

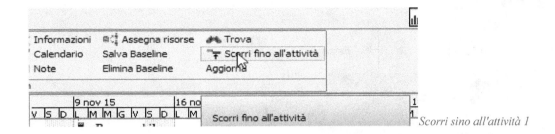

Scorri sino all'attività 1

ProjectLibre mostra la barra dell'attività in questione.

Scorri sino all'attività 2

Oppure interessa trovare un'attività di cui si ricorsa il nome ma non dove sia sulla nostra tabella.

Naturalmente deve trattarsi di quei progetti molti complessi quindi pieni di attività.

Ipotizziamo, pertanto, che interessi trovare l'attività 5.

Clicchiamo, pertanto, il pulsante "Trova" sempre nel Gruppo Attività, a forma di binocolo.

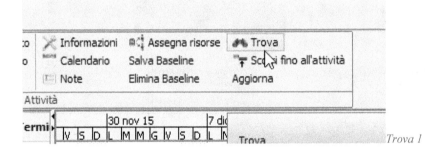

Trova 1

Si apre una finestra che offre numerose possibilità dove effettuare le ricerche ma noi lasciamo il campo Nome.

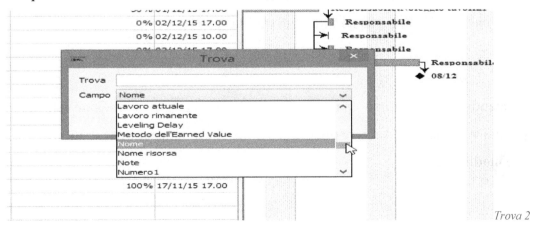

Trova 2

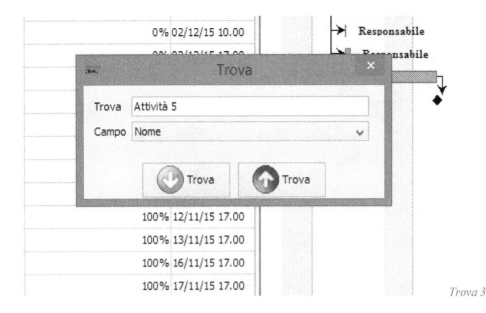

Trova 3

Scriviamo Attività 5 e clicchiamo sulla freccia verde.

L'attività 5 viene evidenziata.

Trova 4

In questo caso si è dovuta cliccare la freccia verde perché ci si trovava sopra l'attività ricercata. Se, invece, ci si fosse trovati sotto, si sarebbe dovuta cliccare la freccia blu.

Ed infatti, qualora nel nostro caso avessimo cliccato la freccia blu, ProjectLibre avrebbe risposto con un messaggio di errore dicendo che l'attività non era stata trovata.

Attenzione!

In ProjectLibre i comandi annulla ultima operazione e ripristina l'ultima operazione non sempre funzionano, per cui si consiglia di salvare più copie dei file di esercitazione per valutare di volta in volta le varie modifiche.

ProjectLibre offre anche la possibilità di filtrare i dati, tramite il Menu Visualizza, Gruppo Filtri, già visto in occasione delle attività critiche, nonché di ordinare le attività così come di raggrupparle, operando tramite i pulsanti presenti sempre nel Gruppo Filtri.

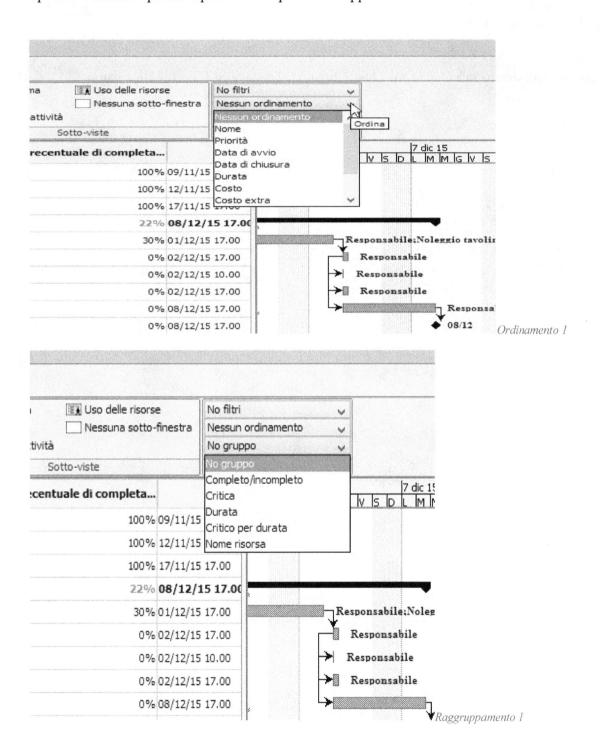

Ordinamento 1

Raggruppamento 1

Operando con il tasto destro del mouse nell'area del Diagramma di Gantt, inoltre, possono essere apportate ulteriori evidenziazioni al Progetto.

Attenzione!

In ProjectLibre i comandi annulla ultima operazione e ripristina l'ultima operazione non sempre funzionano, per cui si consiglia di salvare più copie dei file di esercitazione per valutare di volta in volta le varie modifiche.

Clicchiamo con il tasto destro del mouse sul Diagramma e, alla voce Stili barre, clicchiamo su Slittamento complessivo.

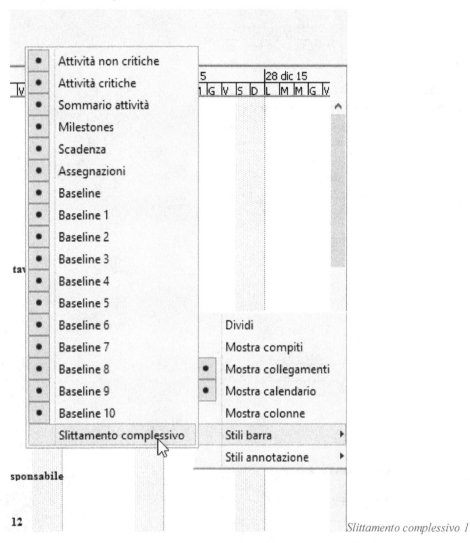

Slittamento complessivo 1

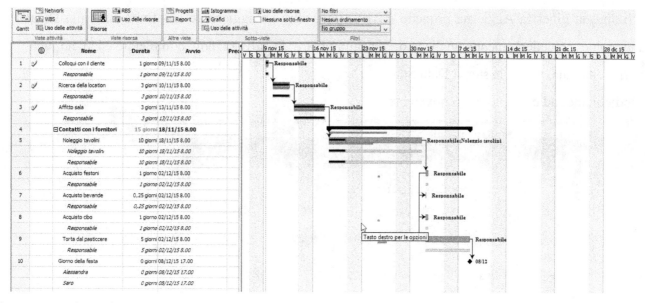

Slittamento complessivo 2

Appaiono delle barre gialle con le quali si può evidenziare di quanto il progetto si è discostato slittando nel suo complesso.

Ripianificare un'attività incompleta.

Nel caso si voglia riprogrammare le attività come completate sino ad una data o, in alternativa, dopo un'interruzione, riprendere la programmazione a far data da un preciso momento, si deve agire sul Mene File, Gruppo, Aggiorna Progetto.

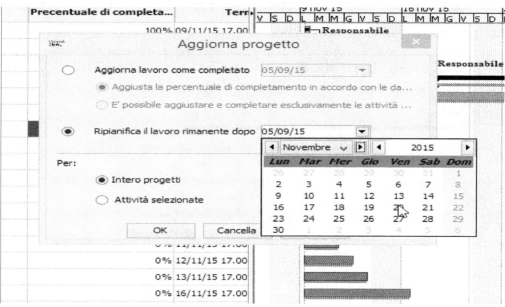

Ripianificare attività incomplete 1

Si apre la Finestra Aggiorna progetto dove si può, oltre ad aggiornare le attività sino alla Data Stato come precedentemente analizzato, riprogrammare le attività non completate sino ad una determinata data, anche la stessa Data Stato.

Indichiamo, ad esempio, il 26 novembre.

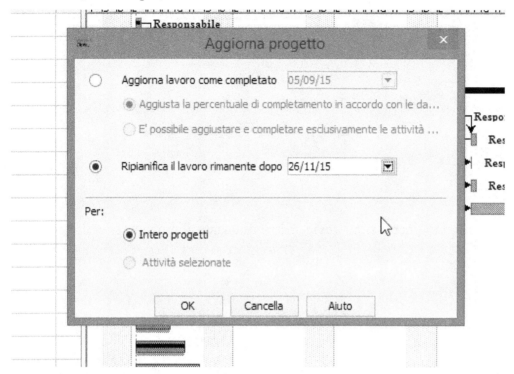

Ripianificare attività incomplete 2

E clicchiamo su Ok.

Notiamo che alcune attività, quelle non ancora completate, si sono spostate verso destra e la riga verde di inizio di attività è ora sotto la data del 26 novembre.

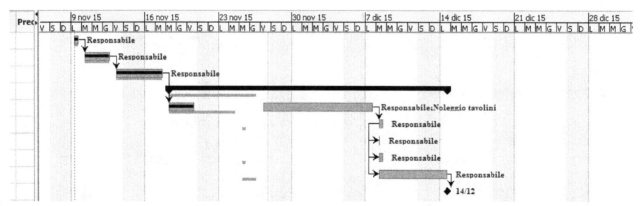

Ripianificare attività incomplete 3

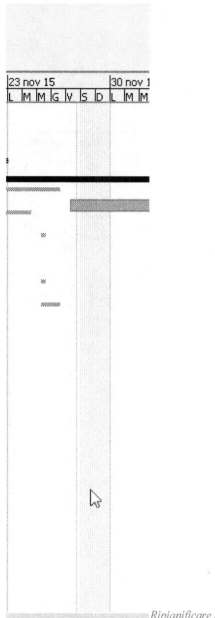

23 nov 15   30 nov 1
L M M G V S D L M M

Ripianificare attività incomplete 4

Infine, possiamo aggiornare il lavoro effettivo in ProjectLibre.

Ciò consente di esaminare, nel dettaglio, le ore effettivamente lavorate dalle risorse, con un controllo puntuale e preciso sul progetto.

Occorre in primo luogo attivare la Sotto-vista Uso delle attività dal Menu Visualizza, Gruppo Sotto-viste.

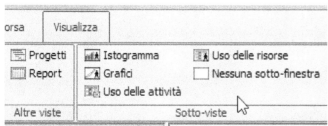

Aggiorna lavoro effettivo 1

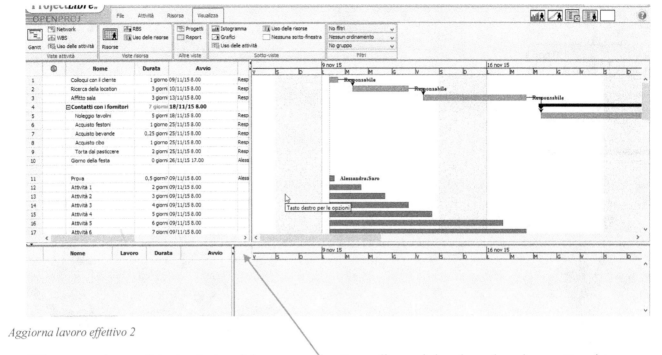

Aggiorna lavoro effettivo 2

Cliccare, poi, con il tasto destro del mouse sul rettangolino grigio, dopo la prima sotto-vista, e selezionare "Lavoro attuale".

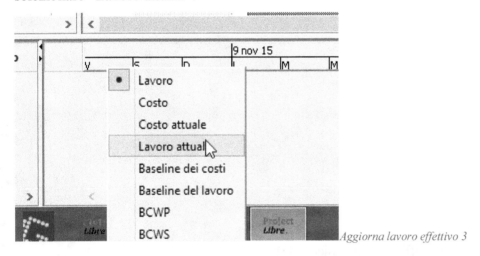

Aggiorna lavoro effettivo 3

Qui, per le attività di interesse, procedere alle modifiche.

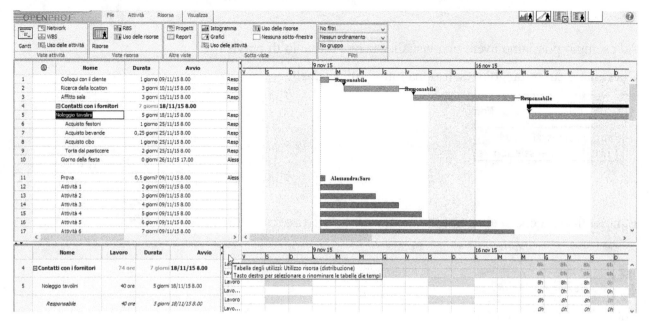

Aggiorna lavoro effettivo 4

Oh	Oh	Oh	Oh
8h	8h	8h	Oh
9	Oh	Oh	Oh
8h	8h	8h	Oh

Aggiorna lavoro effettivo 5

Peraltro, guardano la colonna, quella relativa al lavoro attuale il nome è riportato integralmente mentre, per quanto si riferisce al nome relativo al lavoro attuale, la colonna è troncata e né si può allagare.

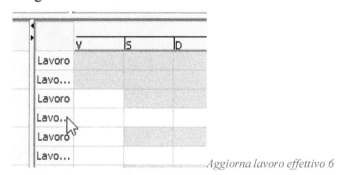

Aggiorna lavoro effettivo 6

Le Linee di avanzamento del progetto. Pianificazione corrente ed orizzonte di pianificazione. Varianze in ProjectLibre.

Quando si è parlato della previsione o Baseline, si è notato che ProjectLibre offre molteplici visualizzazioni con le quali analizzare l'andamento del progetto, consentendo sia al Manager di Progetto (Il Responsabile per ProjectLibre), di intervenire prontamente, che di tenere costantemente aggiornati i soggetti interessanti o stakeholders.

Ad esempio possiamo avere una visualizzazione a livello di previsione.

Clicchiamo sul rettangolo "Seleziona tutto" sulla Tabella.

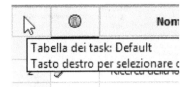

E, nella finestra che si apre, scegliamo la voce "Varianze sui tempi".

	⑩	Nome	Durata	
1	✓	Collogui con il cliente	1 giorno	09/
2	✓	Baseline	3 giorni	10/
3	✓	Costo	3 giorni	13/
4	●	Date di scadenza	5 giorni	**18**,
5		**Default (Clicca per rinominare)**	10 giorni	18/
5		Earned Value	1 giorno	02/
7		Earned Value - Costi	25 giorni	02/
B		Earned Value - Tempi	1 giorno	02/
9		Festa di compleanno	5 giorni	02/
.0		Lavoro	0 giorni	08/
		Nome		
		Schedule (CPM)		
.1	✓	Sommario	5 giorni?	09/
.2	✓	Tracking	2 giorni	09/
.3	✓	Varianza sui tempi	3 giorni	09/
.4	✓	Attività 3	4 giorni	09/
.5	✓	Attività 4	5 giorni	09/
.6	✓	Attività 5	6 giorni	09/

Varianze sui tempi 1

Si apre la seguente finestra che mostra i dati sulle Baseline salvate (qui solo una), per valutare i progressi del progetto.

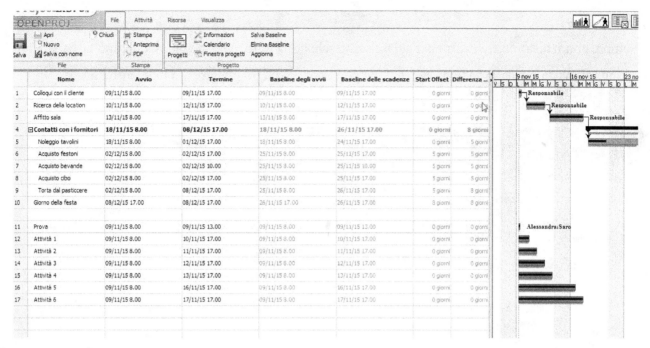

Varianze sui tempi 2

I dati riportati in Baseline degli avvii e delle scadenze si riferiscono ai dati relativi alle date di inizio e di fine che vengono salvate nella Baseline originaria.

Per valutare gli eventuali scostamenti, si ha riguardo alle colonne Start Offset e Differenza finale, il cui risultato determina la Varianza, vale a dire la differenza tra i valori attuali del progetto e quelli riportati nella Baseline.

Nel caso del nostro progetto, la varianza è nell'attività di riepilogo (rettangolo rosso), conseguenza di un ritardo in una delle sotto-attività (rettangolo verde).

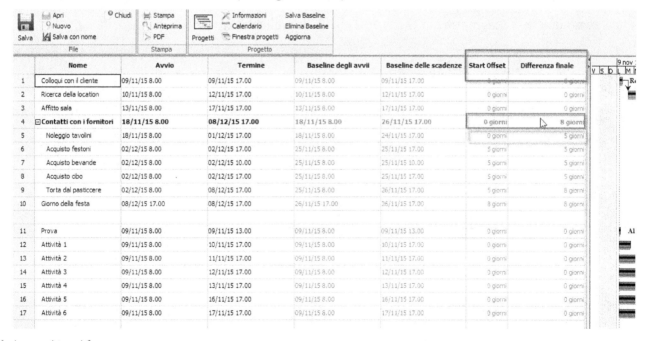

Varianze sui tempi 3

Sempre con il tasto destro del mouse sul pulsante seleziona tutto, questa volta scegliamo la Tabella Tracking, già vista prima in sede di indicazione percentuale di completamento delle attività.

		Nome	Avvio	
1		Colloqui con il cliente	09/11/15 8.00	09/11/
2	R	Baseline		12/11/
3	A	Costo		17/11/
4	⊟C	Date di scadenza		**08/12**
5		Default		01/12/
6		Earned Value		02/12/
7		Earned Value - Costi		02/12/
8		Earned Value - Tempi		02/12/
9		Festa di compleanno		08/12/
10	G	Lavoro		08/12/
		Nome		
		Schedule (CPM)		
11	P	Sommario		09/11/
12	A	Trackin		10/11/
13	A	**Varianza sui tempi (Clicca per rinominare)**		11/11/
14	Attività 3		09/11/15 8.00	12/11/
15	Attività 4		09/11/15 8.00	13/11/
16	Attività 5		09/11/15 8.00	16/11/

Tabella Tracking 1

Dopo aver nascosto le colonne che non occorrono, come Percentuale fisica di completamento, e spostato verso destra il Diagramma di Gantt, la Tabella dovrebbe avere il seguente aspetto.

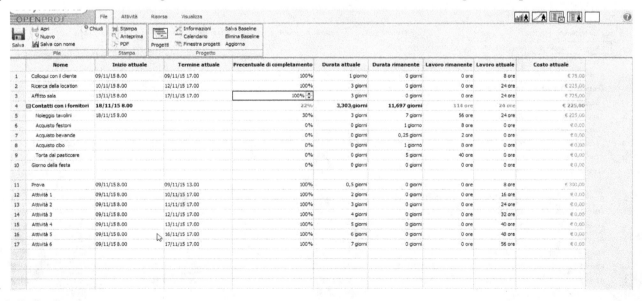

Tabella Tracking 2

Anche qui possiamo operare nelle varie celle per apportare le modifiche, tranne nella colonna Costo attuale.

In tal caso, occorre andare nella Tabella Costo, tramite il tasto destro del mouse sul pulsante "Seleziona tutto".

Tabella Costo 1

Tabella Costo 2

Qui, peraltro, possiamo modificare solo i costi fissi, anche in punto di attribuzione in quanto ProjectLibre modifica i costi mano a mano che si assegnano e modificano le risorse.

Infine, per analizzare i costi totali del progetto, si può cliccare in Informazioni Progetto ed attivare la Scheda Statistiche.

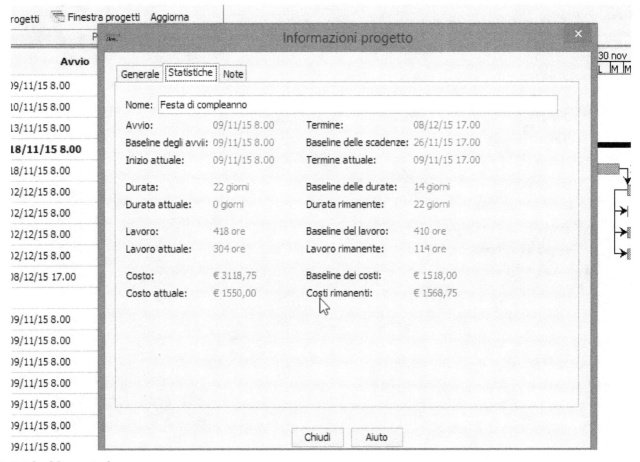

Statistiche del progetto 2

In questa Scheda, è data la possibilità di analizzare i Costi totali del progetto (qui €. 3.118,75), i costi sostenuti sino al momento del controllo e quelli rimanenti.

Su Ubuntu.

Le immagini che seguono mostrano il funzionamento di ProjectLibre su Ubuntu.

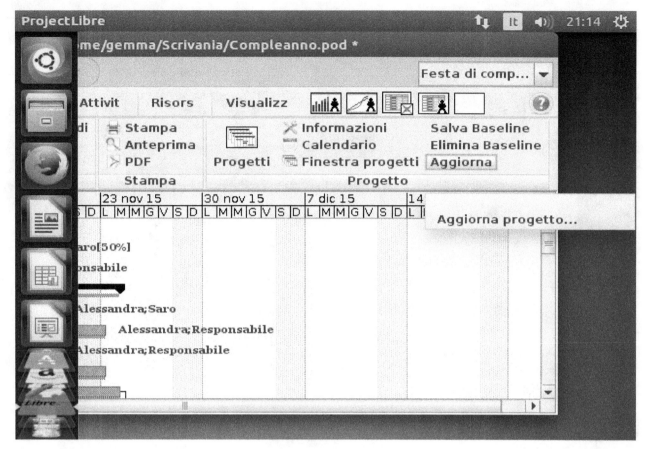

Aggiorna Progetto 8

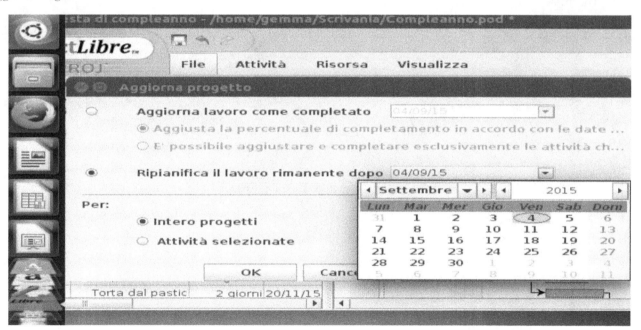

Aggiorna Progetto 9

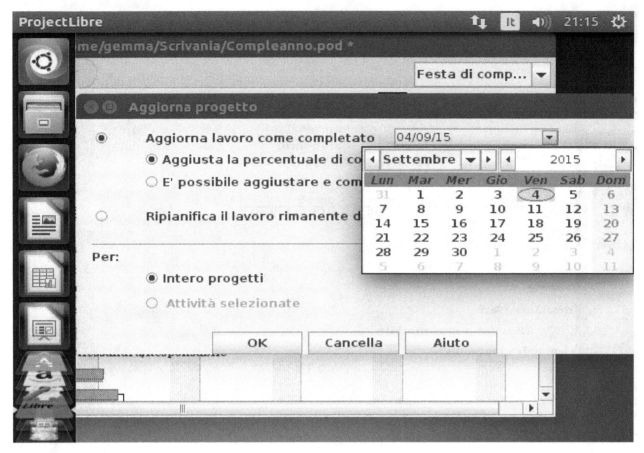

Aggiorna Progetto 10

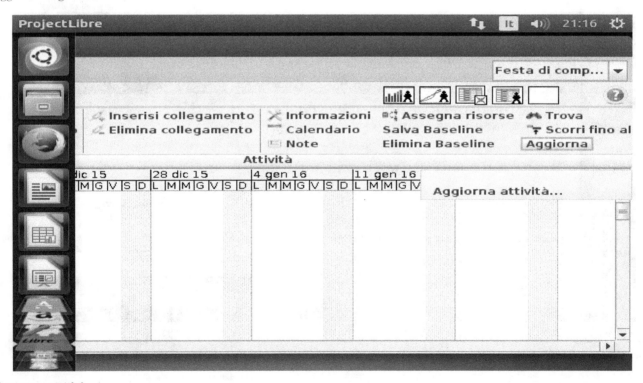

Aggiorna attività 1

Aggiorna attività 2

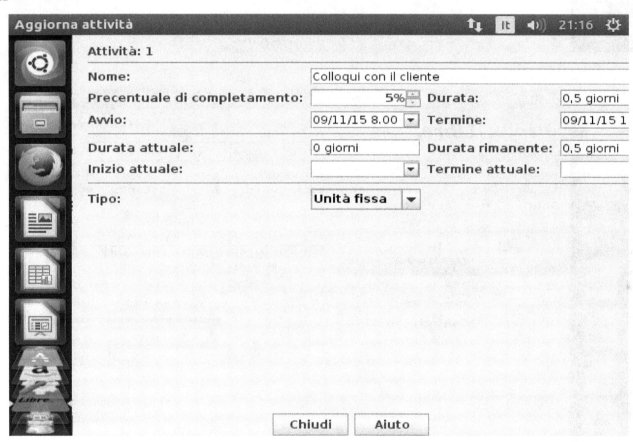

Aggiorna attività 3

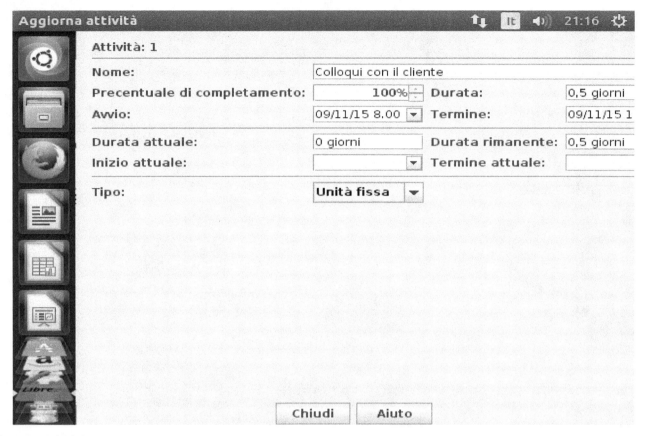

Aggiorna attività 4

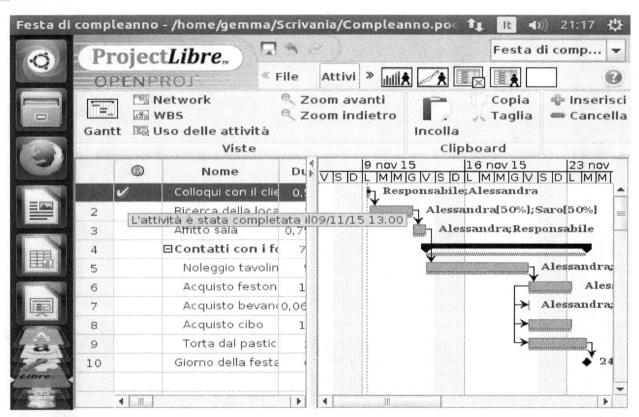

Aggiorna attività 5

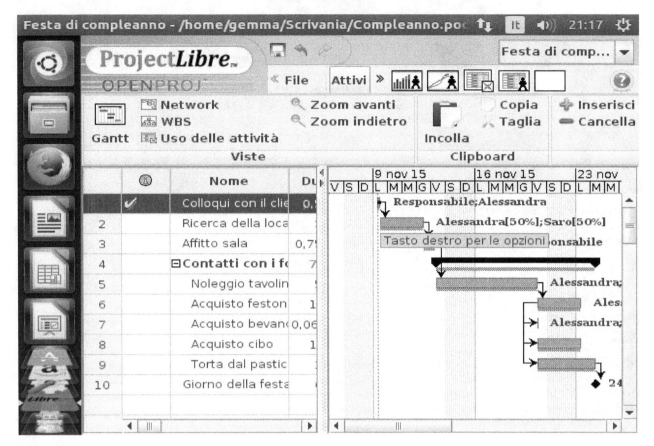

Aggiorna attività 6

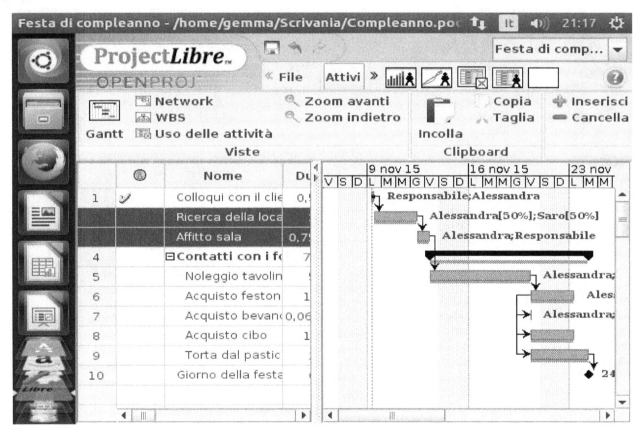

Aggiorna attività 7

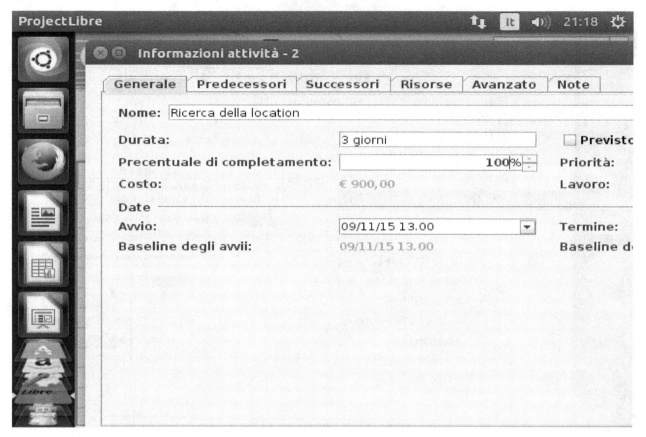

Aggiorna attività 8

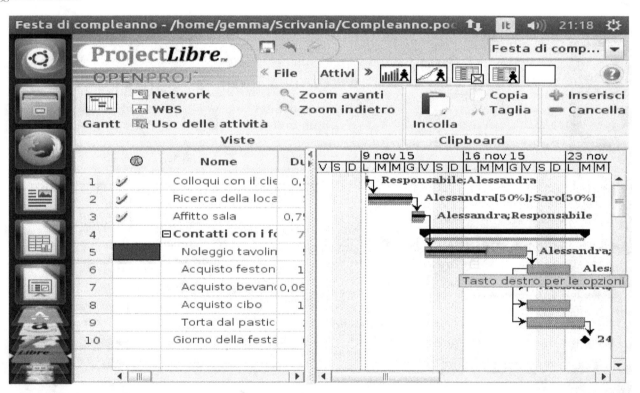

Aggiorna attività 9

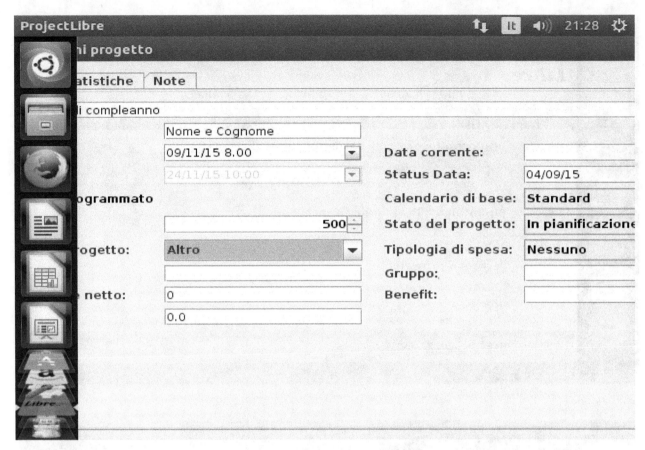

Aggiorna attività 10

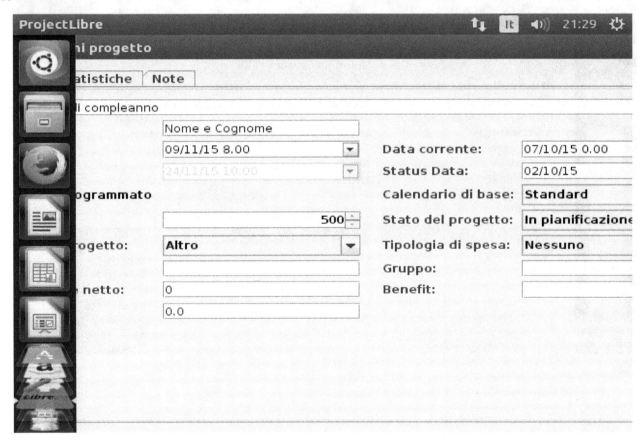

Aggiorna attività 11

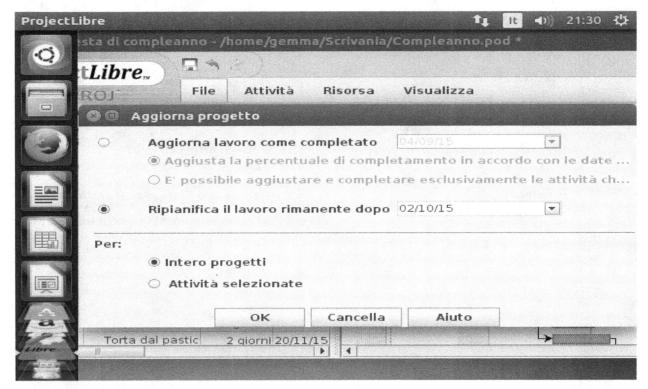

Aggiorna attività 12

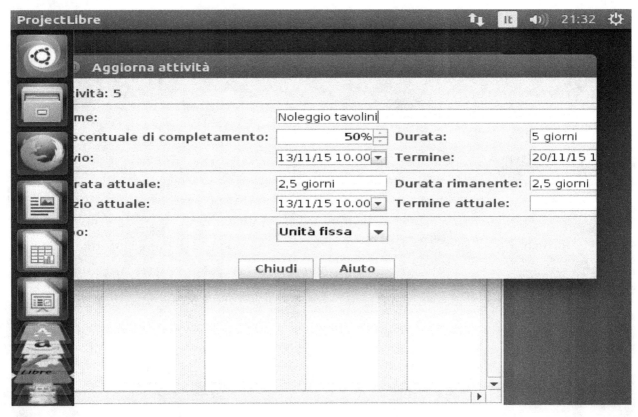

Aggiorna attività 13

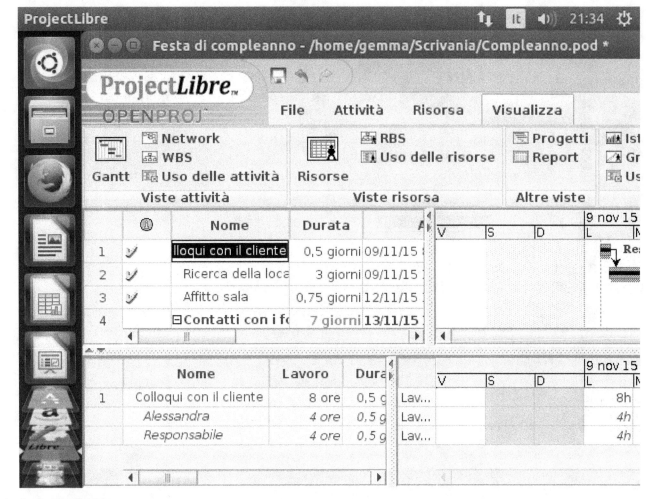

Aggiorna attività 14

Aggiorna attività 15

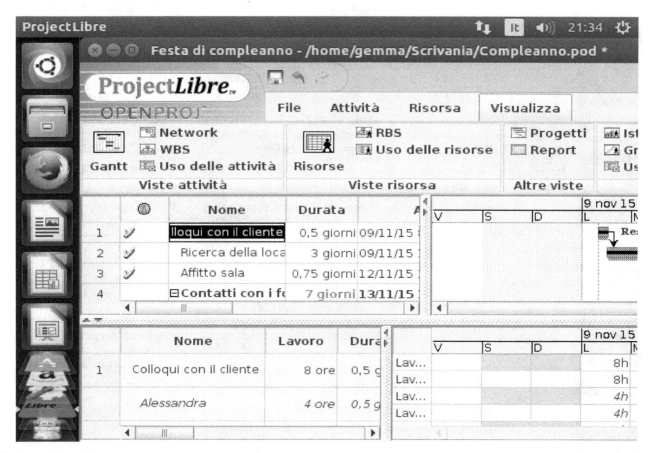

Varianze sui tempi 4

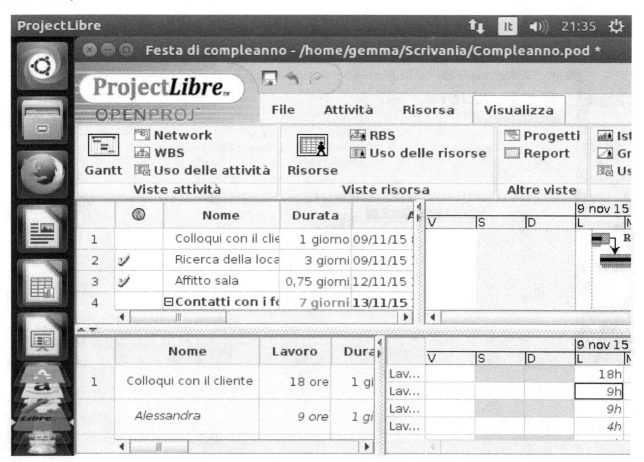

Varianze sui tempi 5

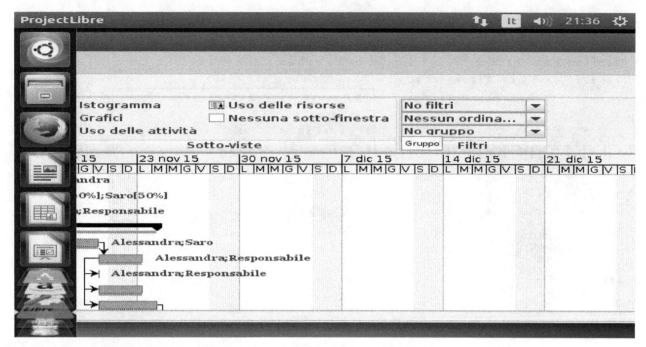

Filtri 2

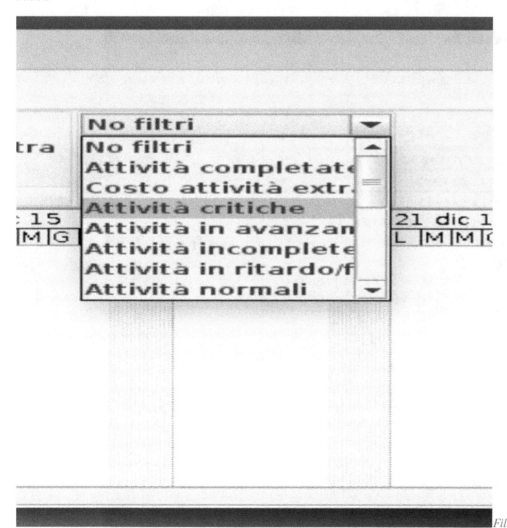

Filtri 3

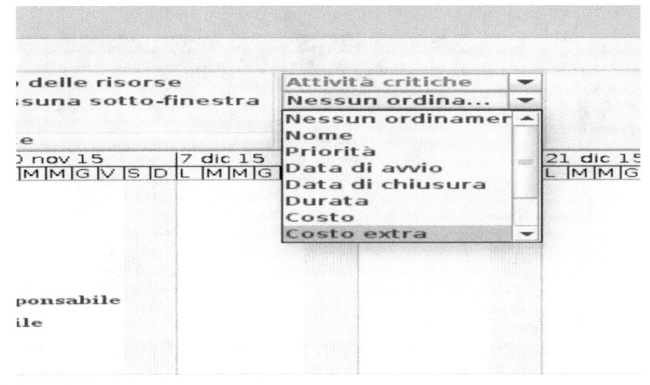

Ordinamento 2

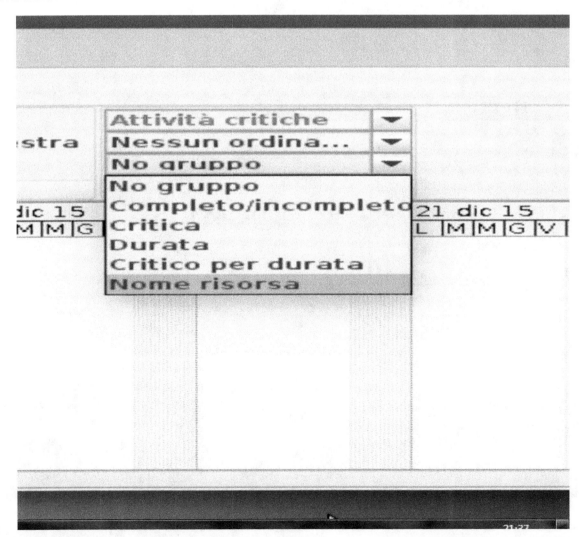

Raggruppamenti 1

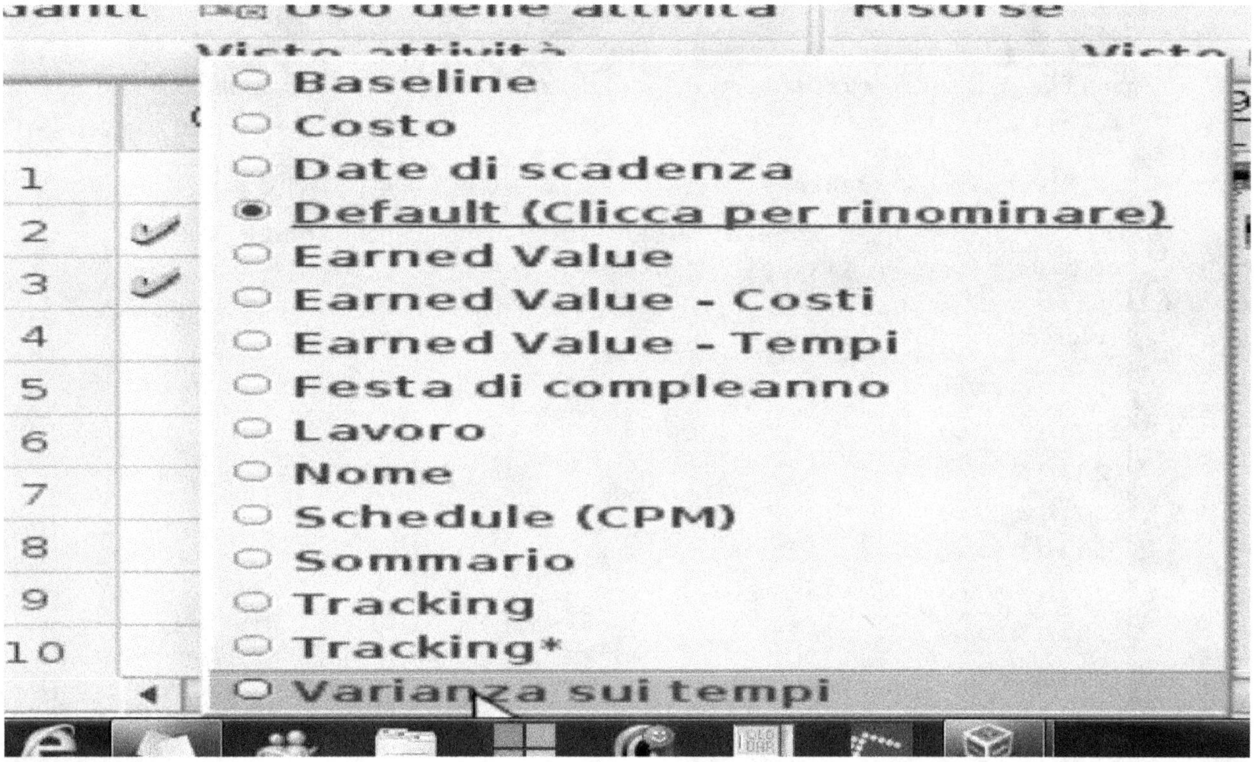

Varianze sui tempi 6

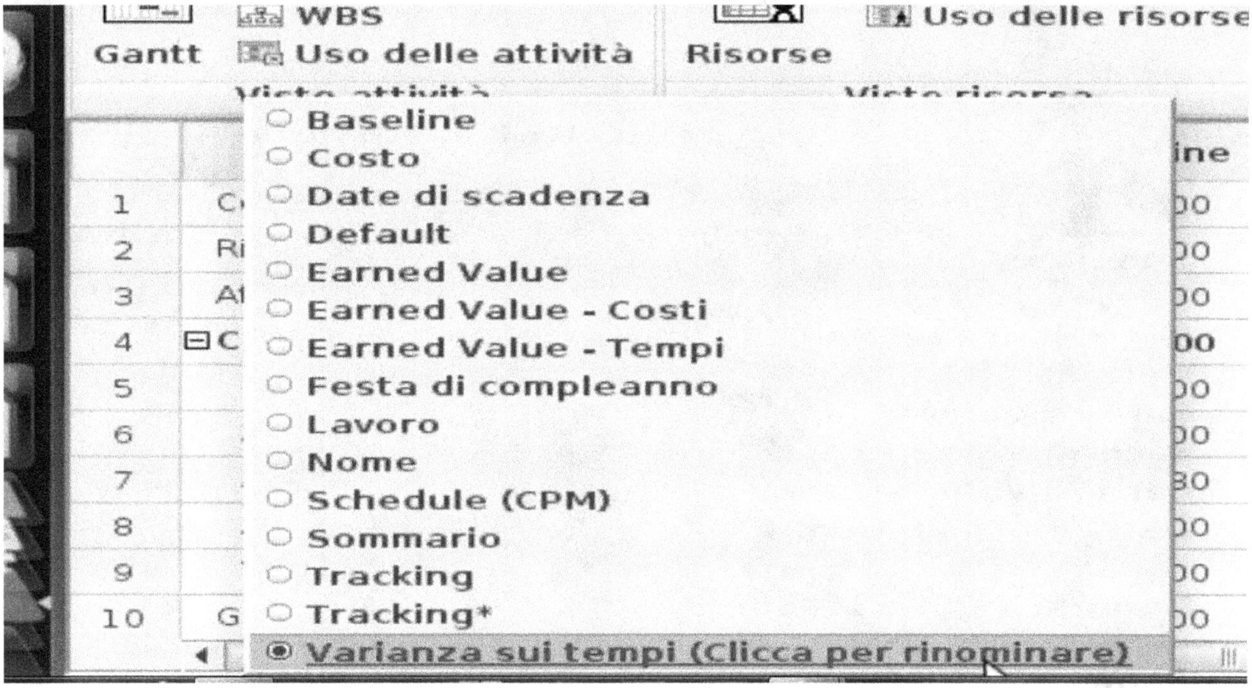

Varianze sui tempi 7

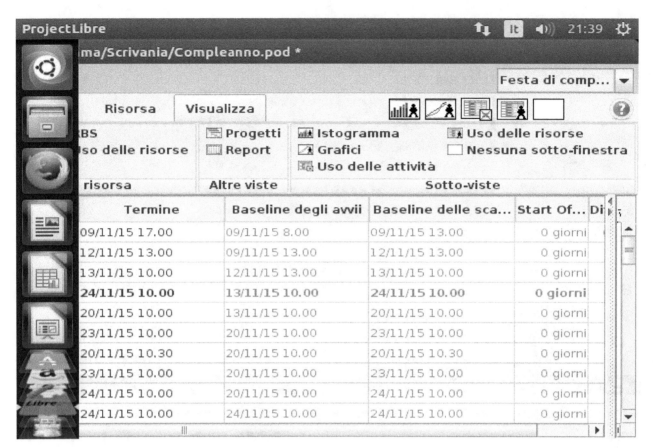

Varianze sui tempi 8

Gantt   Uso delle attività   Risorse

	Durata at...	Durata ...
○ Baseline		
○ Costo	0,5 giorni	0,5 giorni
○ Date di scadenza	3 giorni	0 giorni
○ Default	0,75 giorni	0 giorni
○ Earned Value	2,314 giorni	4,686 gi...
○ Earned Value - Costi	2,5 giorni	2,5 giorni
○ Earned Value - Tempi	0 giorni	1 giorno
○ Festa di compleanno	0 giorni	0,062 gio...
○ Lavoro	0 giorni	1 giorno
○ Nome	0 giorni	2 giorni
○ Schedule (CPM)	0 giorni	0 giorni
○ Sommario		
● Tracking (Clicca per rinominare)		
○ Tracking*		
○ Varianza sui tempi		

Varianze sui tempi 9

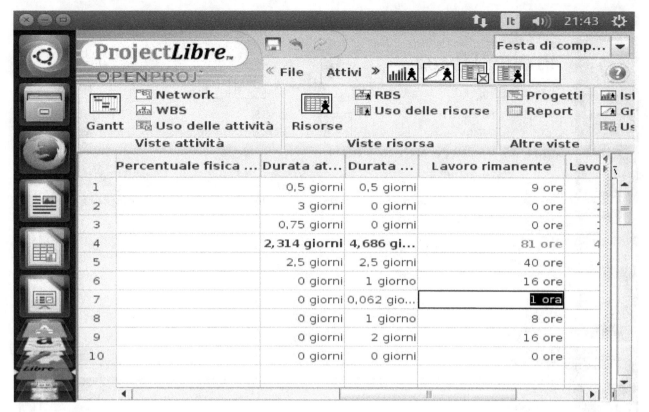

Varianze sui tempi 10

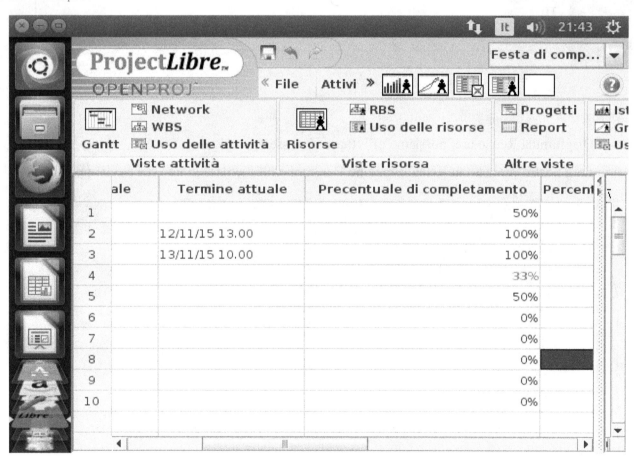

Varianze sui tempi 11

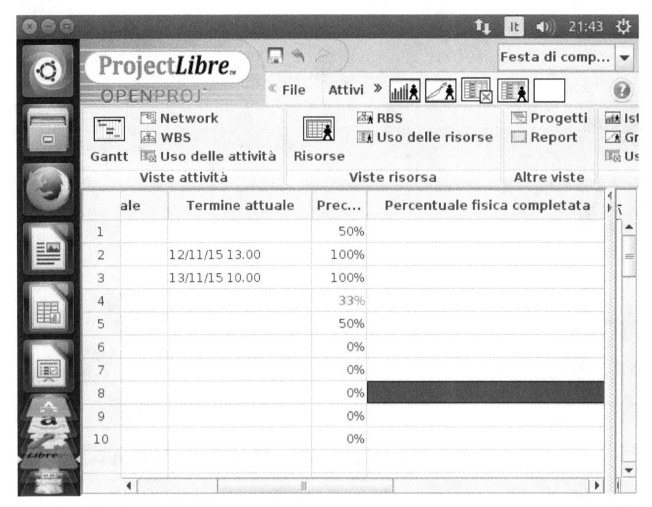

Varianze sui tempi 12

Operazioni con i Diagrammi Reticolari

Con i Diagramma Reticolare, possiamo effettuare le stesse operazioni.

Apriamo il nostro progetto in Visualizzazione Diagramma Reticolare in uno dei modi appresi.

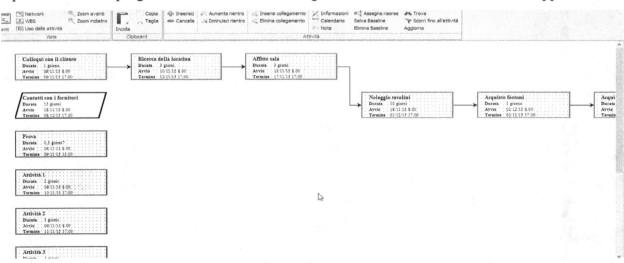

Operazioni con i Diagramma o Network 1

Vogliamo, ad esempio, attivare la sotto-vista Grafici.

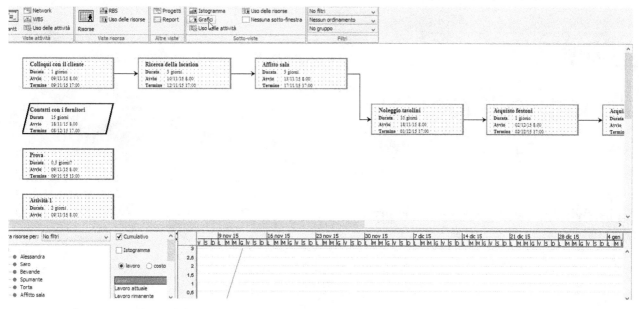

Operazioni con i Diagramma o Network 2

O, nel caso della Resource Breakdown Structure, la sotto-vista Istogramma.

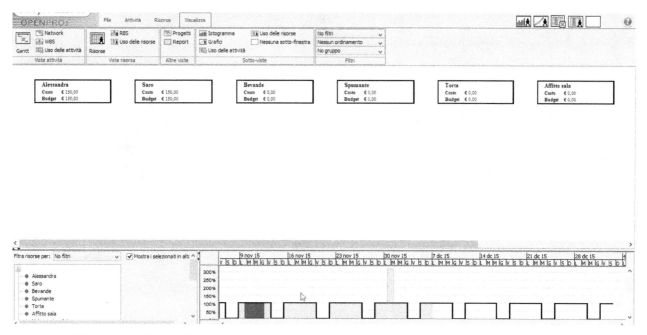

Operazioni con i Diagramma o Network 3

Modificare la durata delle attività.

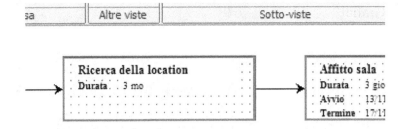

Operazioni con i Diagramma o Network 4

Qui scriviamo 3mo (tre mesi) e diamo invio.

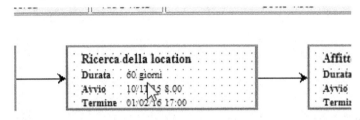

Operazioni con i Diagramma o Network 5

Per ProjectLibre equivalgono a 60 giorni.

Notiamo anche gli effetti sulla barra del Diagramma di Gantt.

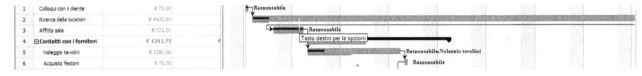

Operazioni con i Diagramma o Network 6

Riscriviamo 3d, vale a dire 3 giorni.

Possiamo modificare i collegamenti tra le attività.

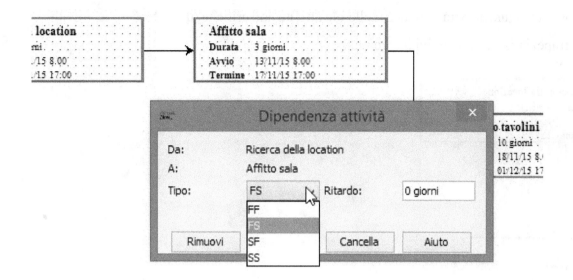

E collegare le attività.

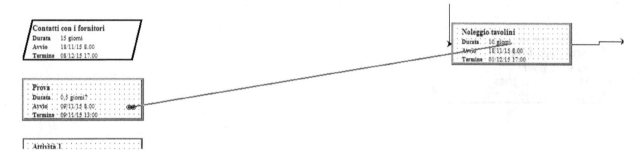

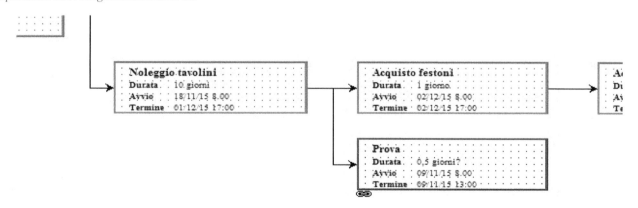

I simboli che raffigurano le attività sul diagramma reticolare sono diverse.

Il rettangolo rosso raffigura attività critiche, quello blu attività non critiche, il rombo nero le attività di riepilogo ed il trapezio isoscele le attività cardine.

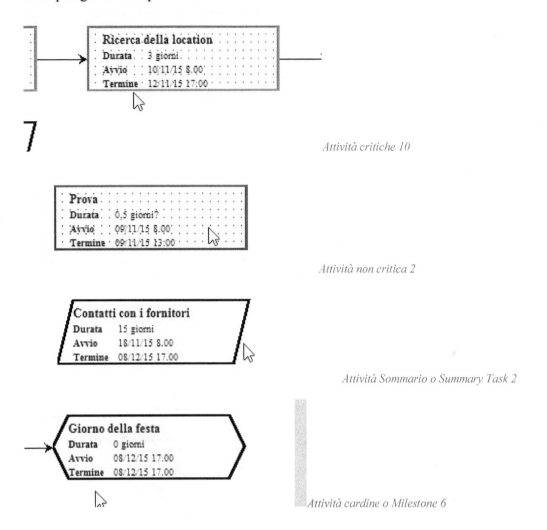

Attività critiche 10

Attività non critica 2

Attività Sommario o Summary Task 2

Attività cardine o Milestone 6

Sono poi possibili operazioni di stampa / anteprima di stampa e conversione in formato pdf.

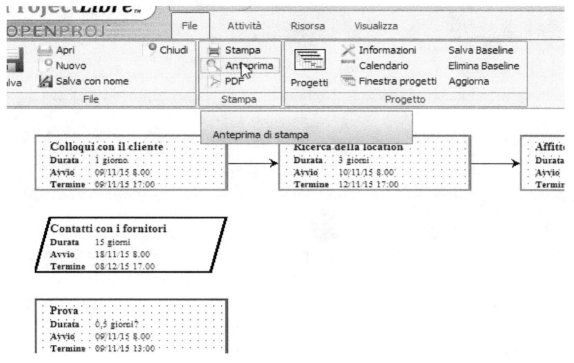

Operazioni con i Diagramma o Network 10

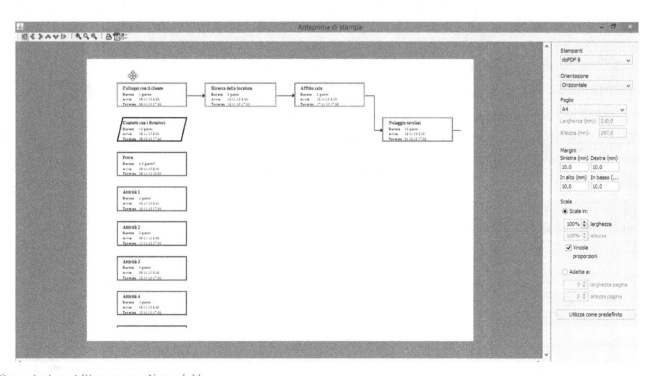

Operazioni con i Diagramma o Network 11

E questo anche con le risorse in visualizzazione RBS.

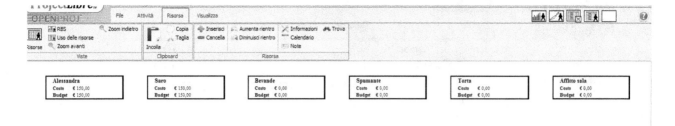

Operazioni con i Diagramma o Network 12

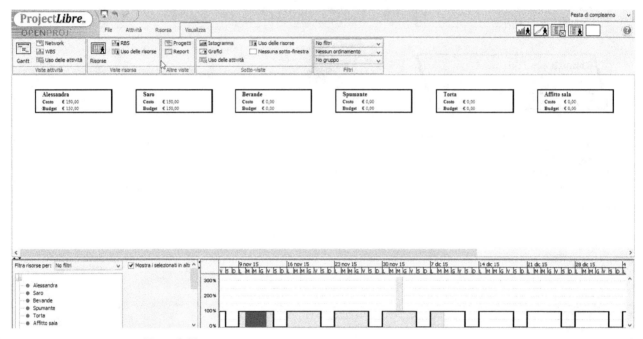

Operazioni con i Diagramma o Network 13

Tramite il Diagramma reticolare o Network non possiamo, però, a differenza di altri software, indicare la percentuale di completamento delle attività o aggiornare l'intero progetto.

Su Ubuntu.

Su Ubuntu il software funziona alla stessa maniera.

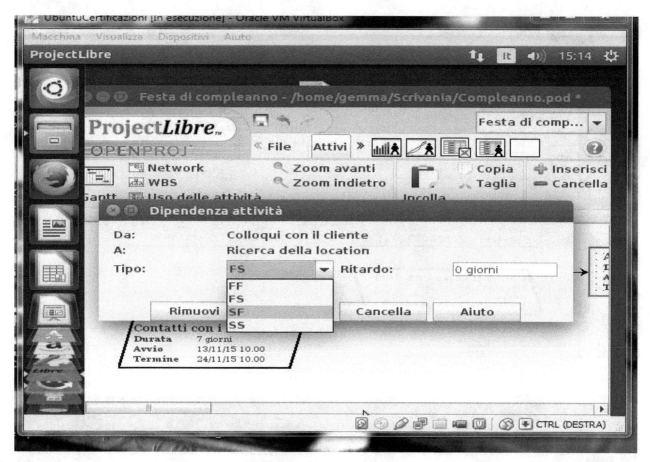

Operazioni con i Diagramma o Network 14

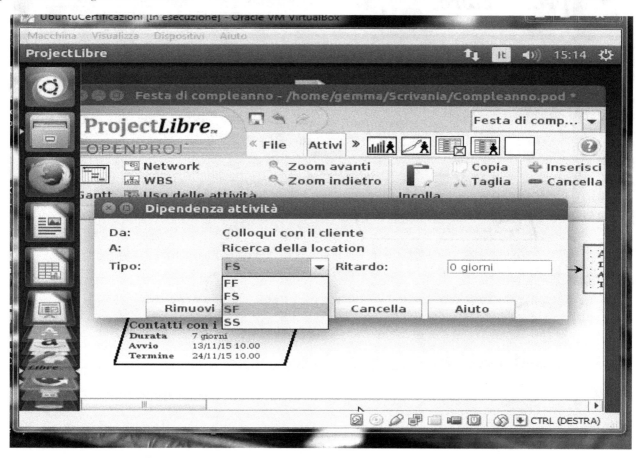

Operazioni con i Diagramma o Network 15

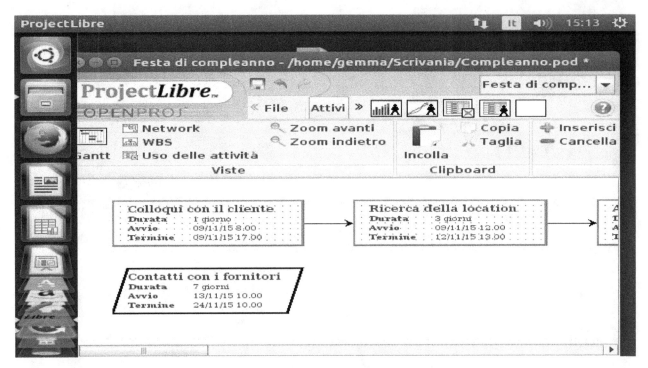

Operazioni con i Diagramma o Network 16

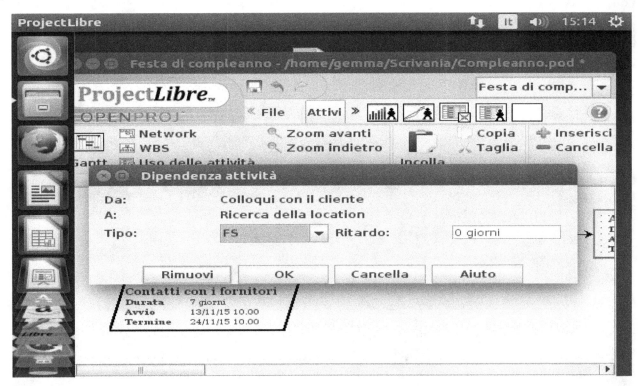

Operazioni con i Diagramma o Network 17

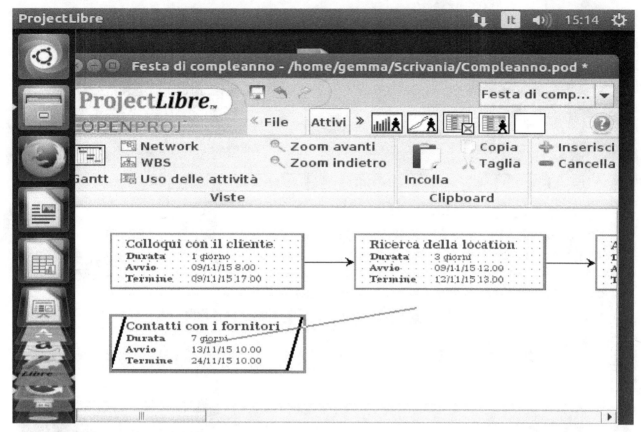

Operazioni con i Diagramma o Network 18

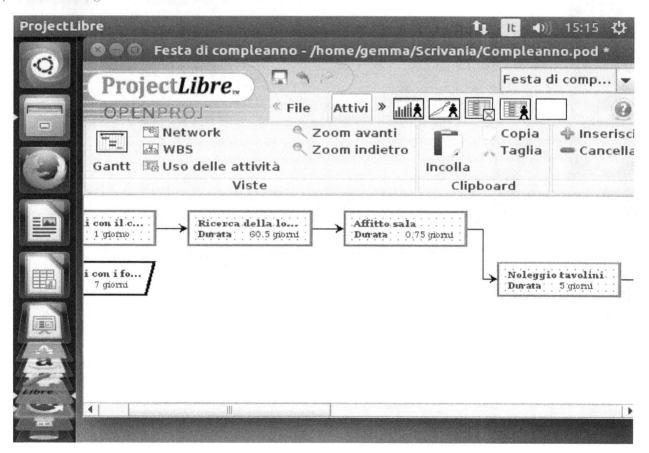

Operazioni con i Diagramma o Network 19

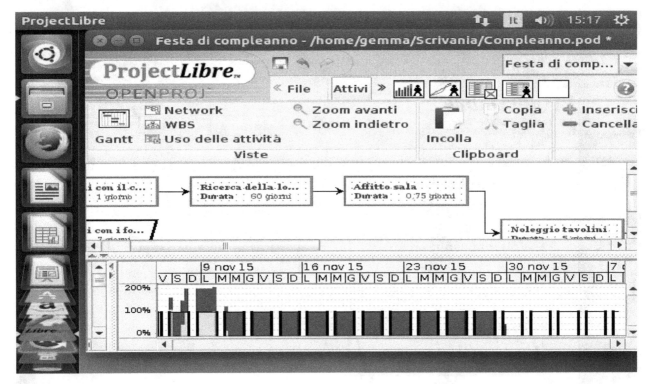

Operazioni con i Diagramma o Network 20

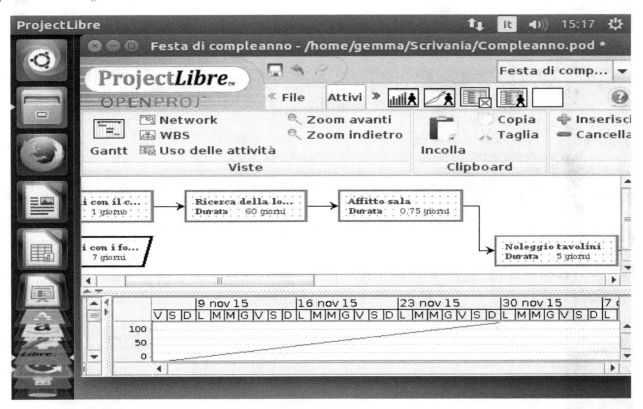

Operazioni con i Diagramma o Network 21

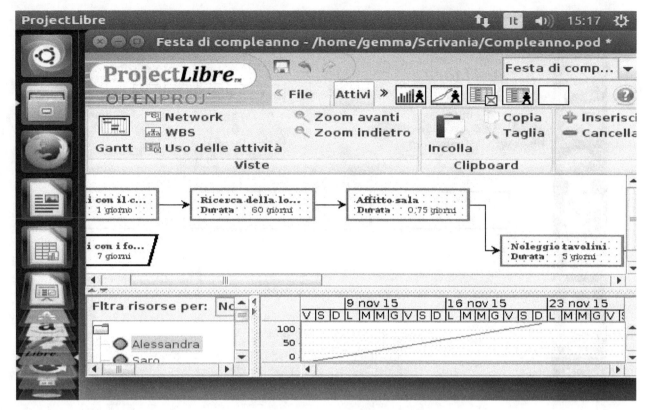

Operazioni con i Diagramma o Network 22

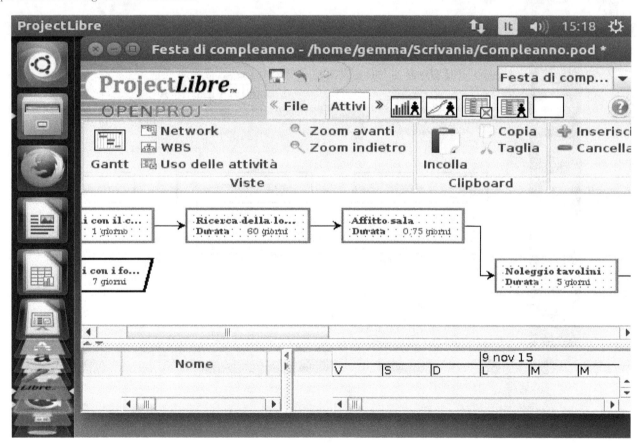

Operazioni con i Diagramma o Network 23

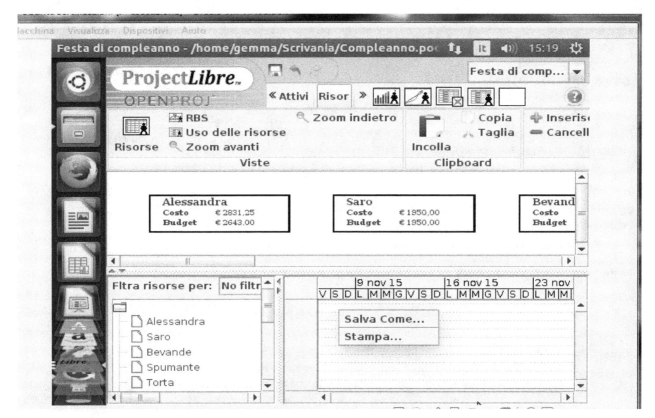

Operazioni con i Diagramma o Network 24

Operazioni con i Diagramma o Network 25

Stampa progetto 1

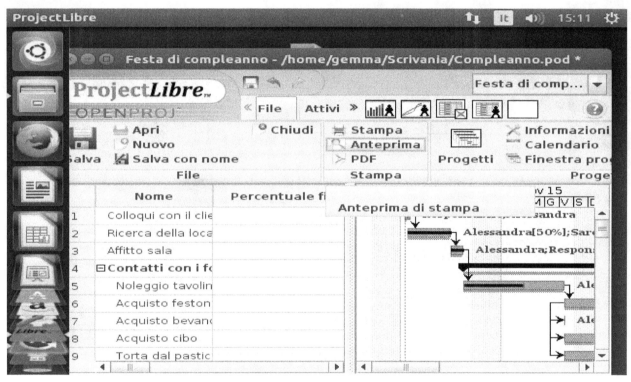

Stampa progetto 2

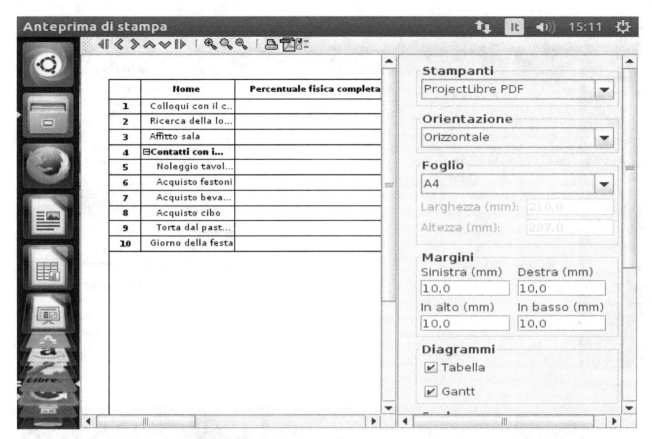

Stampa progetto 3

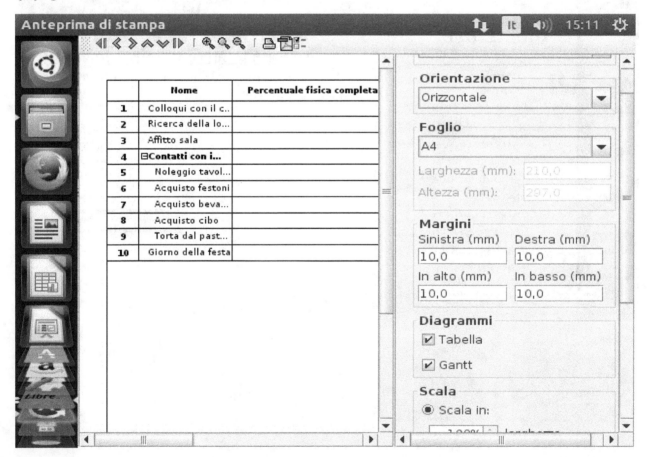

Stampa progetto 4

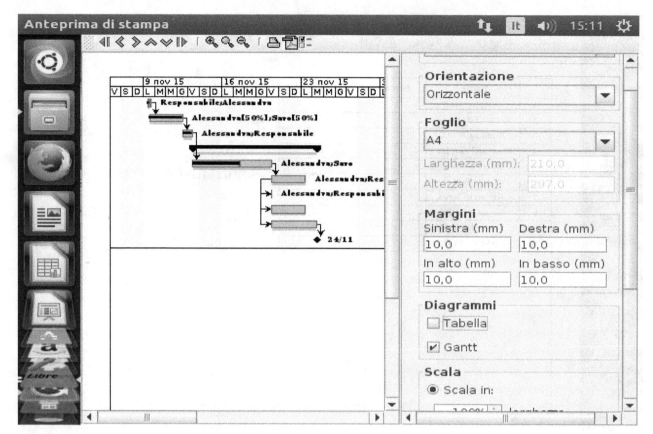

Stampa progetto 5

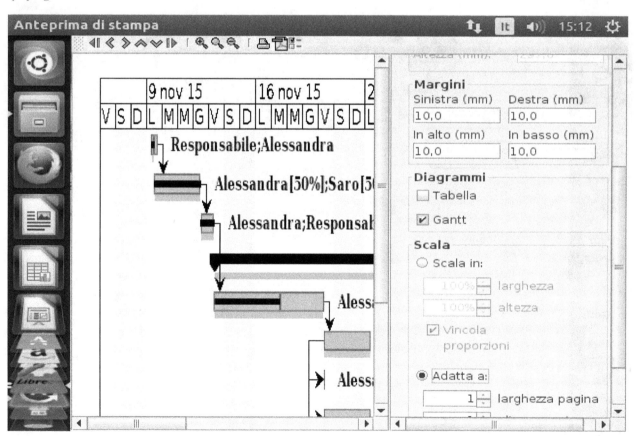

Stampa progetto 6

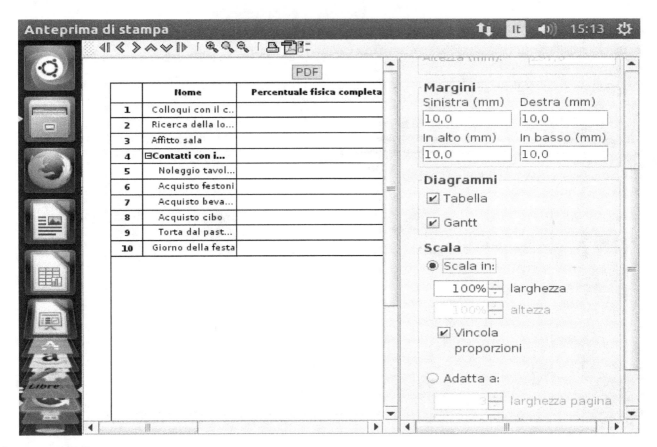

Stampa progetto 7

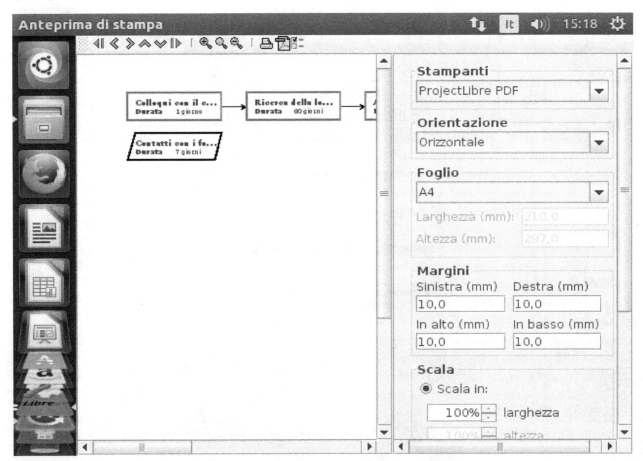

Stampa progetto 8

Esercitazioni

Prima parte

1) Nozione di percorso critico

2) Visualizza le attività critiche del progetto

3) Di che colore sono le barre di Gantt delle attività critiche?

4) Imposta un filtro che consenta di vedere solo le attività critiche

5) Indica le attività con margine di flessibilità

6) Che cosa si intende per previsione o Baseline?

7) Imposta la previsione per il progetto

8) Fino a quante previsioni si possono impostare per un progetto?

9) Nascondi la previsione operando sulle apposite barre

10) Apri la finestra di Project nella Visualizzazione che consente di effettuare un confronto fra i dati Lavoro, Previsione e Variazione

11) Torna alla Visualizzazione Diagramma di Gantt

Seconda parte

12) Indica le prime 3 attività come completate al 100%

13) Segna come completata la 5^ attività tramite Finestra Informazioni

14) Aggiorna l'attività 6 come completata al 25% tramite tasto destro del mouse.

15) Inserisci la colonna % di completamento

16) Ordina le attività per Completo/incompleto

17) Ordina le attività per durata e poi costi

18) Filtra le attività di modo da mostrare solo le attività cardine

19) Rimuovi i filtri

20) Salva il progetto

21) Aggiorna il progetto riprogrammandolo come non completato a partire da una data a scelta

22) Apri il progetto in Visualizzazione Diagramma reticolare

23) Indica completate al 100% la 6^ attività "Applicazione del software nel cloud"

24) Elimina il collegamento tra la 5^ e la 6^ attività. Annulla, poi, quest'ultima operazione

25) Salva il progetto.

Obiettivi del capitolo

Questo capitolo ed il successivo si concentrano sulle attività volte a predisporre la documentazione del progetto, in particolar modo la stampa ed i reports, secondo i vari modelli messi a disposizione da ProjectLibre.

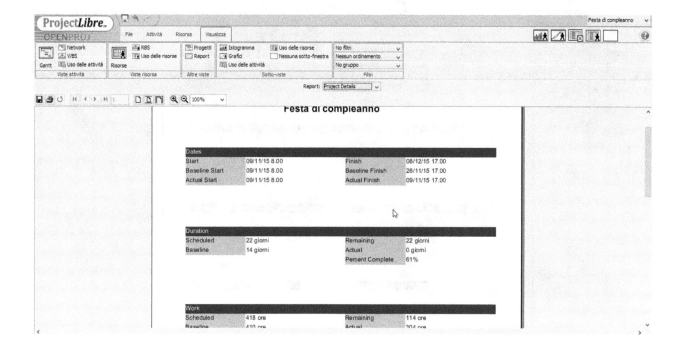

Reports.

Nell'ottica delle comunicazioni delle informazioni, si può operare tramite i Reports che offrono delle particolari visualizzazioni dei dati del progetto.

Si deve scegliere il Menu Visualizza e qui cliccare su Report, Gruppo altre Viste.

Si apre la finestra già esaminata quando si è studiata la possibilità di convertire il file di progetto in altri formati.

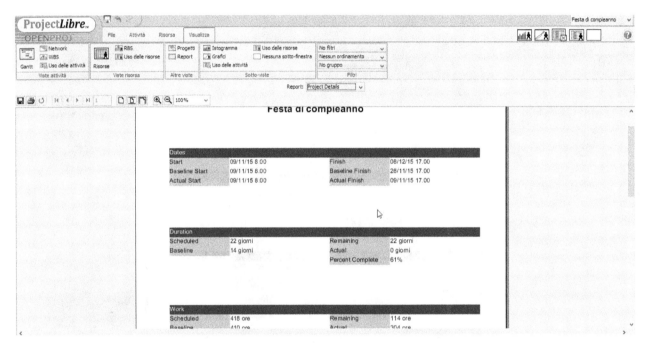

Report 1

Nella colonna Reports possiamo scegliere come visualizzare i dati.

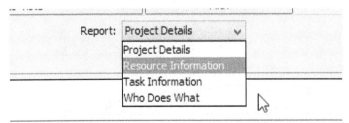

Report 2

Scegliendo, ad esempio, Task Information, si apre il report delle attività con possibilità di ulteriore personalizzazione delle informazioni tramite la colonna alla destra.

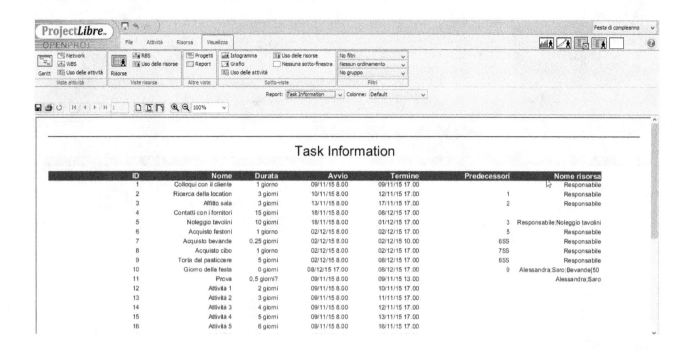

Report Task Information 1

Report Task Information 2

E questo anche per le risorse.

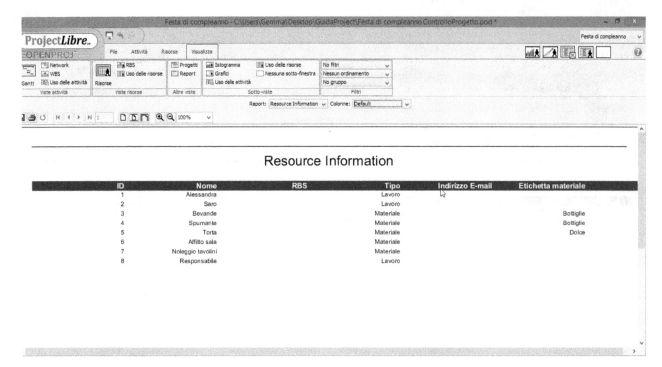

Report Resource Information 1

Scegliendo, poi, l'ultimo parametro, "*Who Does What*", "Chi fa cosa", si ha un elenco delle attività per ciascuna risorsa.

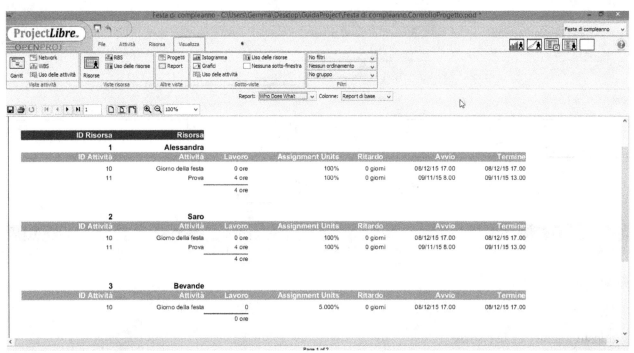

Report Who Does What o Chi fa cosa 1

Stampa del progetto.

Se vogliamo stampare il progetto, così come i dati ottenuti con i Report, dobbiamo operare tramite il pulsante Stampa, presente nel Menu File, Gruppo Stampa o, nel caso dei Report, anche tramite il pulsante presente sotto il Menu dei comandi dove, peraltro, si può anche salvare il progetto in formato pdf.

Stampa progetto 9

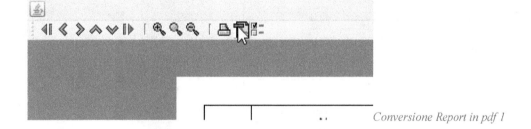

Stampa progetto 10

Conversione Report in pdf 1

Occorre, però, operare solo tramite il comando Anteprima di Stampa nel Menu File per apportare delle personalizzazioni in sede di stampa, prima fra tutte il numero delle pagine da Stampare, i margini e la possibilità di stampare solo il Diagramma di Gantt.

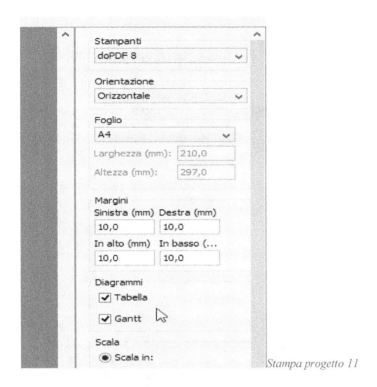

Stampa progetto 11

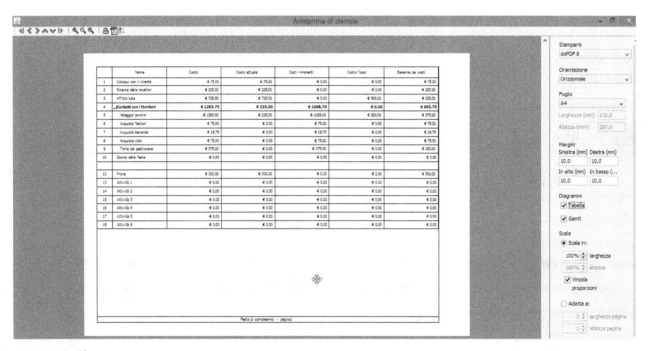

Stampa progetto 12

In questo caso, infatti, è sufficiente togliere il segno di spunta in corrispondenza della voce "Tabella".

Stampa progetto 13

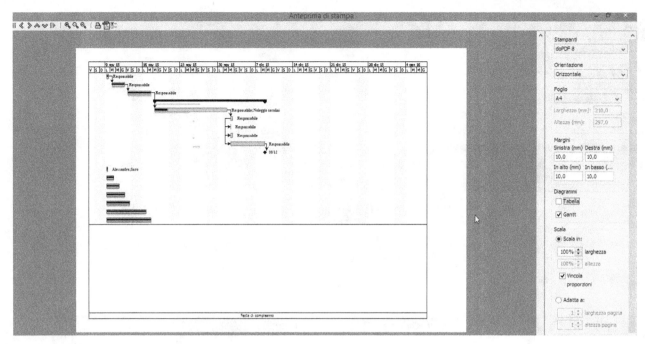

Stampa progetto 14

Su Ubuntu

Seguono le immagini su Ubuntu.

Report 3

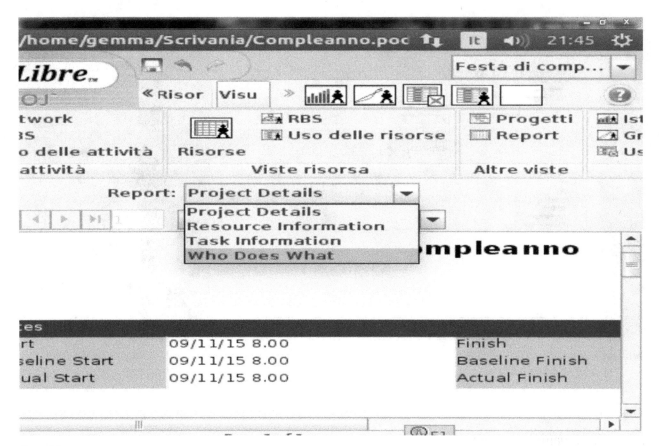

Report 4

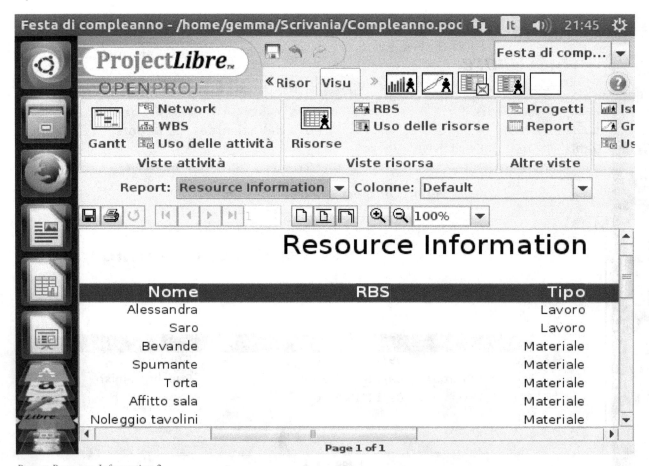

Report Resource Information 2

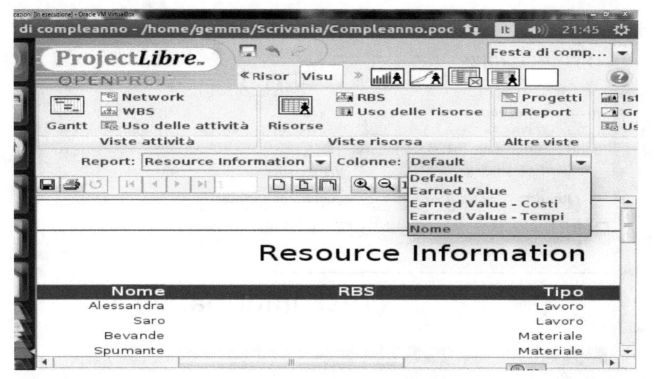

Report Resource Information 3

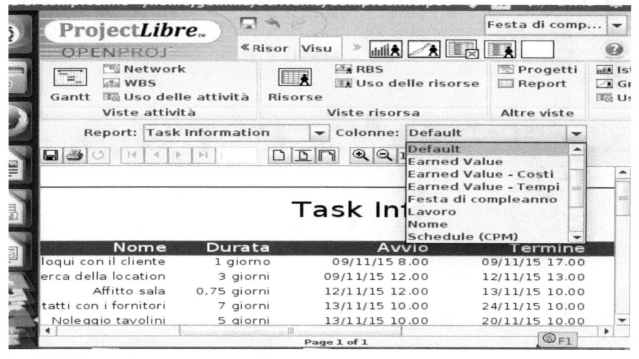

Report Task Information 3

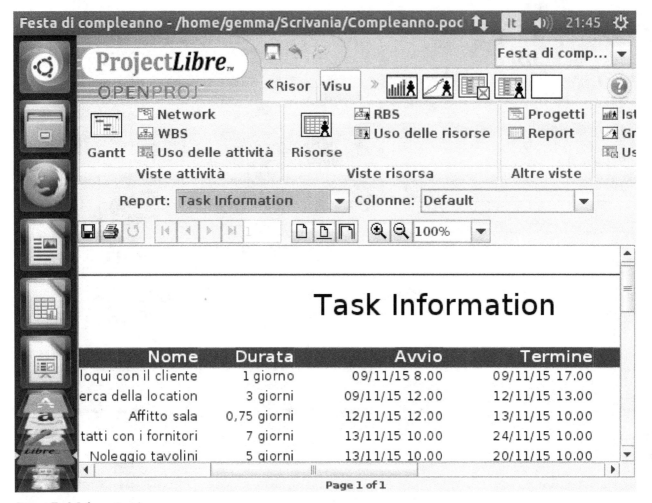

Report Task Information 4

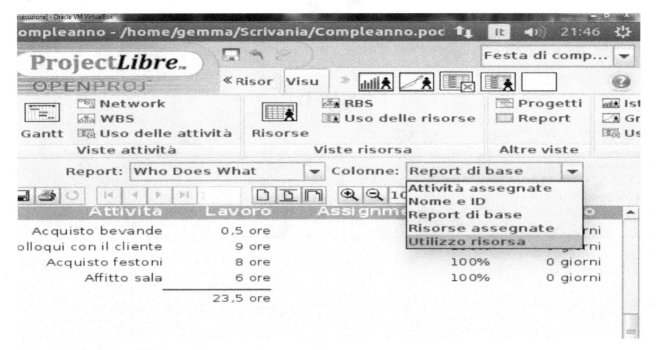

Report Who Does What o Chi fa cosa 2

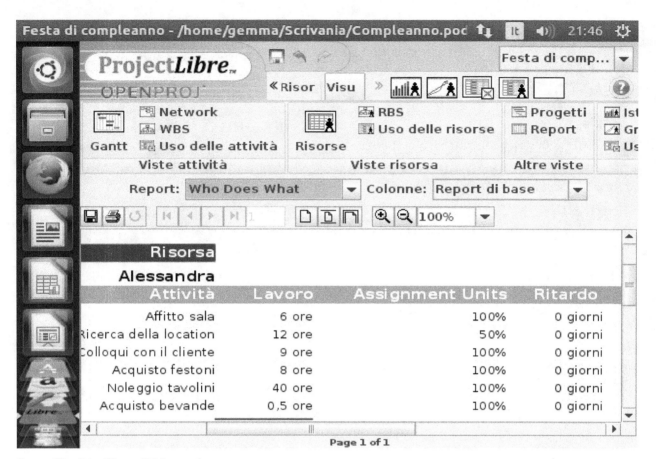

Report Who Does What o Chi fa cosa 3

Report Who Does What o Chi fa cosa 4

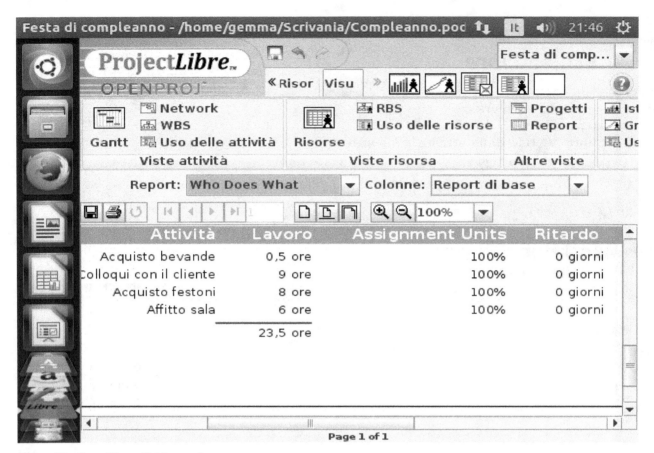

Report Who Does What o Chi fa cosa 5

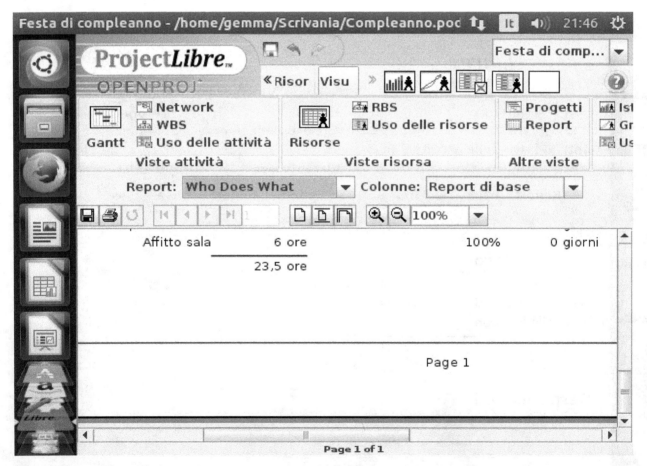

Report Who Does What o Chi fa cosa 6

1) Mostra il Report del progetto sulle Informazioni attività

2) Mostra il Report del progetto sulle Informazioni generali costi

3) Mostra il Report del progetto sulle Chi fa cosa

4) Torna alla visualizzazione Diagramma di Gantt e stampa 3 copie del progetto, orientamento orizzontale, e fai in modo che solo il Diagramma sia Stampato

5) Salva e chiudi l'applicazione di Project manager

Capitolo 8: i Campi indicatori in ProjectLibre

I **campi indicatori** in ProjectLibre sono dei **campi attraverso i quali si hanno informazioni sulle attività**.

Si differenziano, rispetto agli altri dati di Project, perché la colonna in cui sono contenuti è rappresentata da una "i" in un cerchio blu e non da nomi.

Colonna indicatori 1

Si riportano, di seguito, i principali campi indicatori di ProjectLibre.

1) Attività completata al 100%

2) Attività con un vincolo

3) Calendario assegnato ad un'attività

4) L'attività ha un vincolo in contrasto con la data di scadenza.

5) La risorsa è stata assegnata all'attività

6) L'attività ha una nota

In ProjectLibre, poi, si hanno alcuni comandi di più frequente utilizzo:

1. Inserisci collegamento tra le attività

2. Elimina collegamento

3. Aumenta rientro

4. Riduci rientro

5. Assegna risorse

6. Consente di passare alla Visualizzazione di Gantt

7. Consente di passare alla Visualizzazione Risorse

8. Apre la vista Uso Risorse o la sotto-vista Uso risorse

9. Apre la vista Uso delle Attività o la sotto-vista Uso delle attività

10. Report Apre la visualizzazione Report

11. Network Apre la visualizzazione Diagramma reticolare o Network

12. WBS Apre la Work Breakdown Structure

13. RBS Apre la Resource Breakdown Structure

14. Apre la vista Istogramma o la sotto-vista Istogramma

15. Apre la vista Grafico o la sotto-vista Grafico

16. Apre la finestra Progetti

17. Calendario Apre il calendario del Progetto

18. 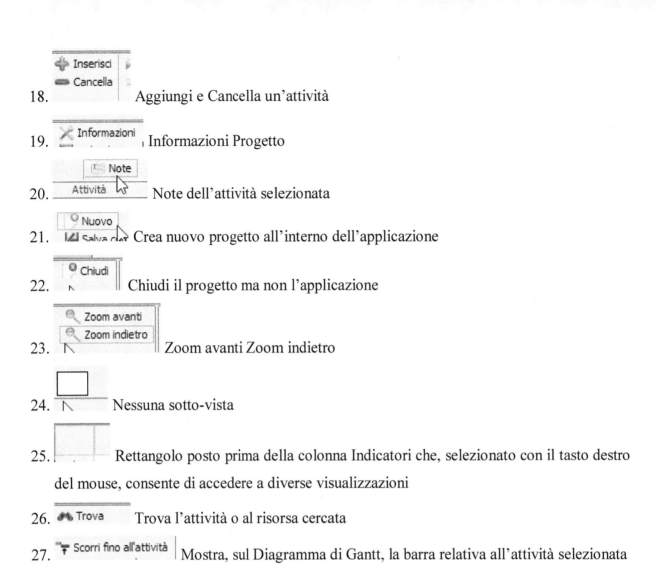 Aggiungi e Cancella un'attività

19. Informazioni Progetto

20. Note dell'attività selezionata

21. Crea nuovo progetto all'interno dell'applicazione

22. Chiudi il progetto ma non l'applicazione

23. Zoom avanti Zoom indietro

24. Nessuna sotto-vista

25. Rettangolo posto prima della colonna Indicatori che, selezionato con il tasto destro del mouse, consente di accedere a diverse visualizzazioni

26. Trova l'attività o al risorsa cercata

27. Mostra, sul Diagramma di Gantt, la barra relativa all'attività selezionata

Esercizi

Domande teoriche aperte

1. Nozione di progetto

2. Formula della programmazione

3. Nozione di attività critiche

4. La programmazione basata sulle risorse

5. Cosa succede, in caso di attività a lavoro fisso, quando si aumentano le risorse?

6. Cosa succede, in caso di attività a durata fissa, quando aumenta il lavoro?

7. Cosa succede, in caso di attività a lavoro fisso, quando aumenta la durata?

8. Nozione di predecessore e successore

9. Nozione di risorse e differenze

10. Quali, tra queste estensioni, indica un file di progetto?

    a. .pod

    b. .mpp

    c. .xlsx

    d. .docx

11. Definizione di Diagramma di Gantt

12. Che cosa si intende per attività in Project?

13. Che cosa indica la durata?

14. Che cosa si intende per lavoro?

15. Nozione di Triangolo del progetto

16. Durata trascorsa o *Elapsed time*

17. Che cosa si intende per

    a. Relazione Inizio-Inizio o Finish to Start

    b. Relazione Inizio-Inizio o Start to Start

    c. Relazione Inizio-Fine o Start to Finish

    d. Relazione Fine-Fine o Finish to Finish

18. Abbina i seguenti simboli sul lato sinistro al tipo di relazione sul lato destro

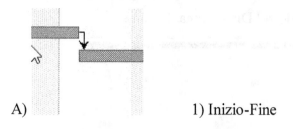

A)   1) Inizio-Fine

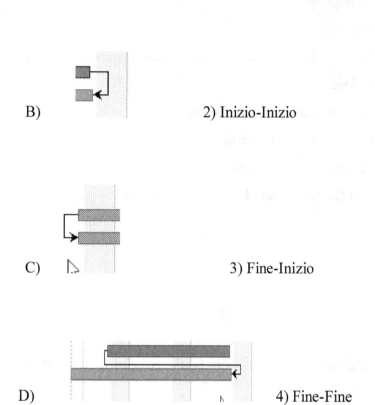

B)   2) Inizio-Inizio

C)   3) Fine-Inizio

D)   4) Fine-Fine

20. Quando la durata è stimata, quale simbolo, tra questi, appare accanto alla cifra?

    a. !

    b. ?

    c. ◇

    d. ??

21. Indica i calendari in ProjectLibre, nozione e tipi

22. Per stabilire delle eccezioni nel calendario di un'attività o di una risorsa, dove si deve operare?

23. Perché il Manager di progetto deve comunicare i dati relativi all'andamento di un progetto? E a chi?

24. Le fasi del progetto: nozione ed elencazione

27. Dove si modificano i criteri generali sull'orario di lavoro predefinito?

28. Cosa indica questo simbolo sul Diagramma di Gantt?

    a. Attività ricorrente

    b. Attività cardine

    c. Attività con scadenza

    d. Attività riepilogo

29. Tipi di vincolo e nozione

30. Al posto del vincolo "Deve finire il" cosa si consiglia di utilizzare? E perché?

31. Data Stato: nozione

32. Che cosa indica il termine" Attività ricorrente"?

33. Perché si usano le note e gli Hyperlinks?

34. Ritardi (Lag) e Anticipazioni (Lead)

35. Quale, tra questi simboli, indica la presenza di una nota

a.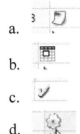

b.

c.

d.

36. Quale, tra questi elementi, deve essere bilanciato con il lavoro e la durata quando si programmano progetti?

    a. Attività

    b. Costo

    c. Tempo

    d. Risorse

Domande pratiche

Primo esempio di esame

1. Apri l'applicazione di Project Management

2. Apri un progetto vuoto e imposta una data a scelta come data inizio progetto

3. Chiudi il progetto ma non uscire dall'applicazione

4. Apri un progetto nuovo all'interno dell'applicazione e imposta una data a scelta come data di inizio progetto, Titolo Visita Expo e dati a scelta per il Responsabile del progetto

5. Salva il piano di progetto come file pdf e xml.

6. Inserisci l'attività "Acquisto biglietto del treno", durata 1h

7. Aggiungi le seguenti ulteriori attività:

    a. Prenotazione albergo a Milano 1h

    b. Partenza per Milano 3h

    c. Visita Expo 3d

    d. Visita città 2d

    e. Rientro a casa 3h

8. Collega le attività con una relazione di tipo Fine-Inizio

9. Indica le attività "Partenza per Milano" e "Rientro a casa" come attività cardine

10. Assegna all'attività "Prenotazione albergo a Milano" il vincolo "Non iniziare dopo il di" (data a scelta)

11. Apri l'elenco risorse ed inserisci la risorse materiale €. 55,00 biglietto del treno

12. All'attività "Prenotazione albergo" sostituisci il vincolo con una data di scadenza a scelta

13. Elimina il collegamento tra le prime due attività

14. Cambia la visualizzazione in Diagramma reticolare;

15. Torna al Diagramma di Gantt ed inserisci una nuova attività chiamata "Shopping a Milano". Collegala con l'attività Visita città con una relazione Inizio-Inizio

16. Cancella l'attività predecessore relativa all'attività Rientro a casa

17. Salva il progetto come "Viaggio" e stampa due copie, orientamento del foglio orizzontale, stampando solo la tabella

18. Cambia il tipo di relazione delle prime due attività da Fine-Inizio a Inizio-Inizio

19. All'attività "Partenza per Milano", assegna un ritardo di 4 giorni

20. Apri la visualizzazione risorse ed indica la risorsa Materiale Albergo €. 120,00/d

21. Assegna le seguenti risorse, seguendo le diverse procedure che conosci

    a. Assegna all'attività "Partenza per Milano" e "Rientro a casa", le risorse materiali biglietto del treno

    b. Assegna la risorsa "Albergo" per 5 notti all'attività "Prenotazione Albergo a Milano"

    c. All'attività "Visita città", la risorsa costo €. 150,00 e costi fissi per €. 200,00 tramite l'apposita tabella nonché costi fissi per €. 20,00 (biglietti mezzi pubblici)

    d. Salva e chiudi il progetto

Seconda esercitazione.

Creare preliminarmente il file di progetto con i dati di seguito indicati, che poi saranno modificati nel corso dell'esercitazione, e salvalo con il seguente nome "Costruzione palazzo".

A) Attività:

1. Richiesta permessi: 1 mese (1mo)
2. Scavare terreno: 2 settimane
3. Gettare le fondamenta 2 settimane
4. Livellare cemento: 1 settimana
5. Acquisto materiali 1 settimana
6. Palazzo finito: 1giorno? (lasciare questa data)

B) Apri visualizzazione risorse e riporta le seguenti risorse, indicando importi a piacere

1. Cemento, risorsa materiali
2. Operai: Giordano, Matteo, Patrizio, Vittorio, Sergio, Sebastiano
3. Ing. Rossi, Direzione tecnica
4. Idraulici: Walter, Marcello, Roberto
5. Mattoni, ferro, chiodi, trapani, vernici
6. Sanitari, rubinetteria

Inizio Esercitazione

1. Sposta l'attività 5 "Acquisto materiali", dopo l'attività 1 "Richiesta permessi"
2. Inserisci, dopo l'attività 5, una nuova attività "Costruzione piani"
3. Inserisci, dopo l'attività 6, 8 attività, sotto-attività della numero 6
4. Rinomina le sotto attività nel modo seguente:
   a. Piano cantinato 1 mese
   b. Piano terra 1 mese
   c. Primo piano 1 mese
   d. Secondo piano 1 mese
   e. Terzo piano 1 mese
   f. Quarto piano 1 mese
   g. Quinto piano 1 mese
   h. Tetto 1 mese
5. Collega le attività in questione da una relazione Fine-Inizio

6. Inserisci una nuova attività, dopo l'ultima, chiamata "Riunione periodica con il committente", durata 3h. Inserisci una colonna Flag e metti il segno di spunta nella cella della riga relativa all'attività

7. Inserisci un'interruzione di una settimana nell'attività 7 "Costruzione piano cantinato"

8. Dopo l'attività 7, inserisci una nuova attività e denominala "Costruzione box", di durata di 1 mese, legata dalla relazione Fine-Inizio con l'attività "Piano cantinato", tramite l'apposita colonna

9. Inserisci una scadenza per l'attività "Tetto"

10. Assegna le risorse materiali

11. Inserisci le seguenti risorse costo

   a. Noleggio betoniera €. 1000,00/d

   b. Noleggio camion trasporti materiali €. 500,00/d

12. Inserisci i seguenti costi fissi alla prima attività

   a. Tassa occupazione suolo pubblico €. 10.000,00

   b. Multa €. 2.500,00 per mancato rispetto segnaletica (da mettere per l'interruzione di una settimana)

13. Prima dell'attività "Palazzo finito", inseriscine un'altra e chiamala "Installazione ascensore, con relazione Fine-Inizio con la "Costruzione del tetto", con durata di 1 mese

14. Modifica il tipo di relazione appena impostata e scegli Inizio-Inizio tramite la Finestra Informazioni Attività, in quanto gli operai addetti all'installazione dell'ascensore, possono iniziare prima che sia finito il tetto per cui modifica anche il predecessore dal tetto all'attività "Costruzione quinto piano", tramite l'apposita colonna

15. Imposta l'attività "Palazzo finito" come attività cardine con relazione Fine-Inizio con l'attività "Tetto"

16. Aggiungi la seguente nota, alla attività "Costruzione dei Box": "Devono avere tutti le seguenti misure 4m x 4m"

17. Apri l'elenco risorse ed inserisci 4 operai per l'ascensore, Tancredi, Gustavo, Amedeo, Onofrio

18. Inserisci le a risorse materiali relative all'attività (ascensore, porte per i piani, cavi dell'ascensore), con tariffe standard a piacere

19. Salva una previsione dell'intero progetto

20. Stampa 3 copie del progetto, formato A3, e fai in modo di stampare solo il Diagramma di Gantt

21. Nascondi la previsione

II° parte dell'esercitazione con il progetto avviato

22. All'attività 5, "Livellare cemento ", assegna un calendario 24h

23. Inserisci una data Stato a piacere

24. Per gli operai prevedi 10h lavorative al giorno, impostando il Sabato come giornata lavorativa

25. Assegna le risorse lavoro alla costruzione dei piani

26. Imposta le prime sette attività come completate al 100% tramite l'apposita colonna (che occorre inserire)

27. L'attività, alla data del (inventare a piacere), è incompleta. Riprogramma il progetto da questa data.

28. Inserisci un'interruzione di 2 giorni all'attività 8

29. Indica come completate l'attività 8 e 9

30. Inserisci un'interruzione di 1 settimana nell'attività 10

31. Nascondi la previsione salvata

32. Mostra il progetto come Diagramma reticolare, poi torna al Diagramma di Gantt

33. Indica la differenza tra le due immagine

a.

b.

34. Torna alla Visualizzazione Diagramma di Gantt e mostra la tabella per Visualizzare le Varianze dei tempi, poi ritorna alla Visualizzazione di Default

35. Inserisci, nella tabella, la colonna costo. Rimuovi l'ordinamento e salva il progetto

36. Ordina la tabella secondo i costi

37. Annulla l'ultima operazione

38. Applica un filtro in base alle attività critiche. Rimuovi poi il filtro.

39. Inserisci, nel Gruppo Ascensoristi, altri 2 operai assunti da poco indicando, nell'opportuna finestra, le tariffe Standard per il primo mese e, a partire da secondo mese, con una maggiorazione di €. 100,00

40. Salva il file di progetto in un file xml

41. Sostituisci uno degli operai addetti all'ascensore con i due appena assunti

42. Aggiungi, per ciascuna delle attività dalla costruzione del piano terra alla costruzione del quinto piano, una nuova attività

43. Denomina le nuove attività come "Costruzione portone e guardiola" per il piano terra, mentre, per i restanti piani, come "Costruzione porte e finestre"

44. Ognuna di queste nuove attività inserite è predecessore della precedente

45. In elenco risorse inserisci le risorse materiali porte e finestre dal costo €. 150,00 a finestra e €. 250,00 per le porte, assegnandole poi alle attività da ultimo inserite (4 porte e 15 finestra per attività) e la risorsa materiale Portone, €. 5.000,00

46. Inserisci una nota con il collegamento al sito Web www.porteefinestre.it ad una di queste attività

47. Segna tutte le attività come completate

48. Mostra i costi complessivi del progetto

49. Salva e chiudi il progetto.

Soluzione esercizi

Risposte domande capitolo 1, domande aperte

1.   Un'iniziativa temporanea intrapresa per creare un prodotto, un servizio o un risultato con caratteristiche di unicità

2.   Tempo, costo e scopo o obiettivi del progetto

3.   Diagramma di Gantt, Diagramma Reticolare, Diagramma di Pert.

4.   Per far fronte agli imprevisti che dovessero verificarsi

5.   Il Diagramma di Gantt è suddiviso in due parti. Sul lato sinistro sono indicate verticalmente le attività con indicazione della durata di inizio e fine, sul lato destro le stesse attività sono rappresentate come delle barre orizzontali di lunghezza variabile in funzione della durata delle stesse, con appositi segnalatori man mano che il progetto cammina.

6.   Il Diagramma reticolare o di PERT (*Programme Evaluation and Review Technique*), mostra l'interdipendenza tra le varie attività raffigurate tramite caselle o nodi e con delle linee di connessione ad indicare le dipendenze fra le attività.

7.   La struttura gerarchica consiste in una suddivisione del progetto in parti più elementari, di modo da offrire una rappresentazione gerarchica del progetto attraverso una definizione dettagliata degli elementi che lo compongono.

8.   Fase di pianificazione, esecuzione, chiusura e controllo.

9.   La ragione del progetto stesso, lo scopo, ad esempio la costruzione di un palazzo

10. Perché, di fronte ad imprevisti od ostacoli, i soggetti interessati debbono essere messi in condizione di prendere le opportune decisioni.

Domande a risposta multipla.

1.   Attività temporanea, intrapresa per creare un prodotto, un servizio o un risultato con caratteristiche di unicità.

2.   Costi, Tempo e Obiettivi.

3.   In ordine, Diagramma di Gantt, Diagramma reticolare e Struttura gerarchica o WBS, *Work Breakdown Structure*.

Risposte domande capitolo 2

1.   A seconda del sistema operativo

   a.   Su Windows 7, tasto Start, Tutti i programmi, ProjectLibre; in alternativa, cliccare due volte sull'icona presente sulla barra delle applicazioni, o sull'icona presente sul desktop

b. Su Windows 8.1, tasto Start, Tutte le applicazioni, scegliere l'App. di ProjectLibre; in alternativa, se ci si trova sulla schermata desktop, si può cliccare sull'icona presente sulla barra delle applicazioni

c. Su Windows 10, cliccare sul pulsante logo di Windows che apre il tasto Start, cliccare sulle App aggiunte di recente o su Tutte le App e si naviga fino a ProjectLibre; in alternativa, sempre sul pulsante Start, possiamo cliccare sul lato destro personalizzato con App appartenenti ad un gruppo; infine, si può cliccare su un file di progetto presente sul desktop o sulla barra delle applicazioni.

d. Su Ubuntu, o si clicca due volte su un file di progetto presente sulla Scrivania, o si clicca, sempre due volte sull'icona di ProjectLibre presente sulla Barra delle applicazioni (il Launcher) o, infine, si apre il tasto Ubuntu o Home dove avviare la ricerca di ProjectLibre, cliccando poi sopra la relativa icona

2. Cliccare sul pulsante "Chiudi", Menu File, Gruppo File

3. File, salva con nome. Scelta il luogo di destinazione, si clicca su Salva con nome e lì si sceglie tra le varie opzioni: xml o pdf.

4. .pod

5. Il Diagramma di Gantt indica la visualizzazione predefinita di un progetto e si caratterizza per il fatto di essere formato da una tabelle sulla sinistra con l'indicazione delle varie attività in elenco mentre, sulla destra, da una serie di barre a rappresentare la durata delle attività.

6. 4 Menu, File, Attività, Risorsa e Visualizza.

7. Sul pulsante Calendario, Gruppo Progetto, Menu File. Qui, si clicca su Nuovo, si sceglie un nome, dopo si selezionano i giorni della settimana il cui orario si vuole modificare, la voce "Non-default working time" con indicazione dell'orario prescelto. Infine, se si vuole che il nuovo orario non sia influenzato dall'assegnazione di risorse, si deve mettere il segno di spunta, nella finestra Informazioni dell'attività selezionata, Scheda Avanzato, alla voce "Ignora calendario delle risorse".

8. Si deve cliccare su Risorse, Gruppo Viste, pulsante Risorse.

9. Si clicca sulla "x" posta in alto a destra della Finestra o sul simbolo icona ProjectLibre, e cliccare su Chiudi.

Risposte domande capitolo 3

1. Vedi risposta alla domanda 1 capitolo 2

2. Dalla data di inizio, anche se stimata in quanto ciò consente di avviare il prima possibile le attività valutando l'incidenza sul progetto di eventuali ritardi.

3. Il calendario del progetto definisce la programmazione lavorativa per l'intero progetto.

4. Clic su Informazioni, Menu File, Gruppo Progetto. Qui, agendo nella Scheda Generale, operare nella voce Calendario di base e scegliere 24 ore

5. Il calendario delle risorse indica i giorni lavorativi e non lavorativi di una risorsa. Il calendario delle attività, invece, si riferisce alle singole attività.

6. Vedi Risposta domanda 7 Capitolo 2.

7. Selezionata un'attività, cliccare sul pulsante Informazioni, Gruppo Attività, Menu Attività.

8. Clic su Risorse, Gruppo Risorsa, Menu Risorsa. Inserisci la colonna Calendario di base e qui scegli "Turno di notte".

9. Si.

Risposte domande capitolo 4

Prima parte:

4. Durata stimata.

10. Attività che riassumono le attività dalle quali sono composte.

14. Perché tra le due sotto attività non è stata impostata alcuna relazione, pertanto Project considera solo la durata più ampia, in questo caso quella della seconda sotto attività.

Seconda parte:

15. Tempo necessario per completare un'attività, arco temporale che va dall'inizio alla fine di un'attività.

16. Per lavoro si intende il quantitativo di tempo che una risorsa impiega per completare l'attività.

17. 32h, dati dalla seguente moltiplicazione: 4 giorni x 8 h (giornata lavorativa standard).

18. Durata presunta delle attività delle quali ancora non si conoscono i tempi esatti di realizzazione. E' rappresentata da un "?" accanto ad un numero.

19. Attività la cui durata è basata su giornate di 24 ore, settimane di 7 giorni, vale a dire attività continue, senza interruzioni per periodi non lavorativi. La durata delle attività, in questo caso, non è più influenzata dalle risorse. E' rappresentata da una "t" accanto al numero.

20. m.

21. Di 8h, dalle 8:00 alle 17:00, compresa un'ora di pausa, e si modifica in Calendario, Scheda Opzioni

24. La durata predefinita sono 8h al giorno, per 5 giorni alla settimana per 20 giorni al mese e si modificano cliccando sul pulsante Calendario, Gruppo Progetto, Menu File ed attivando la Scheda Opzioni

26. Un'attività che segna il completamento di una fase o attività importante nella vita del progetto, generalmente di durata "0". E' rappresentata da un rombo posto accanto alla barra del Diagramma di Gantt.

Terza parte.

28. Con il termine "predecessore" ci si riferisce ad un'attività la cui data di inizio o fine incide sulla data di inizio o di fine di un'altra. Per successore, invece, ad un'attività la cui data di inizio o di fine è determinata da un'altra.

29. Per relazione

a. Fine-Inizio ci si riferisce al collegamento tra attività dove la data di fine dell'attività predecessore determina l'inizio della successore;

b. Inizio-Inizio: la data di inizio dell'attività predecessore determina l'inizio dell'attività successore;

c. Fine-Fine: la data di fine dell'attività predecessore determina la fine dell'attività successore;

d. Inizio-Fine: la data di inizio dell'attività predecessore determina la fine dell'attività successore.

31.

34. Si. Le attività di riepilogo, possono essere collegate direttamente tra loro oppure tramite le rispettive sotto attività, anche se, per rispettare l'ordine sequenziale, è preferibile però, collegare le attività di riepilogo tra loro. L'unica cosa che non si può fare è collegare un'attività di riepilogo con una delle proprie sotto attività in quanto si verrebbe a creare un problema di programmazione circolare, da ProjectLibre non consentito

Quarta parte

42. No, perché "1w" equivale ad una settimana lavorativa, esclusi Sabato e Domenica, mentre "7d" significa considerare i giorni lavorativi dal Lunedì al Venerdì più il Lunedì ed il Martedì della settimana successiva.

43. I vincoli sono i seguenti:

a. Flessibili, vale a dire

i. Prima possibile

ii. Più tardi possibile

b. Semi flessibili, vale a dire

i. Non iniziare prima di

    ii. Non iniziare dopo di

    iii. Non terminare prima di

    iv. Non terminare dopo di

  c. Rigidi, vale a dire

    i. Deve iniziare il

    ii. Deve terminare il

45. Il vincolo "Non terminare dopo di"

46. Perché ProjectLibre dà la precedenza ai vincoli rispetto alle relazioni tra le attività e ciò potrebbe causare un conflitto di programmazione.

47. La Scheda Avanzato.

48. La data di scadenza perché il Manager può programmare le varie attività con un margine di flessibilità maggiore rispetto al caso in cui sia impostato un vincolo rigido.

Risposta domande capitolo 5

 1. Le risorse del progetto indicano le persone, le attrezzature, i materiali ed i costi necessari per completare il progetto, Si distinguono tre tipi di risorsa:

  a. Le risorse lavoro, vale a dire persone ed attrezzature che eseguono il lavoro;

  b. Le risorse materiali, beni di consumo necessari al progetto;

  c. Le risorse costo, vale a dire costi finanziari associati ad un'attività del quale occorre tenere traccia a fini contabili che, però, in ProjectLibre, a differenza di altri software di pianificazione, si inseriscono come le risorse materiali.

 4. Abbinamento di una risorsa lavoro ad un'attività.

 5. Un importo attribuito per ogni utilizzo della risorsa, come il noleggio di un macchinario, voce che può aggiungersi alla tariffa Standard e Straordinaria.

 7. 100%.

 8. Termine che indica l'incidenza delle modifiche di un elemento della formula, ad esempio il lavoro, sulle altre due (durata ed unità).

 9. Si per impostazione predefinita. Si parla, a tal proposito, di "Impegno guidato" e si può disattivare nella Finestra Informazioni, Gruppo Progetto, Menu File.

 10. Tipi di attività:

  a. Unità fisse: dove non si modifica la percentuale del lavoro delle risorse.

  b. Durata fissa: non cambia il tempo programmato;

  c. Lavoro fisso: non si modifica il quantitativo di lavoro.

 11. Diminuisce la durata.

12. Diminuisce la durata.

13. Livellando le risorse.

18. Costi che registrano le variazioni delle tariffe Standard e Straordinaria, ad esempio per accordi sindacali.

Risposte domande capitolo 6, prima parte

1. Tutte quelle attività fra di loro collegate ed il cui ritardo determina la mancata realizzazione del progetto nei tempi previsti.

3. Rosse.

6. Una fotografia del progetto utile per confrontare eventuali scostamenti da quanto programmato.

8. 11.

10. Clic con il tasto destro del mouse sul rettangolo che si trova nella colonna di indicazione del numero delle attività e, nella finestra che si apre, selezionare Visualizzazione Tracking.

Soluzioni Esercitazioni Esempi Esame

Si forniscono, di seguito, delle possibili soluzioni per immagini delle domande relativi alle esercitazioni simili agli esami, anche se in alcun modo si deve pensare che possano capitare le stesse domande.

Inoltre, le soluzioni potrebbero anche essere differenti.

Prestare molta attenzione, infatti, alle domande in sede di esame.

Primo esempio di esame: Visita Expo

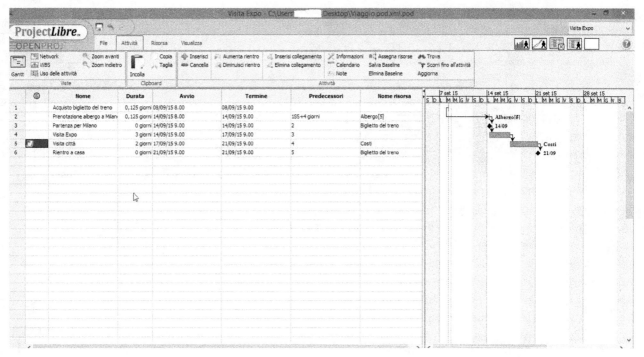

Figure 17

Figure 18

Figure 19

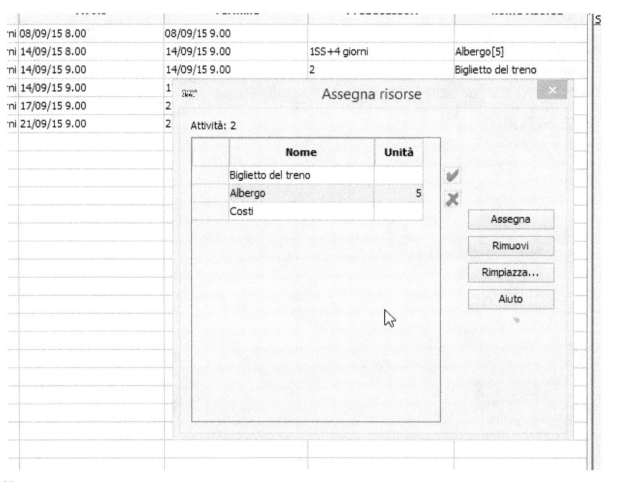

Figure 20

Secondo esempio di esame: Costruzione palazzo

Figure 21

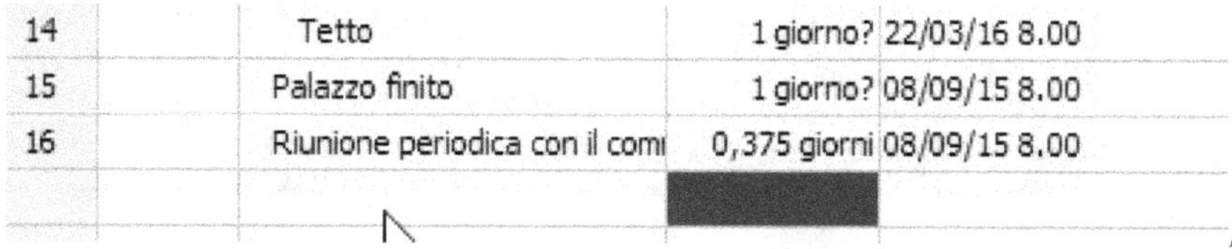

14	Tetto	1 giorno?	22/03/16 8.00
15	Palazzo finito	1 giorno?	08/09/15 8.00
16	Riunione periodica con il comi	0,375 giorni	08/09/15 8.00

Figure 22

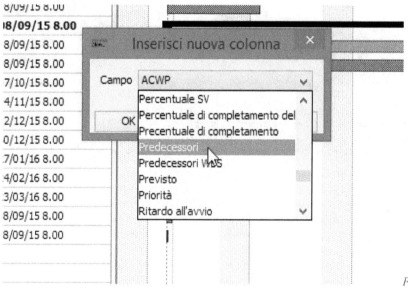

Figure 23

| Piano cantinato | 21 giorni |
| Costruzione box | 20 giorni 7 |

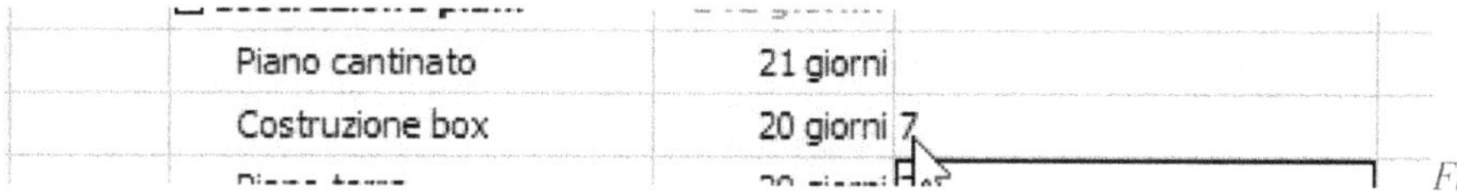

Figure 24

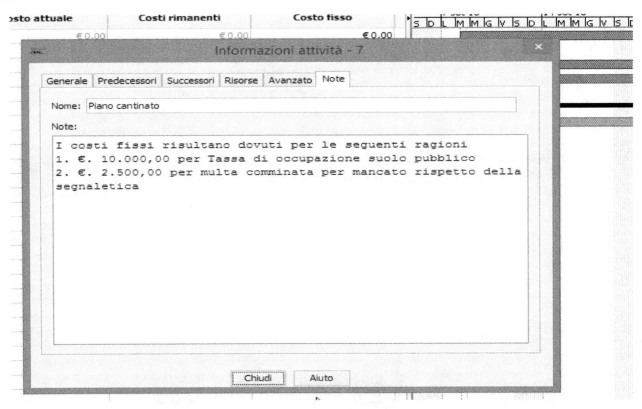

Figure 25

Figure 26

5	Livellare cemento	€ 0,00	€ 0,00	€ 0,00	€ 0,00
6	⊟Costruzione piani	€ 91620,00	€ 0,00	€ 91620,00	€ 0,00
7	Piano cantinato	€ 22680,00	€ 0,00	€ 22680,00	€ 12500,00
8	Costruzione box	€ 10180,00	€ 0,00	€ 10180,00	€ 0,00
9	Piano terra	€ 10180,00	€ 0,00	€ 10180,00	€ 0,00
10	Primo piano	€ 10180,00	€ 0,00	€ 10180,00	€ 0,00

Figure 27

5 17.00	13	Ceme
5 17.00	14	Ceme
5 17.00	**15**	
5 17.00		
5 11.00		

Figure 28

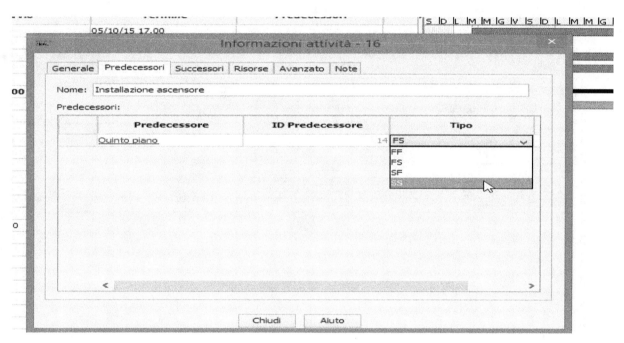

Figure 29

Quinto piano	20 giorni 24/02/16 8.00	22/03/16 17.00	13	Cement
Tetto	20 giorni 23/03/16 8.00	19/04/16 17.00	14	Cement
Installazione ascensore	20 giorni 24/02/16 8.00	22/03/16 17.00	14SS	
Palazzo finito	0 giorni 19/04/16 17.00	19/04/16 17.00	15	
Riunione periodica con il comi	0,375 giorni 08/09/15 8.00	08/09/15 11.00		

Figure 30

463

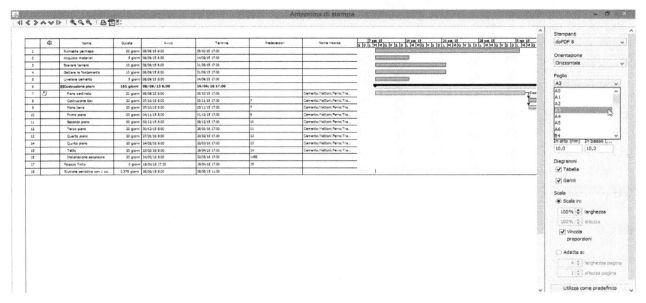

Figure 31

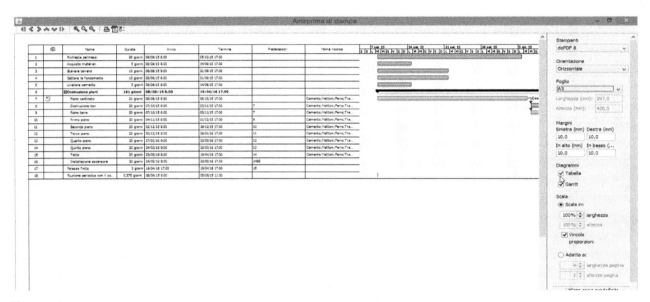

Figure 32

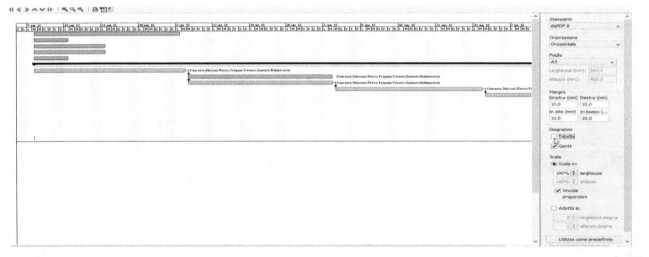

Figure 33

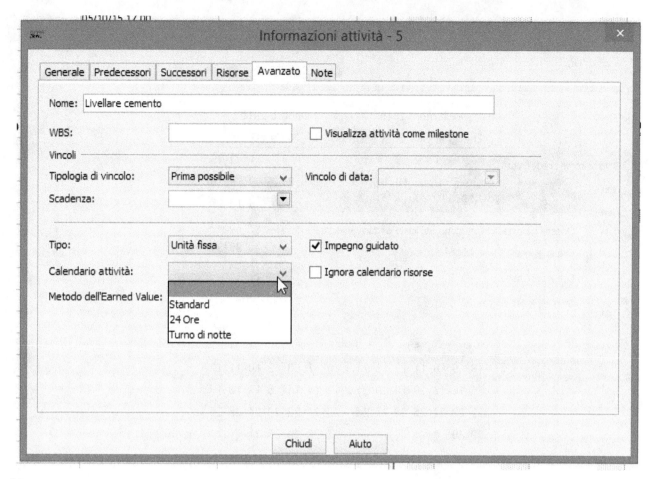

Figure 34

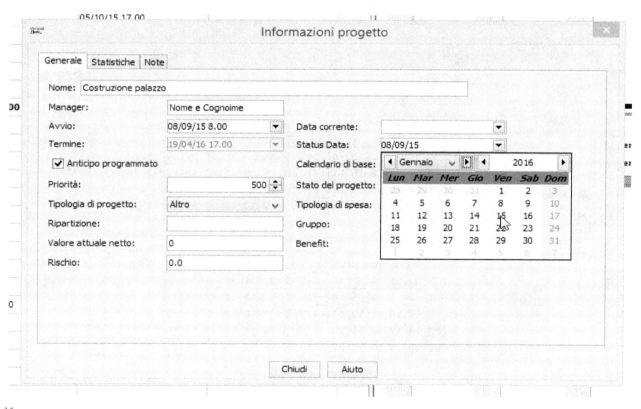

Figure 35

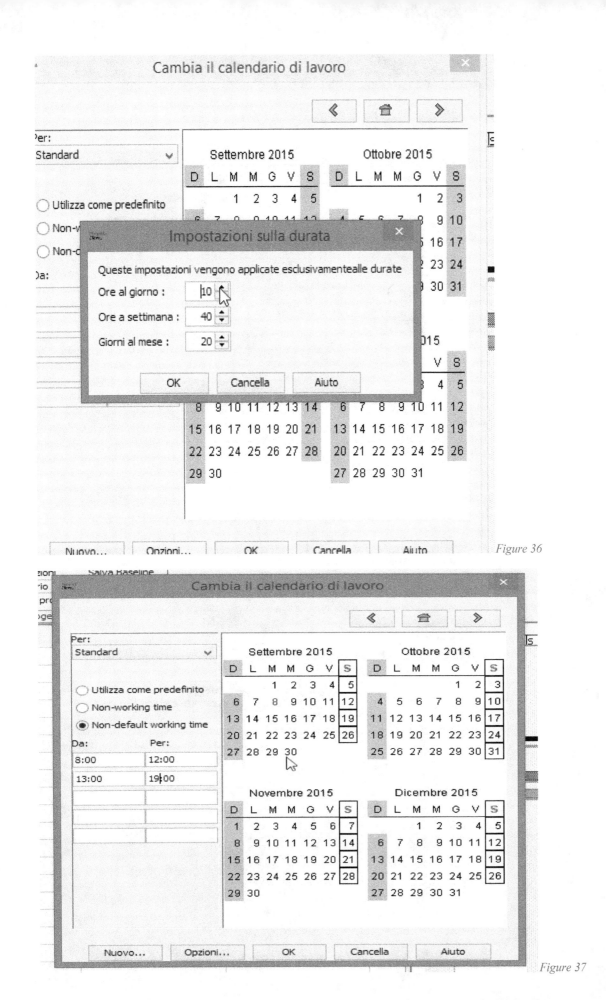

Figure 36

Figure 37

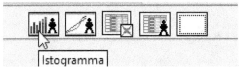

Istogramma

Figure 38

- Vittorio
- Sergio
- Sebastiano
- Ing. Rossi
- Saro
- Luigi
- Alberto
- Mattoni
- Ferro

Selezionato
~~Testo corrente~~
Disponibilità risorsa

150%
100%
50%

Figure 39

		Nome	Durata	Precentuale di completa...	Av
1	✓	Richiesta permessi	16 giorni	100%	08/09/15 8.00
2	✓	Acquisto materiali	4 giorni	100%	08/09/15 8.00
3	✓	Scavare terreno	9,6 giorni	100%	08/09/15 8.00
4	✓	Gettare le fondamenta	9,6 giorni	100%	08/09/15 8.00
5	▦ ✓	Livellare cemento	4 giorni	100%	08/09/15 8.00
6		⊟Costruzione piani	154,4 giorni	0%	08/09/15 8.0
7	▱	Piano cantinato	20 giorni	100%	08/09/15 8.00
8		Costruzione box	19,2 giorni	0%	07/10/15 8.00
9		Piano terra	19,2 giorni	0%	07/10/15 8.00
10		Primo piano	19,2 giorni	0%	04/11/15 8.00
11		Secondo piano	19,2 giorni	0%	02/12/15 8.00
12		Terzo piano	19,2 giorni	0%	30/12/15 8.00
13		Quarto piano	19,2 giorni	0%	27/01/16 8.00
14		Quinto piano	19,2 giorni	0%	24/02/16 8.00
15		Tetto	19,2 giorni	0%	23/03/16 8.00
16		Installazione ascensore	16 giorni	0%	24/02/16 8.00
17		Palazzo finito	0 giorni	0%	19/04/16 17.00
18		Riunione periodica con il comr	0,3 giorni	0%	08/09/15 8.00

Figure 40

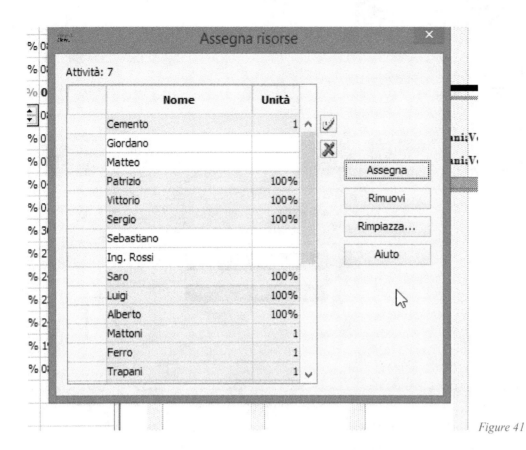

Figure 41

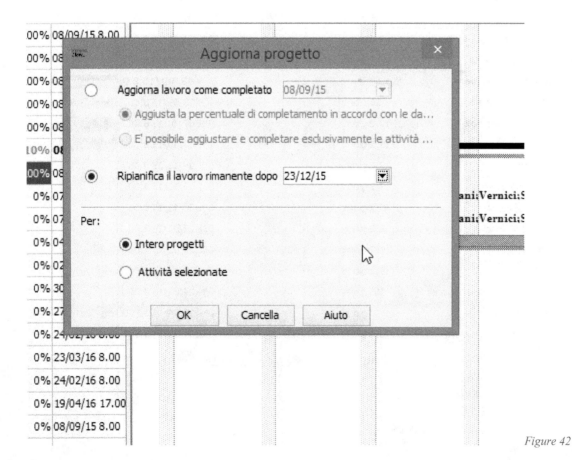

Figure 42

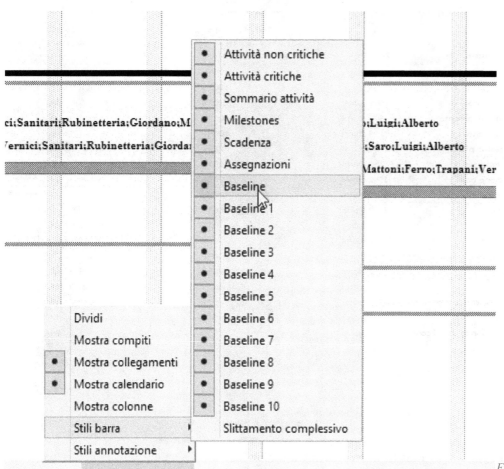

Figure 43

Figure 44

	ⓘ	Nome	Durata	Precentuale di completa...	Costo	
1	✓	Richiesta permessi	16 giorni	100%	€ 3500,00	08/0
2	✓	Acquisto materiali	4 giorni	100%	€ 875,00	08/0
3	✓	Scavare terreno	9,6 giorni	100%	€ 4950,00	08/0
4	✓	Gettare le fondamenta	9,6 giorni	100%	€ 4950,00	08/0
5	▦ ✓	Livellare cemento	4 giorni	100%	€ 0,00	08/0
6	▤	⊟Costruzione piani	212,5 giorni	32%	€ 198509,55	08/
7	✎ ✓	Piano cantinato	89,055 giorni	100%	€ 29411,12	08/0
8	✓	Costruzione box	19,2 giorni	100%	€ 20336,92	24/1
9	✓	Piano terra	20,2 giorni	100%	€ 30516,92	24/1
10		Primo piano	22,7 giorni	0%	€ 30516,92	22/0
11		Secondo piano	19,2 giorni	0%	€ 20336,92	24/0
12		Terzo piano	19,2 giorni	0%	€ 20336,92	23/0
13		Quarto piano	19,2 giorni	0%	€ 20336,92	20/0
14		Quinto piano	19,2 giorni	0%	€ 20336,92	18/0
15	⊗	Tetto	19,2 giorni	0%	€ 10180,00	15/0
16		Installazione ascensore	16 giorni	0%	€ 8700,00	18/0
17		Palazzo finito	0 giorni	0%	€ 0,00	13/0
18	▤	Riunione periodica con il comr	0,3 giorni	0%	€ 65,62	24/1

Figure 45

	ⓘ	Nome	Durata	Precentuale di completa...	Co
1	✓	Richiesta permessi	16 giorni	100%	
2	✓	Baseline	4 giorni	100%	
3	✓	Costo	6 giorni	100%	
4	✓	Date di scadenza	6 giorni	100%	
5	▦	Default	4 giorni	100%	
6	▤	Default*	giorni	32%	
	●	**Default** (Clicca per rinominare)**			
7	✎	Earned Value	5 giorni	100%	
8	✓	Earned Value - Costi	2 giorni	100%	
9	✓	Earned Value - Tempi	2 giorni	100%	
10		Lavoro	7 giorni	0%	
11		Nome	2 giorni	0%	
12		Schedule (CPM)	2 giorni	0%	
13		Sommario	2 giorni	0%	
14		Tracking	2 giorni	0%	
15	ⓒ	Varianza sui tempi	2 giorni	0%	
16		Installazione ascensore	16 giorni	0%	
17		Palazzo finito	0 giorni	0%	
18	▤		0,3 giorni	0%	

Figure 46

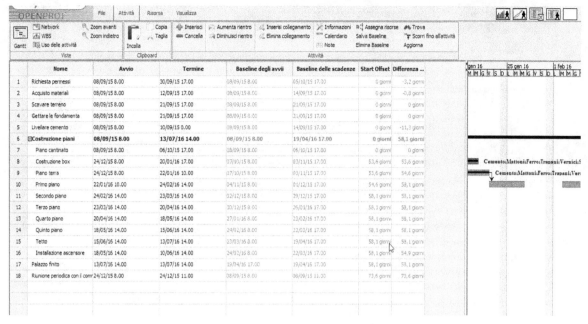

	Nome	Avvio	Termine	Baseline degli avvii	Baseline delle scadenze	Start Offset	Differenza ...
1	Richiesta permessi	08/09/15 8.00	30/09/15 17.00	08/09/15 8.00	05/10/15 17.00	0 giorni	-3,2 giorni
2	Acquisto materiali	08/09/15 8.00	12/09/15 17.00	08/09/15 8.00	14/09/15 17.00	0 giorni	-0,8 giorni
3	Scavare terreno	08/09/15 8.00	21/09/15 17.00	08/09/15 8.00	21/09/15 17.00	0 giorni	0 giorni
4	Gettare le fondamenta	08/09/15 8.00	21/09/15 17.00	08/09/15 8.00	21/09/15 17.00	0 giorni	0 giorni
5	Livellare cemento	08/09/15 8.00	10/09/15 0.00	08/09/15 8.00	14/09/15 17.00	0 giorni	-11,3 giorni
6	⊟Costruzione piani	08/09/15 8.00	13/07/16 14.00	08/09/15 8.00	19/04/16 17.00	0 giorni	58,1 giorni
7	Piano cantinato	08/09/15 8.00	06/10/15 17.00	08/09/15 8.00	06/10/15 17.00	0 giorni	0 giorni
8	Costruzione box	24/12/15 8.00	20/01/16 17.00	07/10/15 8.00	03/11/15 17.00	53,6 giorni	53,6 giorni
9	Piano terra	24/12/15 8.00	22/01/16 10.00	07/10/15 8.00	03/11/15 17.00	53,6 giorni	54,6 giorni
10	Primo piano	22/01/16 10.00	24/02/16 14.00	04/11/15 8.00	01/12/15 17.00	54,6 giorni	58,1 giorni
11	Secondo piano	24/02/16 14.00	23/03/16 14.00	02/12/15 8.00	29/12/15 17.00	58,1 giorni	58,1 giorni
12	Terzo piano	23/03/16 14.00	20/04/16 14.00	30/12/15 8.00	26/01/16 17.00	58,1 giorni	58,1 giorni
13	Quarto piano	20/04/16 14.00	18/05/16 14.00	27/01/16 8.00	23/02/16 17.00	58,1 giorni	58,1 giorni
14	Quinto piano	18/05/16 14.00	15/06/16 14.00	24/02/16 8.00	22/03/16 17.00	58,1 giorni	58,1 giorni
15	Tetto	15/06/16 14.00	13/07/16 14.00	23/03/16 8.00	19/04/16 17.00	58,1 giorni	58,1 giorni
16	Installazione ascensore	18/05/16 14.00	10/06/16 14.00	24/02/16 8.00	22/03/16 17.00	58,1 giorni	54,9 giorni
17	Palazzo finito	13/07/16 14.00	13/07/16 14.00	19/04/16 17.00	19/04/16 17.00	58,1 giorni	58,1 giorni
18	Riunione periodica con il comr	24/12/15 8.00	24/12/15 11.00	08/09/15 8.00	08/09/15 11.00	73,6 giorni	73,6 giorni

Figure 47

	Nome	Avvio	
	Richiesta permessi	08/09/15 8.00	30/09/15 1
Ac	Baseline		12/09/15 1
Sc	Costo		21/09/15 1
Ge	Date di scadenza		21/09/15 1
Liv	Default		10/09/15 0
⊟Cc	Default*		13/07/16
F	Default**		06/10/15 1
C	Earned Value		20/01/16 1
F	Earned Value - Costi		22/01/16 1
) F	Earned Value - Tempi		24/02/16 1
1 S	Lavoro		23/03/16 1
2 T	Nome		20/04/16 1
3 C	Schedule (CPM)		18/05/16 1
4 C	Sommario		15/06/16 1
5 T	Tracking		13/07/16 1
	● **Varianza sui tempi (Clicca per rinominare)**		
5	Installazione ascensore	18/05/16 14.00	10/06/16 1
7	Palazzo finito	13/07/16 14.00	13/07/16 1
3	Riunione periodica con il comr	24/12/15 8.00	24/12/15 1

Figure 48

471

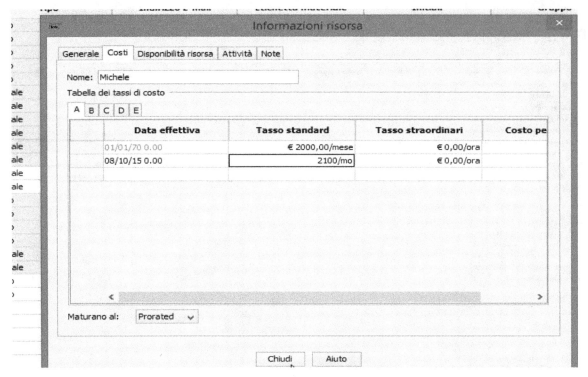

Figure 49

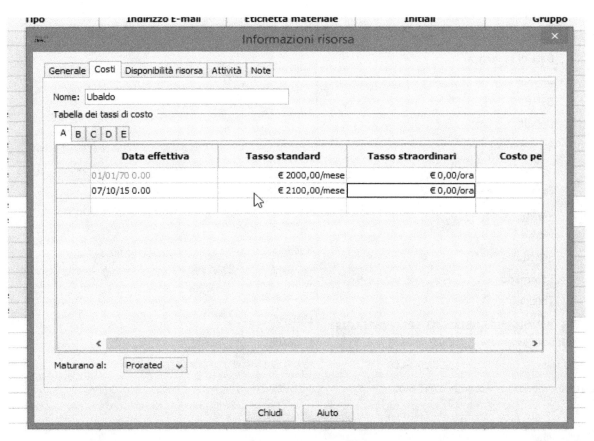

Figure 50

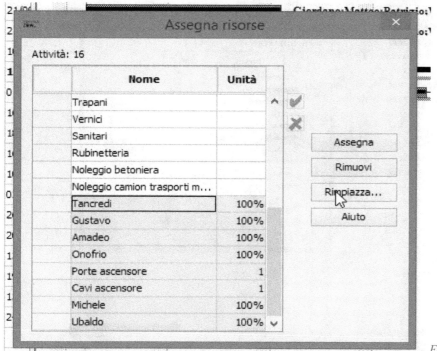

Figure 51

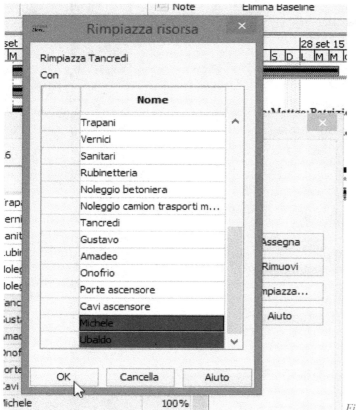

Figure 52

Figure 53

Figure 54

11		Costruzione porte e finestr	1 giorno?	24/12/1
12		Primo piano	19,708 giorni	18/01/1
13		Note: 'Vedere il sito www.porteefinestre.it'	1 giorno?	24/12/1
14		Secondo piano	16,208 giorni	16/02/1

Figure 55

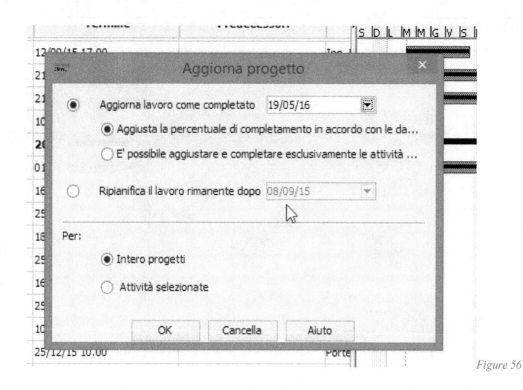

Figure 56

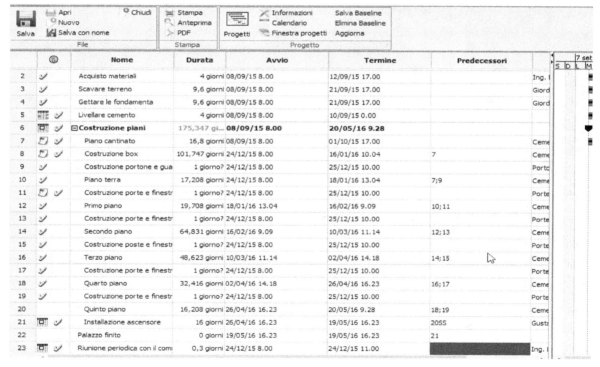

Figure 57

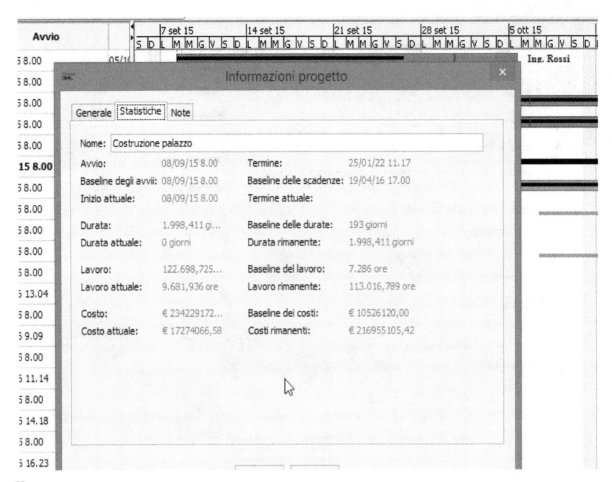

Avvio		7 set 15	14 set 15	21 set 15	28 set 15	5 ott 15

Informazioni progetto ✕

Generale | **Statistiche** | Note

Nome: Costruzione palazzo

Avvio:	08/09/15 8.00	Termine:	25/01/22 11.17
Baseline degli avvii:	08/09/15 8.00	Baseline delle scadenze:	19/04/16 17.00
Inizio attuale:	08/09/15 8.00	Termine attuale:	
Durata:	1.998,411 gi...	Baseline delle durate:	193 giorni
Durata attuale:	0 giorni	Durata rimanente:	1.998,411 giorni
Lavoro:	122.698,725...	Baseline del lavoro:	7.286 ore
Lavoro attuale:	9.681,936 ore	Lavoro rimanente:	113.016,789 ore
Costo:	€ 234229172...	Baseline dei costi:	€ 10526120,00
Costo attuale:	€ 17274066,58	Costi rimanenti:	€ 216955105,42

Figure 58

Conclusione

Nel presente manuale si è cercato di fornire una guida per la certificazione di Ecdl Project Planning tramite l'analisi del software ProjectLibre.

Naturalmente Project ha innumerevoli funzionalità il cui esame esula dai limiti del presente testo.

Si indicano, pertanto, di seguito, alcuni testi su Project, indicazione da non ritenersi esaustiva ma esemplificativa, essendo tantissimi i manuali sui software di progetto e sul Project Management in particolare.

Bibliografia

AICA. (2014). *Nuova ECDL Project Planning Microsoft Project 2013.* WebScience S.r.l.

Benuzzi, F. (2007). *Microsoft Office Project 2007.* Edizioni FAG Milano.

Biafore, B. (2013). *Microsft Project 2013, The missing Manual.*

Biafore, B. (2013). *Successful project manangemet, Applying best practices and real-world techniques with Microsoft Project.*

Biafore, B. (s.d.). *Successful project management, Applying best practices and real-world technique with Microsft Project.*

Cia Training. (2014). *Project Management Software BCS ITQ Level 2 Using Project 2010 (per Ecdl Project Planning).* UK.

Cia Training. (2014). *Project Management Software BCS ITQ Level 2 Using Project 2013 (per Ecdl Project Planning).* UK.

Daeley, S. (2013). *Project 2013 in depth.* Que Publishing.

Ecclestone, T. (2015). *Use ProjectLibre for Project Management.*

Guida al Project Management Body of knowledge (Guida al PMBK), Quinta edizione. (31 dicembre 2013).

Howard, B. (2013). *Microsft Project 2013, Plain and simple.*

Johnson, C. C. (2007). *Microsoft Office Project 2007 passo per passo.* Mondadori .

Johnson, C. C. (2010). *Microsoft Project 2010 passo per passo.* Mondadori.

Johnson, C. C. (2013). *Microsoft Project 2013, Step by Step.* MCST.

Marmel, E. (2007). *Microsoft Office Project 2007 Bible .* Wiley.

Marmel, E. (2010). *Microsft Project 2010 Bible.* Wiley.

Microsoft. (2002). *Manuale dell'utente di Microsoft Project 2002 Standard e professional.*

Ministero del Tesoro, d. B. (s.d.). *Project.*

Mork, D. P. (2015). *Managing ProjectLibre An Introduction to Projects.* Amazon.

Muir, N. C. (2010). *Microsft Project 2010 for dummies.*

Rambaldi, E. M. (2013). *Guida alle conoscenze di gestione dei progetti.* Franco Angeli.

Rizzo, R. (2010). *Project 2010 Manuale per l'apprendimento veloce .*

Rizzo, R. (2013). *ProjectLibre Guida di apprendimento veloce.*

Smith, V. (2012). *ProjectLibre User Guide Reference Manual Version 4.0.*

Stover, T. S. (2007). *Project 2007 Inside Out.* Microsoft Press.

Stover, T. S. (2010). *Microsoft Project 2010 Inside Out.* Microsoft Press.

Glossario

Assegnazione risorse: abbinamento di una risorsa lavoro a un'attività.

Attività: elemento base del progetto, mansione, con una data di inizio e di fine.

Attività cardine o **milestones**: eventi importanti nella vita del progetto, vale a dire attività che segnano il raggiungimento di importanti traguardi il compimento conclusivo di determinate fasi. Generalmente di durata "0". E' rappresentata da un rombo posto accanto alla barra del Diagramma di Gantt.

Attività critiche: attività il cui ritardo comporta lo slittamento di altre attività collegate con incidenza sull'intero progetto (vedi *percorso critico*).

Attività ricorrente: serie di attività che si ripetono con frequenza regolare.

Attività di riepilogo: attività che comprendono le sotto attività dalle quali sono composte.

Calendario del progetto: calendario di base, utilizzato per il progetto e che definisce la programmazione lavorativa per l'intero progetto.

Calendario delle attività: applicato alle singole attività. Qualora alle attività siano assegnate risorse, le attività sono programmate in base al calendario delle risorse o dell'intero progetto, se non si specifica altrimenti.

Collegamento ipertestuale o *hyperlink*: collegamenti a file presenti sul pc o ad una pagine Web.

Cointeressati o *stakeholeders*: tutti i soggetti interessati all'andamento del progetto e con i quali il Manager di progetto deve costantemente confrontarsi come, a titolo di esempio, i clienti o i superiori.

Corrispondenza: nel salvataggio di un file in una Cartella di lavoro di Excel, le specifiche per esportare i campi di un file di progetto in un file Excel.

Costo (risorsa): costo finanziario associato a un'attività e del quale occorre tenere traccia a fini contabili, tipo i costi di rappresentanza.

Costo fisso: costi che rimangono costanti indipendentemente dalla durata dell'attività o dalla quantità di lavoro svolto dalla risorsa e che sono sostenuti una sola volta.

Costi variabili: modifiche alle voci delle risorse costo nelle tariffe Standard e Straordinarie, intervenute, ad esempio, per accordi sindacali.

Data stato: data stabilita dal Project Manager, ad esempio la data corrente in cui si apre il file di Project, per calcolare l'andamento del progetto. Si imposta nella Scheda Progetto, Gruppo Stato.

Diagramma di Gantt: la visualizzazione predefinita di un progetto e si caratterizza per il fatto di essere formato da una tabelle sulla sinistra con l'indicazione delle varie attività in elenco mentre, sulla destra, da una serie di barre a rappresentare la durata delle attività.

Diagramma reticolare o di PERT (*Programme Evaluation and Review Technique*), mostra l'interdipendenza tra le varie attività raffigurate tramite caselle o nodi e con delle linee di connessione ad indicare le dipendenze fra le attività.

Durata: arco temporale che va dalla data di inizio di un'attività alla data di fine.

Durata fissa: tipo di attività dove non cambia il tempo programmato.

Durata stimata e "*Estimated time*": rappresentata da un "?" accanto al numero, di default quando non si indica la durata precisa.

Durata trascorsa o "*Elapsed time*": indica un'attività la cui durata è basata su giornate di 24 ore, settimane di 7 giorni, attività continuate, senza interruzioni per periodi non lavorativi. La durata delle attività, in questo caso, non è più influenzata dalle risorse. E' rappresentata da una "e" prima del numero.

Fase di pianificazione del progetto: il Project Manager deve formarsi un quadro generale del progetto, individuandone gli obiettivi, anche contattando coloro che hanno commissionato il progetto stesso.

Fase di esecuzione: riguarda il progetto avviato e la necessità di accertare che tutto proceda secondo quanto stabilito per apportare tutte quelle modifiche che si rendessero necessarie.

Percorso critico: serie di attività collegate il cui ritardo determina il ritardo o il mancato realizzarsi del progetto.

Fase di chiusura e controllo del progetto: terminato il progetto, il Project Manager deve comunicarne i risultati ai soggetti interessati e creare un modello del progetto concluso, sia per avere una base di partenza per futuri progetti che per far tesoro delle "lezioni apprese" individuando ciò che è andato bene e ciò che è andato male. Anche un progetto rivelatosi un fallimento, infatti, può essere preso a base per migliorarsi in futuro, individuando il momento nel quale si sarebbe dovuto agire tempestivamente per non ripetere, in analoga situazione che si dovesse ripresentare, gli stessi errori che hanno portato al fallimento.

Formula della programmazione: termine che indica l'incidenza della modifica di un elemento (ad esempio la durata), su gli altri due (lavoro ed unità): la formula è Lavoro = Durata x Unità

Lavoro: quantitativo di tempo che impiega una risorsa per compiere un'attività.

Lavoro fisso: tipo di attività in cui non cambia il quantitativo di lavoro programmato.

Linea di avanzamento: rappresentazione grafica posta su una barra nella visualizzazione del Diagramma di Gantt che mostra la parte di attività completata.

Livellamento delle risorse: tecnica per risolvere il problema delle risorse sovrassegnate.

Margine di flessibilità: quantità di tempo per cui un'attività può subire ritardi senza incidere sulla durata complessiva del progetto.

Obiettivi del progetto: la ragione del progetto, lo scopo, ad esempio la costruzione di un palazzo.

Obiettivi del prodotto: qualità, caratteristiche del prodotto.

Percorso critico *(vedi attività critiche)*: serie di attività collegate il cui ritardo determina il ritardo o il mancato realizzarsi del progetto.

Predecessore (attività): attività la cui data di inizio o fine incide sulla data di inizio o di fine di un'altra.

Previsione o *baseline*: istantanea del progetto, una fotografia che viene fatta al progetto originario, appena terminata la pianificazione, tale che il Manager di progetto possa controllare gli eventuali scostamenti del progetto reale da quanto pianificato. La previsione comprende:

- La data di inizio e la data di fine programmate;
- Le attività e le assegnazioni delle risorse;
- I costi pianificati.

Project consente di impostare sino a 11 previsioni.

Progetto: Attività temporanea, intrapresa per creare un prodotto, un servizio o un risultato con caratteristiche di unicità.

Programmazione basata sulle risorse: programmazione in cui il lavoro di un'attività rimane costante qualunque sia il numero di risorse assegnato. Quando, infatti, vengono assegnate risorse a un'attività, la durata diminuisce ma il quantitativo di lavoro rimane lo stesso (le unità), distribuito fra le risorse assegnate.

Relazione (tra le attività): tipo di collegamenti tra le attività, relazioni logiche di precedenza in punto di svolgimento, collegamento in base al quale un'attività è predecessore di un'altra, definita successore.

Relazione (tipi):

1. Fine-Inizio o Finish to Start, collegamento tra attività dove la data di fine dell'attività predecessore determina l'inizio della successore;

2. Inizio-Inizio o Start to Start, la data di inizio dell'attività predecessore determina l'inizio dell'attività successore;

3. Fine-Fine o Finish to Finish, la data di fine dell'attività predecessore determina la fine dell'attività successore;

4. Inizio-Fine o Start to Finish, la data di inizio dell'attività predecessore determina la fine dell'attività successore.

Risorse: tutte le persone, le attrezzature, i materiali ed i costi necessari per completare il progetto.

Risorse lavoro: le persone e le attrezzature che eseguono un lavoro.

Risorse materiali: beni di consumo necessari al progetto.

Scadenza o *deadline*: data finale entro cui compiere un'attività. Da preferire ai vincoli rigidi in quanto lascia la possibilità di riprogrammare le attività rispettando la scadenza, a differenza dei vincoli rigidi.

Struttura gerarchica o WBS (Work Breakdown Structure": consiste in una suddivisione del progetto in parti più elementari, di modo da offrire una rappresentazione gerarchica del progetto attraverso una definizione dettagliata degli elementi che lo compongono.

Successore (attività): attività la cui data di inizio o di fine è determinata da un'altra.

Triangolo del progetto: termine che si riferisce al legame esistente tra i tre vincoli principali che occorre bilanciare nella gestione di un progetto, vale a dire lo scopo, il tempo e i costi. Modificandone uno, necessariamente gli altri due elementi dovranno essere modificati.

Unità: capacità lavorativa di una risorsa assegnata ad un'attività. Se non si specifica nulla, Project assegna il 100% alle unità (uno degli elementi della formula di programmazione).

Unità fissa: in cui non si modifica la percentuale di lavoro delle risorse assegnate.

Vincolo: restrizione nella programmazione delle attività. I vincoli sono di tre tipi:

1. Flessibili, in cui la data di inizio e di fine possono essere cambiate senza restrizioni;

2. Semi-flessibili o medi dove, rispettando la data di inizio o fine, l'attività può essere riprogrammata;

3. Non flessibili o rigidi, in cui l'attività deve iniziare o finire ad una data precisa.

La scelta del tipo di vincolo dipendete dall'attività che si deve realizzare. Nel dettaglio, comunque, si può distinguere:

A) Vincoli flessibili:

- **Prima possibile** o *As Soon As Possible (ASAP)*. E' il tipo di vincolo predefiniti in ProjectLibre che si applica quando si imposta una programmazione dalla data di inizio del progetto, per cui l'attività è programmata per iniziare il prima possibile. In questo caso non si hanno date di vincolo.

- **Più tardi possibile** o *As Late As Possibile (ALAP)*. Tipo di vincolo predefinito quando la programmazione è impostata dalla data di fine del progetto. Qui le attività sono programmate per iniziare il più tardi possibile e non ci sono date di vincolo.

B) Semi-flessibili o medi:

- **Non iniziare prima di** o *Start No Earlier Than (SNET)*, vincolo con il quale si programma l'inizio di un'attività non prima di una certa data;

- **Non iniziare dopo il** o *Start No Later Than (SNLT)*, vincolo con il quale l'attività è programmata per iniziare non più tardi di una data specifica;

- **Non terminare dopo il** o *Finish No Earlier Than (FNET)*, vincolo con il quale l'attività è programmata per finire non prima di una data specifica;

- **Non terminare dopo il** o *Finish No Later Than (FNLT)*, vincolo con il quale l'attività è programmata per finire non più tardi della data indicata.

C) Vincoli non flessibili o rigidi:

- **Deve iniziare il** o *Must Start On (MSO)*, vincolo con il quale si stabilisce che un'attività deve iniziare alla data specificata;

- **Deve finire il** o *Must Finish On (MFO)*, vincolo con il quale si programma l'attività per finire alla data indicata.

Z

Zoom
funzione di; 97

[i] Le istruzioni fornite si riferiscono all'installazione della versione open di Java, sviluppato dalla Oracle ©.

[ii] Il significato di "cd" nella riga di comando di Ubuntu è "change directory", vale a dire cambiare la directory

[iii] Il Launcher consente di accedere rapidamente alle applicazioni aperte o avviare quelle preferite, accedere agli spazi di lavoro, al cestino e gestire i dispositivi esterni.

[iv] La "Dash" in Ubuntu è lo strumento che consente di navigare tra i propri file, programmi, musica e video.

[v] I file di progetto utilizzati per la conversione in ProjectLibre fanno parte dei modelli messi a disposizione dal software della Microsoft© Corporation in Project 2013.

[vi] Qui la data del "2 settembre 2015" si riferisce al giorno in cui è stato predisposto il file di progetto di cui al presente manuale.

[vii] (Stover, Microsoft Project 2010 Inside Out, 2010), pagine 99 e ss.

[viii] (Johnson, Microsoft Project 2010 passo per passo, 2010), pagine 27 e ss

[ix] In sede di esame, solo se richiesto specificamente.

[x] Solo la conoscenza dei primi due rileva in sede di esame di Ecdl Project Planning

[xi] Esempi, gli ultimi due, tratti da (Marmel, Microsoft Office Project 2007 Bible , 2007), pag. 112-113.

[xii] Vedi precedente nota

[xiii] (Johnson, Microsoft Project 2010 passo per passo, 2010), pag. 41 e ss

[xiv] Le nozioni fornite nella presente Sezione e nella successiva sono, per i limiti del presente manuale, ridotte. Per analisi più approfondite sulle risorse, sulla pianificazione in Project e sulla formula di programmazione, si rimanda il lettore alla manualistica di settore. Nello specifico si indicano, ma senza pretesa di esaustività, i seguenti Autori:

- (Stover, Microsoft Project 2010 Inside Out, 2010)
- (Marmel, Microsoft Office Project 2007 Bible , 2007)
- (Biafore, Microsft Project 2013, The missing Manual, 2013)
- (Johnson, Microsoft Project 2010 passo per passo, 2010)
- (Johnson, Microsoft Project 2013, Step by Step, 2013)

[xv] Per assegnazione, come sopra detto, si intende il collegamento esistente tra un'attività ed una risorsa che esegue un lavoro.